# 房地产企业
# 破产重整实务

PRACTICE OF BANKRUPTCY AND
REORGANIZATION OF
# REAL ESTATE
# ENTERPRISES

张利军◎主编

法律出版社
LAW PRESS·CHINA
北京

**图书在版编目(CIP)数据**

房地产企业破产重整实务 / 张利军主编 ; 许贵兵,
张慧颖副主编. -- 北京 : 法律出版社, 2023
ISBN 978-7-5197-8484-3

Ⅰ. ①房… Ⅱ. ①张… ②许… ③张… Ⅲ. ①房地产
企业-破产法-研究-中国 Ⅳ. ①D922.291.924

中国国家版本馆 CIP 数据核字(2023)第 206144 号

**房地产企业破产重整实务**
**FANGDICHAN QIYE POCHAN**
**CHONGZHENG SHIWU**

张利军 主 编
许贵兵 张慧颖 副主编

策划编辑 蒋 橙
责任编辑 蒋 橙
装帧设计 李 瞻

**出版发行** 法律出版社
**编辑统筹** 法律应用出版分社
**责任校对** 王 丰
**责任印制** 刘晓伟
**经 销** 新华书店

**开本** 710 毫米×1000 毫米 1/16
**印张** 22.75 **字数** 346 千
**版本** 2023 年 11 月第 1 版
**印次** 2023 年 11 月第 1 次印刷
**印刷** 固安华明印业有限公司

地址:北京市丰台区莲花池西里 7 号(100073)
网址:www.lawpress.com.cn
投稿邮箱:info@lawpress.com.cn
举报盗版邮箱:jbwq@lawpress.com.cn

销售电话:010-83938349
客服电话:010-83938350
咨询电话:010-63939796



**书号**:ISBN 978-7-5197-8484-3
**定价**:88.00 元

凡购买本社图书,如有印装错误,我社负责退换。电话:010-83938349

# PREFACE 序 一

房，是人们的生存居住之处，安居者方可乐业。房地产产业关系千家万户的生存权利、生活质量，影响社会经济的稳定与发展，是我国市场经济的重要支柱产业之一。然而一些房地产企业在经营过程中，高杠杆借贷、高周转运营、过度扩张，遇到经济下行的压力，金融收紧的政策，出现了较为严重的债务与经营困境，陷于破产境地。

房地产开发企业的破产较之其他企业具有一定的特殊性。第一，房地产开发企业的破产可能涉及房企债务人、金融机构债权人、建设工程承包人、拆迁户、购房者、其他债权人、战略投资人等多方当事人，各方利益之间必然会存在一定的冲突，而一些当事人如拆迁户、购房者的利益调整面临较大的社会刚性。如果处置不当，易引发群体性事件，影响社会的和谐稳定。

第二，房地产开发企业的破产涉及多种不同社会性质的权利和利益，不仅有债权债务的利益纠纷，有房产归属的物权争议，还有附属于建设工程款的农民工工资的劳动债权清偿问题，尤其是涉及拆迁户、购房者依属于所购房产之上的生存权利。这些不同的权利与利益，不仅关系破产法问题，而且牵涉民事法律问题、劳动法律问题，乃至宪法上的个人权利问题。而不同层面法律调整的基本原则又存在差异，时时发生冲突，在复杂的实践中往往难以平衡并实现不同领域的法律对不同性质权益的实质公平要求。

第三，现行与房地产企业破产相关的法律、法规相互之间还存在一些不协调乃至冲突之处。一些规定侧重从公共政策角度考虑如何解决“保交楼”、维稳等社会性问题，强调消弭眼前矛盾，而其适用的法律理论基础、法理逻辑与实务操作方面还存在一些有待完善的问题。而法律规定的不协调，实务问题解决的复杂性，使法官和管理人在处理房地产开发企业破产案件时，往往会面临不同立法目标之间明显的价值冲突，甚至出现个别法律规范与案件现实脱节的窘境。

房地产开发企业的破产案件，尤其是重整案件所具有的这些特殊性，加之多方主体间多重利益分歧的复杂影响，使其办理难度较大。张利军律师主编的《房地产企业破产重整实务》一书，其各位作者曾成功办理了众多房地产企业破产重整案件，有较为深厚的理论基础和丰富的实务经验。该书针对房地产企业破产重整中的各种理论与实务问题进行深入的研究分析，并将江苏法德东恒律师事务所在管理人工作中对法律规定的理解以及实务工作的经验与大家分享，为读者提出了一些可资借鉴的房地产企业重整疑难问题的解决思路。

全书共分6章，分别从房地产企业市场困境的形成与重整的背景和现状，房地产企业的重整价值识别，房地产企业重整中破产管理人制度的现状与优化，房地产企业的庭外重组及预重整，房地产企业破产重整的具体流程，关联房地产企业的实质合并重整，房地产企业重整实务中的疑难问题及其法律适用，房地产企业重整中的府院联动机制及其配套制度等方面，紧密结合实际案例进行了深入的研究，强调对房地产企业庭外重组、预重整和破产重整等基本概念予以正确的理解和适用。书中还针对建设工程价款优先受偿权的适用、消费性购房人的认定、以房抵债协议的处理、售后返租小业主权益的保护、刑民交叉等实践中的各类疑难问题与法律适用进行透彻的分析，并提出了一些立法与实施的完善建议。

本书全面介绍了房地产企业重整实务的相关法律法规。在本书正文后，有附录收集“破产重整管理人工作文书样式”，为读者在实务工作中借鉴使用提供了方便。

《企业破产法》目前正在修订过程中，而企业挽救重整制度的健全与完善为人们所格外关注。随着我国破产重整制度理论与实务的不断发展，越来越多的房地产困境企业希望借助破产重整程序化解自身债务危机，得到再生。而从事破产管理人工作的律师等中介机构也需要适应法律服务市场的需求，不断提升自身执业素养，实现业务的转型与升级，为我国营商环境的提升进一步作出贡献。

本书中，法德东恒律师事务所对房地产企业的重整理论与实务进行了系统的阐述，提出了具有建设性、前沿性的观点，体现出律师对如何提升破产执业能力与水平的深入思考，具有很强的可读性。希望本书的出版能够对破产从业者处理房地产企业重整业务起到启发、借鉴、推进的效用，更希望破产管理人以及其他从事破产法理论研究与实务工作的各界同人们共同努力，持续研究、深入探索、积累经验，不断推进我国破产法的立法、理论和实务不断前行，取得更大的成果。

接到张利军律师希望为本书作序的邀请，欣然为序。

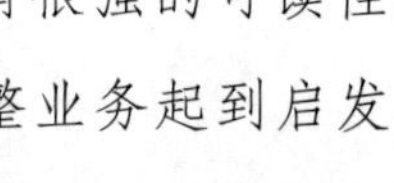

中国人民大学破产法研究中心主任

2023 年 9 月 8 日于京

# PREFACE 序 二

或许是行业的普遍规律，房地产市场同样会出现周期性的发展与危机，无非是周期长短不同而已。我国房地产市场自20世纪80年代开始至今，已经历了40余年的激荡发展，眼下，市场供求关系正在经历从饱和走向过剩的严峻考验，多数房地产企业均面临巨大的财务困境。近年来，随着“烂尾楼”问题给民生带来的冲击，“保交楼”政策陆续出台和铺开，部分房地产企业通过重整实现了重组，但仍有大量房地产企业在重整融资的困境当中“无人问津”，破产重整的程序成本更加剧了房地产企业“捉襟见肘”的财务情况，房地产企业重整在立法以及司法实践中遭遇的疑难问题“日益焦灼”。

在房地产企业危机的化解上，破产重整制度在显现其生命力的同时，也显现出复杂性：一方面，破产重整在规范适用、诸多法律关系的效力认定甚至制度内涵的界定上，均出现了较高的灵活变通性，并随着社会经济环境的变迁而发生相应的改变；另一方面，破产重整不仅需要对复杂的法律关系作出处置，还牵涉大量的商业判断、财务会计处理、重整投资人引进、股权调整等法律和非法律事项，需要管理人兼具一流的管理能力、超高的专业水准和丰富的经验智慧。房地产企业重整的复杂程度更高于一般的重整案件，譬如，债务人责任财产范围的确定、各种类型担保债权的清理、消费者购房户的权利保护与其他优先权人的平衡与保障等问题，无不涉及法律与政策的兼顾以及社会稳定维护等大量非法律问题。房地产企业重整中所出现的诸多疑难问题的处置方案，比如：购房债权的优先属性、重整投资人的招募以及隐性债务的隔离和投资权利的保护、以房抵债以及信托清偿或其他多样化的债务清偿方案的运用以及非现金清偿对参与重整关联企业之外的从债务人或者连带债务人的权利义务的影响等，都是程序参与人在现行法基础上，结合实际因素、经由广泛协商后，迸发出的创新思路和做法。

本书以“房地产企业破产重整实务”为主题，迎合了当前破产实务的巨大需求，其中的观点更是张利军律师团队多年来从事房地产企业重整实务的凝结和升华。

从体例上来看，本书共分为六章，包括房地产企业的重整挽救之道、庭外重组与预重整、房地产企业破产重整的具体流程、关联房地产企业的实质合并重整、房地产企业重整实务中疑难问题的法律适用，以及房地产企业重整中的府院联动机制及配套制度。在列举介绍困境房地产企业出清的非破产路径的基础之上，本书结合房地产企业破产重整的特殊程序要求和事务安排，分别论述了预重整、正式重整、合并重整等各项重整类型的处理进路，并回应了府院联动等不可回避的疑难法律问题。

值得一提的是，不同于现有破产法教材或论著对重整制度的介绍，本书通过以案说法的形式、透过理论与实践相互融合的写作方法，向读者还原最真实的房地产企业重整案件办理原貌。这其中既涵盖了实践中广泛应用的重整模式，也包括了在法律规范尚属空白的情况下本书作者管理人团队探索出来的特别模式。考虑到房地产企业重整中面临的问题往往五花八门、各有不同，本书作为“一家之言”，相关内容对“道与术”的“传承”，或许能够为房地产企业重整实务的规范化、程序化提供重要参考依据，对管理人同行尤其是年轻的破产管理人更有启发性意义。

本书特意在附录中收录了作者管理人团队在案件办理过程中反复使用的文书样式，以回应一线从业人员的现实需求，这一点也特别值得赞许。破产管理人一直是我国破产理论发展的重要见证者和推动者，所谓“春江水暖鸭先知”，一些高明而又科学的法律创造和破产规则，都离不开破产执业者的努力。因此，一线破产执业者撰写的学术著作，更可能反映出当前破产法实践的前沿问题。从另一个角度来说，破产管理人利用执业外的业余缝隙完成相对较为“枯燥”的学术研究和资料整合，这种行为本身即值得赞赏。特别值得欣喜的是，时至今日，破产管理人群体已成为我国破产法学术研究的一股重要力量。

古人有云：知之愈明则行之愈笃，行之愈笃则知之愈明。常言又云：“文道合一”。重整实务与重整立法、理论在内涵与适用方面能够互相持续不断地注入新鲜血液，才能保障破产法律制度的可持续发展。期待本书的出版发行能够为我国房地产企业重整实务提供一些有益借鉴，并为立法和理论研究提供有用素材。

是为序！

韩长印

上海交通大学凯原特聘教授

2023年10月初于沪上

# PREFACE 自序

在中国经济的宏伟蓝图中，房地产行业一直扮演着举足轻重的角色。它不仅是国民经济的重要组成部分，更是无数家庭梦想和财富的载体。然而，随着市场供求关系的深刻变化和政策调控的深入实施，房地产行业正从高速增长阶段转向注重高质量、可持续的新发展模式。房地产市场的金融属性逐渐淡化，作为民生消费品的本质重新凸显，房地产企业面临前所未有的挑战与机遇。

曾几何时，房地产行业占中国GDP总量比长期稳定在10%左右，带动了60多个上下游行业的发展，对国民经济的直接贡献率更是达20%以上，催生出一大批实力雄厚的房地产开发企业。然而，依赖高杠杆、高负债、高周转赚取高利润的模式难以为继，多个具有全国影响力的集团型房地产企业陆续发生流动性危机。截至2023年年初，我国房地产开发企业数量已经从2017年的80万家下降至约74万家。有效的市场主体退出机制无疑是社会主义市场经济下产业结构优化的必由之路，但是应对购房消费者、施工企业、金融机构等多方主体的权益保护与利益平衡也是政府与企业必须直面的现实问题。

2023年7月19日发布的《中共中央国务院关于促进民营经济发展壮大的意见》明确指出，要“完善市场化重整机制”，强调“对陷入财务困境但仍具有发展前景和挽救价值的企业，按照市场化、法治化原则，积极适用破产重整、破产和解程序”。过去的破产实践足以证明，破产重整已经成为困境房地产开发项目化解债务危机、维护社会稳定、保护投资安全的重要路径和首要选择。律师事务所等专业机构作为破产管理人对房地产企业破产重整的深度参与，也日益成为识别企业重整价值、促进优胜劣汰、保障相关方合法权益的专业手段和重要市场机制。回望过去，远者如2000年美国互联网行业泡沫破裂，近者如2020年我国新能源产业政策退坡，行业的出清带来的不仅仅是阵痛与荒芜，野蛮生长后的秩序重建才是一个行业健康长远发展的真正起点。可以说，立足当下，面向未来，研究房地产行业，研究房地产企业的破产重整，恰逢其时。

法德东恒律师事务所不仅是行业观察者，更是这一行业变革的积极践行者。凭借破产重整与并购重组的专业优势，法德东恒办理了一大批有代表性和影响力的破产重整案件。典型如“江苏省纺织工业进出口公司等六家公司合并重整案”入选了最高人民法院2017年十大破产典型案件，并被列为最高人民法院第163号指导性案例；“南京建工产业集团有限公司等25家公司合并重整案”化解债务金额超过1400亿元，入选2022年度江苏法院十大典型案例，案件办理的过程及相关成果刊载于最高人民法院主办的《破产审判交流》杂志创刊号中；“南京金盛置业投资集团有限公司等28家公司合并重整案”化解债务金额超过300亿元，入选2022年度南京法院破产审判十大典型案例。

“文章千古事，得失寸心知”，法德东恒在实务探索中，因事制宜、革故鼎新，以“路径的建构”为前提遵循，以“危机的化解”为衡量标准，通过“利益平衡”的专业实践，构建多方权益的最大公约数，为房地产企业的破产重整探索出了一套切实可行的工作方法。然而不登高山，不知天之高也，我们深知破产重整的实务问题博大繁杂，还有很多有价值的问题需要我们去探究。借本书出版的机会，抛砖引玉，与各位同仁探讨求教，以期对房地产企业破产重整实践有所总结，于未来实务有所借鉴。

张利军

2023 年 6 月 6 日

# 法律规范缩略语

| 缩略语 | 全称 |
| --- | --- |
| 《民法典》 | 《中华人民共和国民法典》 |
| 《企业破产法》 | 《中华人民共和国企业破产法》 |
| 《企业破产法司法解释一》 | 《最高人民法院关于适用〈中华人民共和国企业破产法〉若干问题的规定（一）》（法释〔2011〕22号） |
| 《企业破产法司法解释二》 | 《最高人民法院关于适用〈中华人民共和国企业破产法〉若干问题的规定（二）》（法释〔2013〕22号） |
| 《企业破产法司法解释三》 | 《最高人民法院关于适用〈中华人民共和国企业破产法〉若干问题的规定（三）》（法释〔2019〕3号） |
| 《破产审判会议纪要》 | 最高人民法院《全国法院破产审判工作会议纪要》（法〔2018〕53号） |
| 《全国法院民商事审判工作会议纪要》或《九民纪要》 | 最高人民法院《全国法院民商事审判工作会议纪要》（法〔2019〕254号） |
| 《审理破产案件的规定》 | 2002年《最高人民法院关于审理企业破产案件若干问题的规定》 |
| 《城市房地产管理法》 | 《中华人民共和国城市房地产管理法》 |

续表

| 缩略语 | 全称 |
| --- | --- |
| 《指定管理人规定》 | 最高人民法院《关于审理企业破产案件指定管理人的规定》(法〔2007〕8 号) |
| 《预售资金监管意见》 | 住房和城乡建设部、人民银行、银保监会《关于规范商品房预售资金监管的意见》(建房〔2022〕16 号) |
| 《金融机构债委会通知》 | 原中国银监会办公厅《关于做好银行业金融机构债权人委员会有关工作的通知》(银监办便函〔2017〕802 号) |
| 《金融机构债委会工作规程》 | 中国银保监会、发展改革委、中国人民银行、中国证监会《关于印发金融机构债权人委员会工作规程的通知》(银保监发〔2020〕57 号) |

CONTENTS 目　录

**第一章　房地产企业的市场困境与重整拯救**

第一节　房地产企业的市场困境及其自我拯救路径　/ 003

一、房地产企业的当前困境及特点分析　/ 003

二、房地产企业困境的自我拯救路径　/ 009

三、小结　/ 012

第二节　房地产企业的重整价值识别：困境与出路　/ 013

一、房地产企业重整价值识别机制的困境　/ 013

二、房地产企业重整价值识别机制的优化　/ 020

第三节　房地产企业重整中破产管理人制度的现状与优化　/ 025

一、困境房地产企业的不同重整模式及管理人作用　/ 025

二、房地产企业重整中破产管理人的选任方式及其考量因素　/ 027

三、破产管理人制度的再优化　/ 029

第四节　房地产企业重整的基本流程　/ 034

一、管理人等中介机构开展尽职调查　/ 034

二、金融机构债权人委员会的成立及职能发挥　/ 038

三、房地产企业重整中的业务重整与债务重整　/ 046

四、困境房地产企业债务危机化解的程序类型概览　/ 048

## 第二章 房地产企业的庭外重组及预重整


第一节 庭外重组的概念及实践情况 / 059

一、庭外重组的概念及参与主体 / 060

二、房地产企业庭外重组的司法实践 / 064

三、庭外重组的域外经验及其对我国的制度启示 / 065

第二节 庭外重组的特点、效力及其配套制度 / 069

一、庭外重组的特点 / 069

二、庭外重组的效力 / 073

三、庭外重组的配套制度——金融机构债委会 / 076

第三节 典型房地产企业庭外重组案例介绍 / 085

一、南京建工产业集团的情况简介与合并重整案的背景 / 086

二、南京建工产业集团合并重整案关于“庭外重组”的创新实践 / 087

三、南京建工产业集团等25家企业合并重整案的总结与启示 / 094

第四节 房地产企业预重整的司法实践 / 095

一、预重整的概念及特征 / 095

二、预重整的申请及受理 / 100

三、预重整中管理人的选任路径及其职责 / 102

四、债务人、债权人在预重整程序中的权责范围 / 108

五、预重整与重整程序的衔接与转换 / 112


## 第三章 房地产企业破产重整的具体流程


第一节 房地产企业进入破产重整程序的路径 / 125

一、债权人提出重整申请的路径 / 125

二、债务人提出重整申请的路径 / 127

三、执行转破产重整的路径 / 128

第二节 房地产企业破产重整案件的基础工作 / 130

一、房地产企业在重整期间的资产调查 / 130

二、房地产企业在重整期间的债权申报与核查 / 132
三、房地产企业在重整期间的经营维持 / 134
第三节 重整投资人的选定及重整投资协议的签订 / 137
一、重整投资人的产生方式 / 137
二、投资类型的选择 / 139
三、投资风险的评估与控制 / 144
第四节 重整计划的制作与表决 / 146
一、重整计划的制作 / 147
二、重整计划的表决 / 149
三、重整计划的批准 / 150
第五节 重整计划的执行与监督 / 154
一、重整计划的执行主体与监督主体 / 154
二、重整计划的执行效果 / 159
三、重整计划的执行责任 / 160

## 第四章 关联房地产企业的实质合并重整

第一节 实质合并重整原则的基本理论 / 167
一、实质合并破产的原理与功用 / 167
二、关联企业合并重整案件的办理原则 / 171
第二节 房地产企业实质合并重整的适用标准 / 173
一、法人人格混同标准 / 173
二、区分各关联企业财产的成本过高标准 / 179
三、严重损害债权人公平清偿利益标准 / 187
四、小结 / 188
第三节 房地产企业实质合并重整的启动与受理 / 191
一、有权提出实质合并重整的主体 / 191
二、房地产企业适用实质合并重整程序的前提 / 193
三、房地产企业实质合并重整的启动模式 / 195

四、房地产企业实质合并的受理审查模式 / 200
五、房企实质合并重整受理前的程序保障 / 203

## 第五章 房地产企业重整实务中的疑难问题及其法律适用

第一节 建设工程价款优先受偿权的认定及处理 / 209
一、建设工程价款优先受偿权的审查与认定 / 209
二、建设工程价款优先受偿权与其他优先债权权利冲突时的解决路径 / 214
第二节 消费性购房人的认定及其权利处理 / 216
一、关于消费性购房人认定标准的相关规范 / 216
二、不应认定为“消费性购房”的几种情形 / 218
第三节 在房地产企业重整实务中对以房抵债情况的处理 / 220
一、现行法律对以房抵债规则的构建 / 220
二、破产重整程序中的以房抵债协议处理规则 / 223
第四节 房地产企业重整实务中的售后包租问题 / 225
一、售后包租的基本概念 / 225
二、售后包租模式涉及的法律关系及合规性分析 / 226
三、房地产企业重整案件中对售后包租问题的处理 / 230
第五节 房地产企业重整中的刑民交叉问题 / 233
一、刑事程序与民事程序之间的处理顺序 / 233
二、刑事判决罚金的破产债权申报 / 235
三、非法集资类债权的审查问题 / 236
四、涉刑债权的优先受偿问题 / 237

## 第六章 房地产企业重整中的府院联动机制及其配套制度

第一节 府院联动机制的产生与发展 / 241
一、政府力量介入房企重整程序的必要性 / 242

二、政府力量介入破产重整程序的规范依据 / 243

第二节 房地产企业破产重整中府院联动机制的运行现状 / 246

一、政府内部关于府院联动的专班搭建 / 246

二、房地产企业重整中府院联动机制的不同介入模式 / 247

三、府院联动对促进重整房地产企业获得融资的作用 / 248

四、府院联动在房地产企业重整债权核查中的作用 / 249

五、府院联动在房企重整中的信用修复与税收优惠作用 / 250

六、小结 / 252

第三节 房地产企业重整中“府院联动”机制配套措施的完善 / 256

一、房地产企业重整中的税收政策优化 / 256

二、房地产企业破产中的信用修复优化措施 / 258

三、房地产企业破产中的特殊债权的保障机制及其优化 / 259

第四节 房地产企业重整中新型府院联动机制的建立 / 261

一、新型府院联动机制的提前介入 / 261

二、新型府院联动的信息化管理 / 262

三、新型府院联动的工作边界及其联动机理 / 263

附录 破产重整管理人工作文书样式

一、债权申报类文书 / 269

二、债权人会议类文书 / 286

三、管理人内部工作文书 / 299

四、重整投资类文书 / 325

后记 / 341

# 第一章

# 房地产企业的市场困境与重整拯救

# 第一节 房地产企业的市场困境及其自我拯救路径

## 一、房地产企业的当前困境及特点分析

房地产业是我国的支柱性产业之一，具有资金密集、项目开发周期长、政策依赖度高三大特征。目前我国房地产业供需格局发生了重大变化，从供给端来看，城市发展已由大规模增量建设转为存量提质改造和增量结构调整并重，住房发展已经从总量短缺转为结构性供给不足；从需求端来看，人口增长速度放缓，部分年轻人的购房理念发生转变，导致购房需求随之走弱。房地产业曾经“高杠杆、高负债、高周转”的发展模式失灵，很多房地产企业陷入现金流危机之中，开发项目因未能完成竣工验收而无法交付，最终停工烂尾。烂尾项目长期无法复工，次生影响波及购房人、参建单位、金融机构等众多利益相关方，司法诉讼与各类群体性事件的数量激增，亟须实务与理论界提出平稳化解风险的解决方案。房地产企业当前面临的困境涉及多方利益主体，关乎民生及社会秩序稳定，本节将剖析房企困境的特点与成因，并站在企业自身视角提出自我拯救的路径。

### （一）房地产企业的债务清偿可持续性面临挑战

与物业销售和管理等业务模式不同，房地产企业的业务模式需要大量的资金投入，业务开展极度依赖大规模与高流通性的资金支持。统计数据显示，2021 年 1 ~ 12 月，房地产开发企业到位资金为 20.1 万亿元，同比增长 4.2%，比 2019 年 1 ~ 12 月增长 12.6%，两年平均增长 6.1%。其中，自筹资金与国内贷款的占比分别为 32.5% 和 11.6%，定金及预收款占比为 33.4%，个人按揭贷

款占比为14.7%。[①] 为进一步提高资金运转效率与业务扩张速度，房地产企业不断加大外部资金的使用力度，改变房地产企业内部的开发资金结构。2011～2021年，房地产开发商的自筹资金占比由41%降至32.5%；[②] 与此同时，通过房屋预售机制筹集的定金预收款和个人按揭贷款占比分别由26.2%、10.1%提高至36.8%、16.1%。[③] 房地产企业投入自有资金的比例不断降低，融资渠道单一，“高杠杆化”态势逐步显现，为日后的债务危机埋下了伏笔。

从外部融资方式上看，房地产企业的融资负债可分为无息负债和有息负债两部分。其中，无息负债主要由预售产生的合同负债、预收款和应付款组成；有息负债则主要包括各项贷款、非标准债权，以及境内、外应付债券等。从企业所有制上看，我国民营房地产企业的综合融资成本较国有企业更高，其主要依靠非标准化债权和境外债券进行融资。自2020年8月“三条红线”实施以来，对房地产企业的融资管理由渠道监管转向因“企”监管，房地产企业降负债成为主基调，融资量于2020年12月后开始回落，并一直保持同比下滑的趋势。至此，民营房企融资也迎来了“至暗时刻”，自2021年8月开始单月融资规模同比跌幅跌破50%，月平均融资额仅216亿元。其中，2022年4月、10月更是分别同比下滑91%和92%，融资规模仅为54亿元、13亿元。融资成本的提高，进一步压缩了房产企业的利润空间，引发偿付风险。自2021年下半年以来，陆续传出房地产企业违约爆雷事件。2021年7月，蓝光发展债务违约，同年10月花样年债务违约。2021年9月的恒大财富产品爆雷事件，更是成为行业最大的灰犀牛事件。

房地产企业还经常运用表外和隐性债务来掩饰其高杠杆融资的实质。当前，“非并表项目公司融资”已经成为房地产企业拓展表外债务的重要方式。具体

---

① 数据来源：国家统计局。参见《2021年全国商品房销售面积17.9亿平方米，销售额达18.2万亿元》，载https://fdc.fang.com/news/2022-01-18/42786594.htm，最后访问日期：2023年6月8日。

② 该数据为2011年1～10月企业自筹资金数据，参见《房地产企业融资状况及案例专题研究》，载网站来源：https://www.docin.com/p-2428648440.html，最后访问日期：2023年6月8日。

③ 参见陈月芹：《预售金迎全方位监管：房企“算账”保交房地方考量“松紧”度》，载《经济观察报》2022年2月20日。

而言，多个房企合作开发共同成立项目公司时，非并表方实质上承担相应的债务偿还责任，体现为报表中长期股权投资科目，然而根据相关规定，项目公司的负债不会计入房地产企业自身的资产负债表，但房地产企业需要承担部分债务风险。这种做法实现了债务的隐形化，导致投资者容易高估企业的偿债能力，增强了表内融资能力，降低了融资成本。仅在隐性债务方面，房地产企业发行的永续债在会计科目中计入所有者权益，但永续债具有利率跳升机制，其实质是以利率跳升日作为到期日的一种债务工具。近年来，房地产企业广泛运用上述表外和隐性债务手段来拓展融资渠道，在形式上掩饰了企业的真实高杠杆情况，进一步加剧了房地产企业的债务风险。

## （二）房地产企业资金的弱流动性与烂尾楼乱象加剧了债务风险

所谓房地产企业资金的弱流动性，指的是在项目开发期间，房地产企业的回款周期较长，从而导致资金周转的周期较长。具体而言，房地产企业的资产端以流动性较差的存货为主，包括土地、待建项目、在建和待售项目等。房地产企业的存货从项目开发到竣工，周期一般为 2.5 ~ 4 年，但房地产企业有息负债期限明显短于存货资产的变现周期，因此需要通过负债端滚动的融资方式支持资产端的项目运营。但是受经济下行影响，购房者因未来收入不确定性增大、期房烂尾风险上涨以及预期房价下降而持观望态度，致使购房意愿不断下降、房地产存量需求显著不足。自 2022 年以来，房屋新开工面积、竣工面积便大幅同比下滑，累计施工面积增速自房改以来首次转负。2022 年上半年全国房地产开发投资同比下降 5.4%，商品房销售面积和金额也大幅同比下滑。[①] 在这种连锁反应下，房地产行业的销售回款不断减少，房地产企业资产存货的回款周期进一步被拉长，导致其流动性风险显著提高。并且在销售环节中，开发项目一旦停工，房地产企业则会立即陷入大量诉讼之中，极易引发债务危机。

所谓烂尾楼乱象，则指的是由于我国现阶段预售制度的配套机制仍然不够

① 参见中国社会科学院宏观经济研究智库课题组：《精准实施宏观政策推动经济持续修复——2022 年中期中国经济形势分析》，载《改革》2022 年第 7 期。

完善，关键环节规制不足，导致在建房产因资金问题、开发商“跑路”、管理不善、政策变化等未能按计划完成建造并最终交付。具体而言，为了解决建设资金不足的问题，1994 年颁布的《城市房地产管理法》正式在我国确立了商品房预售制度，允许房地产企业提前出售在建房屋、提前回笼房款。预售制度为房地产企业提供了融资手段，通过设立监管账户监控资金流向，实现专款专用，加快了资金的回笼速度，促进了房地产市场的发展与繁荣。但在实施预售制的过程中，房地产企业出于自身利益的需要，会使用各种手段对预售款进行“资金池”运作。在预收款资金的来源端，房地产企业通过降低工程造价、设立车位款和定金等方式，减少受监管的预售资金额度，甚至通过营销等手段诱导客户将购房资金转移至非监管账户。在使用端，房地产企业将预售资金转移到异地或总部，普遍存在使用预售资金偿还其他项目开发贷款的现象。由于此种种乱象，预售资金作为开发项目流动性“缓冲垫”的作用大打折扣。

除此之外，政府的宏观调控政策亦会降低房地产企业的资金流动性，典型如周期性宏观调控政策将影响房地产企业各类融资渠道的融资规模。房地产企业的预售款主要来自银行的按揭贷款，极易受个贷和房地产贷款集中度政策的影响。为了保障群众住房消费的基本安全，盯紧预售资金的“钱袋子”，让开发商的钱切实使用到楼盘建设上，保证期房的如期交付，国家陆续出台了多项政策和规范。2022 年 2 月，住房和城乡建设部、人民银行和银保监会三部委联合印发的《预售资金监管意见》作为全国性的预售资金监管政策正式出台，明确了预售资金的范围（包含定金、首付款、购房贷款、其他形式的全部房款）、监管额度内专款专用等。[①]《预售资金监管意见》指出，对商品房预售资金的监管措施，既要保障购房人利益，又要缓解房地产企业压力；既要管好，又不能管死。在此之前，我国并没有全国层面的统一预售资金监管指导文件，主要是由各地自行出台相应政策。[②] 从规范意义上来说，所谓“商品房预售资金监管”，是指由房地产行政主管部门会同银行对商品房预售资金实施第三方监管，

① 参见《关于规范商品房预售资金监管的意见》（建房〔2022〕16 号）。

② 在此期间，主要由各省、市根据自身的实际情况，下发相应的监管文件，文件名多为“××商品房预售资金监管办法”“关于进一步加强商品预售房资金监管的意见”等。

每个取得预售许可的楼盘均具有对应的预售资金专用监管账户，要求房产开发企业必须将预售资金存入银行指定的专用监管账户，且只能用作本项目的建设，不得随意支取、使用。通过上述举措，近年来地方政府对预售资金的监管取得了不小的成效。但是，部分地区的管控过于严格，直接对房地产开发企业采取停发预售证、冻结预售资金等手段，也可能会加剧房地产企业的债务风险。

### （三）部分房地产企业的公司治理结构存在缺陷

完善的公司治理结构对防范企业的关联交易、违规担保等发挥着重要作用。实践中，进入重整程序的房地产企业，其内部治理结构往往无法起到有效的监督作用，各种违规担保事件层出不穷。房地产企业治理结构缺陷的形成，存有多重原因。

首先，我国房地产企业中民营企业数量较多，多数民营企业采取“家族式”运营模式，创始人掌握着绝对控制权。截至2020年年末，在A股上市的房地产企业中，实际控制人为个人的企业有42家，占比为31.1%。[①] 实际控制人为个人的企业易形成粗放管理模式，风险隐患较高。另外，我国房地产企业的股权高度集中，董事会成员中执行董事的占比较高，独立董事对公司重大事项的影响力非常有限。部分房地产企业董事会在战略制定和执行、财务审计和风险管理方面，履职能力欠佳。

其次，房地产企业的上下游关联公司多相互持股，组织架构复杂，存在盲目多元化扩张的倾向。实践中，我国房地产企业下设大量关联公司，参股企业众多，而这些项目正是房地产企业表外隐性融资的重要通道。为了在获得高回报的同时，在获取资金方面取得便利，房地产企业与金融机构形成了紧密的股权关联关系，通过关联交易获取资金，导致债务风险向金融系统传导。近年来，已经出现了多起房地产企业和金融机构之间风险传导的案例。例如，锦州银行与恒大集团、华夏幸福与平安集团以及阳光城与泰康人寿集团等。[②] 此外，部

---

① 更多信息参见《龙头房企的股东和实际控制人都是谁?》，载 https://www.toutiao.com/article/6979799912716304928/，最后访问日期：2023年6月8日。

② 参见《锦州银行股份有限公司重大财务重组》，载 http://data.eastmoney.com/notices/detail/00416/AN20230202/582650696.html，最后访问日期：2023年10月13日。

分房地产企业还投资了众多与主业不相关的业务领域，导致企业资源浪费、人员冗余，经营效率下降。例如，恒大集团旗下拥有恒大地产、恒大新能源汽车、恒大物业、恒腾网络、房车宝、恒大童世界、恒大健康和恒大冰泉这八大产业，经营管理不善与盲目多元扩张是导致其财务指标恶化、风险最终爆发的重要原因。①

最后，房地产企业盲目发展与其内部的薪酬激励措施缺乏必要的风险约束机制有关。房地产企业的高回报利润率吸引了各方资本争相入驻。2020 年，A 股资产前十大房地产企业净资产收益率（ROE）达 19.5%。② 资本逐利的同时具有盲目性，很多投资者在缺乏前期市场调查和需求预测的情况下，对房地产市场的前景盲目乐观。鉴于房地产业一贯的卖方市场，房地产开发商往往秉持惯性思维，在开发初期既缺乏充足的市场调研，也缺乏必要的需求预测。在买方和卖方的双重盲目乐观之下，许多楼盘陷入销售困境，短时间内难以产生投资回报。同时，为适应行业的快速扩张以及日趋激烈的竞争环境，房地产企业所采取的薪酬政策通常较为激进。在我国房地产企业的薪酬结构中，当期绩效奖金占比较高，这点在高管薪酬中表现得尤为突出。将绩效奖金与当期业绩紧密挂钩的做法意味着企业未能充分考虑后期的风险暴露问题，最终导致房地产企业超出了经营管理的合理范围，风险隐患积累聚集，一旦遭遇市场环境变化，或者融资渠道受阻，导致财务压力不断增加，就会迫使投资者以及房地产开发公司“改弦更张”、停工求变，又将进一步导致已经开发的项目被搁置或烂尾，最终侵害债权人和股东利益。

---

① 证监会负责人曾就恒大“爆雷”事件在公开场所指出是“经营管理不善、盲目多元化扩张，最终导致风险暴发”，参见证监会：《证监会有关负责人就恒大集团风险事件答记者问》，载 http://www.csrc.gov.cn/csrc/c100028/c1605816/content.shtml，最后访问日期：2023 年 6 月 8 日。

② 部分房企利润甚至远高于这一平均数字。如 2020 年《财富》中国 500 强净资产收益率（ROE）排行榜显示，收益率最高的 10 家公司中房地产行业占了 4 家，其中仁恒置地集团有限公司 ROE 高达 43.5%，位居 ROE 榜第一。载 https://www.163.com/dy/article/FIHR5CA8051481OF.html，最后访问日期：2023 年 6 月 8 日。

## 参考案例

在法德东恒律师事务所承办的数起房地产重整案件中，如淮安中誉房地产开发有限公司破产重整案、南京爱德置业有限公司破产重整案、江苏集群图腾大数据科技股份有限公司与江苏集群软创信息科技有限公司实质合并重整案、南京华辉装饰集团有限公司等三家公司实质合并重整案，均系民营企业家作为实际控制人或股东的房企破产案。在陷入债务危机后，公司治理结构仍然呈现单一化、集中化现象，缺乏有效的法人治理架构和组织规范。

## 二、房地产企业困境的自我拯救路径

2022 年 12 月召开的中央经济工作会议指出，要确保房地产市场平稳发展，满足行业的合理融资需求，有效防范化解优质头部房企风险，改善其资产负债状况。针对房地产企业所面临的种种困境，应采取以下风险化解方式。

### （一）提高房地产企业的综合融资能力，预防结构性风险

随着房地产市场发展的规模化趋势，房企只有稳定其融资规模、创新融资手段、提高资金使用效率、谋求融资结构优化与高质量发展，才能在供给侧改革中立于不败之地。一般来说，提高房企的融资能力，需要从以下两个方面入手。

一方面，房地产企业要创新融资渠道。房地产企业应当根据企业和项目的具体情况确定综合性的融资方案，避免因融资渠道固化而导致的融资风险。由原来依赖银行贷款的单一渠道，转变为银行贷款、房地产信托、房地产基金等多种融资渠道相结合的综合融资模式，构建多元化的融资体系。例如，万科集团采用“联合开发”的融资方式，利用自身的影响力和管理能力与他方进行合作，充分发挥合作各方的资金优势，最大限度地降低融资风险。

另一方面，树立品牌意识和融资信誉。房地产企业在迎合市场需求的同时，还应当秉承可持续发展的融资理念，根据自身的经营模式和发展规模，适度融资，降低杠杆规模，着力提高市场竞争力和信誉度。在选择融资渠道时，应对融资风险进行预估，同时避免盲目增加融资杠杆，多方面考量融资成本、还款能力等因素，实现企业融资的良性、可持续发展。

### （二）完善企业内部治理模式，提高财务管理和盈利能力

完备的公司治理结构有助于降低房地产企业的经营风险。对于优化公司治理结构，我国商法学界主要有以下路径选择：(1) 强化监事会对董事会的监督职责；(2) 确立董事会中心主义，提高董事会在公司经营决策中的权力；(3) 强化对中小股东的保护力度，保护中小投资者，防止大股东及控股股东滥用股东权利，阻碍公司长远发展并损害中小股东利益。我国的头部房企，由于股权较为集中，实质上仍然具有浓厚的“股东会中心主义”色彩，公司的重大决策几乎都由控股股东或实际控制人单方决定，缺少董事会的决策与监督。基于此，推进房企治理结构的改革，就应当着重强化董事会的履职能力，推进累积投票制，提高对中小股东的保护力度，提高独立董事的独立性及其对董事会决策的影响力。引导房地产企业形成可持续发展的经营理念，避免盲目扩张，实现价值创造、社会发展和环境责任的协调统一。此外，还应当建立科学的薪酬体系。一方面，强化薪酬激励的风险挂钩机制，提高薪酬结构中的递延、可变工资比例，探索实施工资回溯机制，加大公司薪酬信息的披露力度；另一方面，实施合理的薪酬激励措施，确保留存有核心竞争力的管理团队，这对于企业危困时迅速建立高效的管理团队协助企业的管理工作大有裨益。

此外，为预防资产负债风险，应要求房地产企业建立科学合理的内部融资以及财务管理机制，通过对企业财务的审查监督降低发生融资风险的可能。具体而言，一方面要健全财务管理制度，主要包括加强对房地产企业的长期股权投资、少数股东权益、对外担保等表外和隐性负债的穿透监管力度，将外部债务和隐性债务均纳入全口径的债务限额管理之中。加强对房地产企业关联交易的监管，逐步建立和完善对房地产企业资金的流动性监管框架，引入期限错配

测度指标体系，引导房地产企业提高长期稳定的资金比例。另一方面，房地产业务的高度分散性，容易造成企业内部资金分配的分散化，影响资金的筹集、调配及使用效率，造成流动资金的运转不畅。此外，开发商的融资债务通常较多，加之催收不济，容易导致应收账款回款较慢，影响企业的资金周转。因此要加强企业财务部门对资金的回流管理，提高资金的周转速度。

### （三）进行企业轻量化发展战略转型，加快债务重组工作

长期以来，房地产行业的“重资产”特质，极易导致高库存以及滞销，加之以银行信贷为主、较为单一的传统融资模式的压力，① 房企资本回收慢，金融机构坏账风险显著增加。近年来，房地产企业进行的轻资产转型是眼下不可逆转的潮流，得以实现从大资产、大投入向轻资产、小投入的方向转变。② 轻资产模式有利于房地产企业迅速回收资金，有助于企业融资的“广开源”，多渠道缓解资金压力。因此，推动房地产企业轻型化转型是我国房地产企业未来发展的重要方向。

房企在转型过程中应注意以下两个方面。一是要降低对开发性业务的依赖，开展持有型、混合型轻资产业务，例如代建、保障性租赁住房等；二是要鼓励房地产企业由开发商向资产运营商转变，鼓励其开展表内商业地产分拆、私募基金或不动产投资信托基金（REITs）发售上市业务，在降低杠杆率的同时，增加基础资产的管理费收入。同时，引导房地产企业回归建筑建设的主业本身，减少扩张或开发与主业不相关的领域业务，提高资金的整体使用效益。

在转型的同时，企业债务重组也是实现资源整合的有效途径。债务重组一般通过策划资产重组、企业兼并、注入实收资本等方式实现，能够显著降低企业杠杆率、改善企业治理、促进企业发展。债务重组需要关注企业之间能否实现资源互补和优势互补，尤其在企业合并过程中，需要关注企业文化及员工的整合、财务与税收的合并等问题。房企通过重组程序可以充分解决担保权人、

① 参见张丽萍、杨亚军：《房地产企业轻资产运营模式的价值创造分析——以万科为例》，载《审计与理财》2017 年第 10 期。

② 参见李百吉、李甜甜：《房地产企业转型轻资产运营模式的研究——以万科集团为例》，载《广西大学学报（哲学社会科学版）》2018 年第 4 期。

购房消费者、普通债权人、职工债权人等诸多利益群体之间的复杂利益纠纷。针对房地产企业的业务复杂性以及关联公司之间相互持股权的特性，破产法制度还提供了关联企业实质合并重整制度以便一次性解决所有关联企业的债权债务关系。无论是庭外重组还是庭内的破产重整制度，均具有“一揽子”解决债权债务关系的功能，都能使房地产企业在保持人格的前提下，化解债务风险，继续业务经营，为社会经济发展带来新的动力。

## 三、小结

融资方式可持续性差、资产结构流动性弱、治理模式存在缺陷，是当前房地产企业面临的三重困境。2023 年 7 月 24 日中央政治局会议指出，要“适应我国房地产市场供求关系发生重大变化的新形势，适时调整优化房地产政策”。站在新起点，房地产企业一方面应当自我求变，创新多元融资模式，注重可持续发展与风险控制，同时完善公司治理、科学财务管理，进行轻量化转型，实现企业的稳健经营，向新发展模式平稳过渡；另一方面面对房地产企业信用危机频发，购房需求延迟释放，市场整体表现乏力的新形势，还要积极借助破产重整程序的力量。“盘活改造各类闲置资产，切实防范化解重点领域风险”是中央对房地产经济工作提出的新要求。与破产清算相比，破产重整能够最大限度地挽救企业，最大化地寻求保护和增加资产价值，保护员工的就业机会与债权人的合法权益，减少对经济系统与社会稳定的冲击，是平稳化解房地产企业风险的最佳制度选择。此外，破产重整不会消灭房企的主体资格，能够快速恢复企业的商业经营，更有利于修复烂尾项目，为“保交楼、稳民生”的政策目标提供具体、可复制的解决方案。值得注意的是，为优化产业结构、避免资源浪费，要结合企业状况、债务结构、市场环境综合判断房地产企业是否具备重整价值与重整可行性，下一节将对如何识别房地产企业的重整价值展开论述。

# 第二节　房地产企业的重整价值识别：困境与出路

陷入困境的房地产企业，能否利用重整程序实现再生，关键在于判断企业是否具有重整价值。重整价值的识别关系着司法资源的合理配置，关系着未来重整模式的选择，是重整计划能否顺利实施的基础。但是在房地产企业重整实务中，重整价值识别存在实践与方法论的双重困境。对此，人民法院、债务人和管理人应当更新重整识别理念、多元化重整识别方法，实现重整业务链资源的整合，确保资源的高效利用。

## 一、房地产企业重整价值识别机制的困境

破产重整体现了破产法的多元价值取向，着眼于债权人、债务人及社会利益的平衡，谋求企业重整对于维护社会经济发展与社会稳定的意义。然而，重整价值的识别不仅是一个法律问题，也是一个商业问题，判断该企业是否具备重整价值，是法院受理重整申请的重要考量因素。

### （一）房地产企业重整价值识别机制的重要性

当前中国房地产行业正经历着从高速增长阶段向更加稳健和可持续发展阶段的转变。政府调控政策、市场分化、投资属性减弱、需求多样化等因素都在重塑着行业格局，在优化产业结构的大环境下，房地产企业破产重整、清算案件数量激增，法院如何有效识别问题楼盘企业的重整价值，正确适用破产程序，便显得尤为关键。

一般而言，判断债务人企业是否具备重整价值主要有以下几个方面的考量：(1) 若债务人企业为上市公司，壳是重要资源之一；(2) 债务人企业的品牌价值；(3) 重整成功有利于保就业、促稳定、推动当地的经济发展；(4) 债务人企业具有独特的产业价值；(5) 债务人企业拥有成熟的生产模式、核心技术、优秀的管理团队；(6) 债务人企业的主营业务符合国家战略等。这些标准在一定程度上能够反映债务人企业的价值，但较为宽泛、抽象，没有可以衡量的具体指标，缺乏可操作性。例如，衡量企业是否具备"自身独特优势"在实践中往往存在困难。若企业的优势当真十分独特，可能很难落入需要重整的境地。事实上，陷入困境的企业，在业务拓展、经营持续、获得信贷等方面都存在一定障碍。

有别于普通生产经营型企业，房地产企业尤其是问题楼盘企业所牵扯的利益方更加多元，进行商业价值判断时，相关影响因素亦更加复杂。实践中，导致问题楼盘企业破产审判面临司法困境的原因具有多重性，但其中一个最关键的因素就是问题楼盘企业重整价值识别机制能否有效发挥作用。房企的重整价值识别关系到企业对破产程序的选择，是最大化破产收益率的基础。因此，法院对房地产企业的重整申请进行合乎商业目的的审查，是确保重整成功的关键。

### （二）我国房企重整价值识别的实践困境

1. 法律规范不完善

我国《企业破产法》对企业重整价值识别的制度供给非常有限，只对法院受理破产重整的条件做了比较笼统的规定。《企业破产法》第2条规定了重整程序开始的原因，一是企业法人不能清偿到期债务，并且资产不足以清偿全部债务或者明显缺乏清偿能力；二是企业有明显丧失清偿能力可能。结合该法第78条的规定，债务人的经营状况或财产状况继续恶化，缺乏挽救的可能性，人民法院应当裁定终止重整程序。从体系上看，重整程序的启动以具备破产原因为基础，同时还应当要求债务人企业具有挽救希望，即具备重整价值。但除此以外，《企业破产法》并未对何为"挽救的可能性"给予更为充分的解释。《破产审判会议纪要》第14条提出了债务人的资产状况、技术工艺、生产销售、行业前景等重整价值审查因素，但房地产业作为消费与金融衍生品交织的特殊市场，涉及上下游企业、职工、购房者等多方主体，困境房企的重整价值识别具有特殊性与复杂性，实践中更多是依赖法官基于法律、商业与经验的综合判断。

具体而言，房地产企业的经营是一个动态变化的过程，涉及投资、购买、建设、出售、运营等多种商业活动。房企的核心资产大部分为期房或在建工程等不动产，资产变价受经济环境、市场前景、行业政策等影响较大。企业的资产、负债等各项指标在诸如土地招拍、工程开工、房屋预售、主体竣工、通过验收、实现交付等关键节点都会产生价值跳变。因此，对房地产企业商业价值的衡量在很大程度上要动态地考虑时间因素，时间点不同，企业的主营业务、融资能力、产品属性等都会产生重大变化，要结合定量和定性因素对企业的现有资产价值、未来获利能力以及偿债能力进行分析和判断，从而确定该企业的未来重整价值。①

因此仅仅根据法律规定作出简单、静态、一元的判断，必然与问题楼盘企业复杂、动态、多元的价值现状相背离，全面、系统、综合地把握会计、法律、商业乃至社会学思维在企业重整价值判断中的作用，是认识与理解企业破产重整价值识别体系的基础。这一方面需要实践中的不断创新、总结经验并上升为法律制度，另一方面也需要法律规范提供更具方向性的价值指引与更具可操作性的实践指南。

2. 识别责任主体的错配

企业重整价值的识别是判断主体对判断客体，遵循判断原则，依据一定的判断标准，实现判断目标的审查与决策行为。法院作为审查企业是否满足破产条件、进入何种破产程序的法定主体，具有识别和审查企业破产重整价值的重要职责。司法裁判的中立性要求法院面对疑难案件，可以借助听证等方式进行综合判断，但不能由其他主体过多干涉。然而，从司法实践来看，囿于问题楼盘企业进入清算程序可能产生的社会影响，政府、临时管理人、第三方评估机

---

① 参见栾甫贵、侯晶：《上市公司破产重整价值判断体系的探讨》，载《北京工业大学学报（社会科学版）》2017 年第 4 期。

构等均有动机在不同程度上分割法院在识别重整价值方面的部分权力，由此就造成了问题楼盘企业重整价值识别责任主体的异化。

第一，重整价值识别权力被部分让渡给地方政府。实践中，我国绝大部分问题楼盘企业的管理、协调、处置、化解工作均由当地政府承担，多数地方政府还联合相关职能部门和有关组织成立了问题楼盘处置化解工作领导小组，专门负责对问题楼盘的统一处理。这种政府介入的方式有以下特点：（1）相较于司法权的谦抑性而言，政府更强调提前介入、主动介入，其综合协调能力更强，对问题楼盘企业的意见更具有权威性；（2）问题楼盘牵涉利益广泛，信访事件高发，维稳压力大，地方政府有意愿将问题楼盘企业导入重整程序，最大可能地“保交楼”，以缓解信访和维稳压力；（3）问题楼盘企业渴望借助有实力的投资者和畅通的融资渠道获取外部资金，而政府在发现潜在投资者方面拥有明显优势。基于以上特点，政府几乎在所有的问题楼盘企业重整中都发挥着重要作用，对决定困境房企是否进入重整程序有相当大的话语权。

第二，重整价值识别责任被转嫁给临时管理人。临时管理人指的是在预重整阶段行使管理职责的法律主体。由于房地产企业牵涉多方利益主体，不稳定因素较多，预重整制度能够降低后续重整程序给困境企业带来的时间成本和管理成本，有效缩短困境企业进入破产重整程序后的审理时长，提高企业破产案件的审理效率和重整成功率，① 因此大多数问题楼盘企业会选择先进入预重整流程完成先期风险处置与化解工作，再正式进入司法重整程序。法院普遍会在预重整阶段选任或指定临时管理人负责处理问题楼盘企业早期的资产调查、债权申报等事项。实践中，部分法院在指定临时管理人后，直接将问题楼盘企业的全部事务交给临时管理人，并要求临时管理人提交评估分析报告、重整价值分析报告等作为法院判断重整价值的主要依据。虽然临时管理人代表法院行使重整价值识别权力，但实际上这已间接导致临时管理人成为重整价值识别的主要责任主体。

---

① 参见浙江省杭州市余杭区人民法院课题组：《房地产企业预重整对实务探索及建议》，载《人民司法·应用》2016 年第 7 期。

第三，重整价值的识别过分依赖第三方评估机构的评估报告。实践中，还有部分法院将企业价值评估报告或清算价值评估报告作为困境房企是否具有重整可行性的判断依据。如前所述，这种简单化的价值衡量方式，只能片面地反映出企业在某一时点上的静态价值，而挽救可能性则更侧重于债务人企业的未来经营价值，对房地产企业“以估代审”的重整识别方式，折射出个别法院过度依赖评估结果的倾向，而忽略了问题楼盘企业在经营阶段、市场环境、资产结构等方面的潜在影响。

## （三）房地产企业重整价值识别的方法论困境

1. 重整价值的识别理念滞后

当前，在问题楼盘企业重整价值识别方面的理念相对滞后，仍以对企业价值进行单方面、静态的审查为主，未充分考虑困境企业未来的经营价值和盈利能力，这严重制约了重整价值识别的有效性。具体表现在两个方面：一是通常只关注问题企业自身情况，很少详细听取债权人、投资人、购房者、建筑商、公司股东、员工等利益相关者的意见；二是识别方式呈现静态性。往往只考虑债务人企业当前的状况，忽视了企业在不同维度、不同时间序列上的价值变动，缺少对未来经营情况的预测。实践证明，部分重整方案在制定后便失去了有效性与可执行性，症结就在于未能平衡各种利益群体的诉求，也未能对重整价值做出前瞻性的判断。

2. 重整价值的识别方法单一

重整价值的识别需要遵循权益均衡、全面性、效益性和发展性等一般原则。权益均衡原则要求法院在受理企业重整申请与批准重整计划时，关注管理人、股东、债权人、职工、重整投资人及政府等相关方的利益均衡；全面性原则要求法院在进行价值判断时，充分考虑企业内外部情况，以全面的视角对企业价值作定量与定性相结合的整体性分析；效益性原则要求法院在对企业作出价值判断时，以经济学上的成本效益法为准则，衡量企业的未来价值，实现最大的总体效益；发展性原则则需要判断主体以发展的眼光来看待企业，核心在于关注企业的潜力与未来可能性，而非仅仅考虑当前的困境。

但在实际操作中，各方却倾向于只关注破产重整相比于破产清算的资产价值收益，将重整可获得比清算更优的清偿率作为企业重整价值识别的唯一指标，即只要重整所得收益率高于破产清算，即可认为债务人企业重整满足“清算地板规则”的要求。尽管采用成本法、收益法、市场法等评估、计算企业的账面价值、收益能力、市场估值等是必要的，但这恐怕难以涵盖企业恢复生产经营的全部因素，难以全面地识别、评估企业的重整价值。

3. 重整价值识别缺乏针对性

问题楼盘企业不同于一般的经营性企业，企业重整价值有其独特性。但在我国房地产企业重整实践中，往往套用一般企业的重整价值识别方法，而没有考虑到房地产企业诸如行业发展前景的判断、目前工程建设所处的阶段、属地房地产政策、政府支持力度、购房者态度、投资者商机、企业股东的决心、职工的工作能力等特有因素，缺乏“个性化”的识别方案。

例如，《破产审判会议纪要》第 14 条明确将“行业前景”作为重整价值的识别要素之一，《最高人民法院关于正确审理企业破产案件为维护市场经济秩序提供司法保障若干问题的意见》中提出，对于“符合国家产业结构调整政策、仍具发展前景的企业”，要充分发挥破产重整和破产和解程序的作用，对其进行积极有效的挽救。房地产作为“强政策关联性”行业，在“房住不炒”的政策主基调下，除产业规模继续发展、人口持续流入的一线城市、核心二线城市外，其余城市将基于城市的产业布局和国家企业产业政策，在中长期纬度上，保持高位下滑、持续出清的趋势，如若采用一般性的重整价值识别方法，可能无法针对房企的特点“对症下药”，导致最终的重整价值判断失真。

4. 重整价值识别与重整模式未形成紧密联系

企业价值的恢复以重整方案顺利实施为前提，因此，问题楼盘企业的重整价值识别也应当考虑可能采取的重整模式。一般来说，房地产企业的重整有存续式重整、出售式重整、清算式重整、分离式重整、融资续建式重整（又称共益债重整）等模式，下文分述之。

所谓存续式重整，是指保留原企业法人资格不变，将股权让渡款全部作为偿债资金，由新的投资人完成房地产项目的续建与销售，商业风险及利润归属新的投资人的重整模式。该模式主要适用于营业事务或壳资源有较大价值，且风险较小的房地产企业。但其相应的弊端在于：（1）无法剥离企业的不良资产，影响了整体接盘价格；（2）企业存在诸多隐藏债务，或有债务风险增加。

所谓出售式重整，是指不保留原企业的“外壳”，将破产企业的主要资产或主营业务的部分或全部出售给新的投资人，将出售对价作为偿债资金。该模式的特点在于保留了具有活力的主营业务，能够更大限度地发挥资产价值，同时能够有效隔离企业债务与经营。但该模式也有相应的弊端，如资产剥离所涉及的税费问题、房地产企业已办理的各项行政审批能否继续保留等事项存在不确定性，需要通过府院联动机制事先征求相关部门的意见。

所谓清算式重整，是指将债务人企业的财产个别变价，以所得对价分配给债权人，同时又保留债务人企业存续的重整模式。这种模式的优势在于可以提高重整效率，使重整计划的制定更具有针对性。但是，清算式重整实际上将债务人企业的大部分资产出售，有很大可能会更换全部经营业务，对债权人的伤害较大。

所谓分离式重整，是指保留债务人企业的主体资格，剥离劣质资产。这种模式能够整合各类优质资质和企业荣誉，切断投资人与债务人或有债务之间的联系。但其缺点在于，重整计划中规定的债务划归子公司的条款是否具有约束或有债权人的效力，立法上难以找到明确的依据。

所谓融资续建式重整，是指引入外来资金续建房地产项目，将外来投资人投入的资金明确为共益债务。该模式的特点在于能够吸引专业的资产管理机构，自然人购房者和小额债权人能够顺利拿房或取得更高清偿率。但缺点在于，融资所产生的融资债权在清偿顺位上优先于普通债权，但劣后于工程款优先权、抵押权人的优先权，除非与抵押权人等优先权人事先沟通协调，争取其适当让渡优先权利，否则实践中难以实施。

采用不同重整模式，债务人企业的价值也随之改变，重整模式与价值识别是一体两面的问题，价值识别决定重整模式的选择，重整模式的选择反过来影响价值识别的方法，需要识别主体量体裁衣，选择合适的评估方法与重整模式，以提升房地产企业重整工作的效率与效益。

## 二、房地产企业重整价值识别机制的优化

识别房地产企业的重整价值作为引导困境房企进入破产程序的先决条件，法院在审查判断时，需要充分考虑问题楼盘企业的各方利益，构建全面重整识别体系，确保重整程序在政治、社会和司法层面达到有机统一，实现问题楼盘困境平稳有效化解。为此，优化问题楼盘重整价值的识别机制可以从以下几个方面着手。

### （一）重整价值的识别原则：全面动态识别

传统的静态、一维的判断方法已不足以适应复杂多变的房地产业的市场环境。全面动态识别原则强调从多角度、多维度考虑企业价值，动态观察企业的发展趋势和市场变化。这有助于准确判断重整后企业的可持续性和复苏潜力，避免因静态分析而忽略了企业未来的增长动力。它能够更全面、准确地评估问题楼盘企业的商业前景和未来价值，为选择合理的重整模式、制定可行的重整计划提供有力支持。

1. 全面识别原则

在对问题楼盘企业重整价值进行判断时，要树立一体化理念，将企业内部情况与外部影响、企业各职能部门、企业各类资产等作为一个整体综合考虑，同时不仅要关注企业当下的资产、负债情况，还要探求企业的潜在价值。

具体而言，资产和负债是价值识别的基础。全面识别原则要求在计算企业资产时不仅仅考虑土地、建筑物、未来现金流等当期会计科目，还需要考虑人力资源、员工技能、市场地位与品牌价值在企业未来发展中的作用。此外，不能以割裂的眼光衡量企业价值，也就是说，仅看到当下企业的累累负债以及不良的资产状况是片面的，要从整体的视角判断其未来价值。例如，房地产企业的销售情况与企业的建设进度高度关联，不能因为当前的销售情况不佳，就直接否定该房地产企业未来的盈利能力。实务中普遍存在建设进度到达特定的节点后，购房者的购买意愿出现大幅提升的现象。

2. 动态识别原则

企业的发展具有未来性，重整尤其注重企业发展的未来价值。价值识别过程中，要看到行业发展前景、政策倾斜导向、城市建设规划、楼盘周边配套等潜在价值。对由于短期债务危机、经营不善等原因陷入债务危机的问题楼盘，法院要及时查阅企业的经营记录，梳理企业已有的危机处置方案，绘制企业价值的动态曲线，定位企业价值的增长阶段，注重对问题楼盘企业重整价值的深入挖掘，从有利于重整价值实现的角度看待企业的现有价值，有目的、有规划、有适配地判断企业的挽救可能性。

3. 均衡识别原则

在问题楼盘企业重整价值的识别过程中，法院应当充分尊重各利益相关方的价值取向，本着公平、公正的原则，考虑各方对重整价值的认知差异，谨慎权衡管理人、股东、债权人、员工、重整投资人以及政府等相关方的权益，对问题楼盘企业的重整价值作出合法、合理的评判。

### （二）重整价值的识别内容：多元价值识别

1. 经济价值是重整价值的基础

经济价值是问题楼盘企业重整价值中最核心的指标，我国《企业破产法》正是因此将资产负债情况作为是否具备重整原因的判断要件。从投资人与债权人的角度看，重整价值识别的主要任务是对债务人企业作出商业判断和市场估价。为实现对重整价值的正确判断，需要通过资产评估、会计核算、财务审计等方式摸清企业的财务状况，掌握企业生产经营所必需的生产资料情况，这构成了重整价值的基础。

在实际操作层面，评估问题楼盘企业的经济价值时，应当尽可能地剔除不利因素，同时对隐性价值一并考虑。具言之，一方面要对问题楼盘企业无法正常运转带来的企业资产的额外贬损予以去除，并根据正常的市场交易价值合理评估现有资产；另一方面，应当将楼盘开发企业的品牌价值、物业服务价值、上下游关联企业的信用价值等隐形价值纳入考量。

2. 社会价值是重整价值的根本

问题楼盘企业大多呈现出资产密集、人员密集的特点。实践中，问题楼盘企业与银行、施工方、供应商、销售商之间的债权债务关系交错复杂，部分还涉及民间借贷、股权质押，甚至非法集资等行为。因此，问题楼盘企业的债务问题不仅仅局限于银行等金融系统，还涉及民间资本等多个层面，甚至影响整个房地产行业的上下游产业链。因此，我们要充分认识到问题楼盘企业重整带来的金融风险防范、区域经济稳定以及行业健康发展等社会价值。

在房屋预售制度下，多数停工的问题楼盘难以按时交付业主。由于“房产”在我国传统观念中素来具有特殊意义，购房者倾尽积蓄，背负贷款，却无法获得已经合法购买的房屋时，极易引发严重的社会问题。加之问题楼盘次生的农民工讨薪和职工安置问题，一旦处置失当，带来的社会冲击甚至超过问题楼盘企业债务问题本身。

因此，法院在判断问题楼盘企业的重整价值时，应当将社会价值作为重整价值的核心，在依法办案的前提下，主动承担起维护社会稳定、促进社会发展的责任，最大限度地运用重整制度，帮助问题楼盘企业渡过难关。

3. 发展价值是重整价值的潜质

发展价值通常指企业在未来可能实现的增长和盈利潜力，而重整即通过重新组织、调整与优化来实现现有资源和资产的价值最大化。重整企业的发展价值不仅要结合当前的行业前景、企业经营情况，也要有对未来的行业趋势预测与企业重整后的经营能力预测，主要包括以下几个方面。

第一，要关注企业的持续运营价值。与破产清算不同，问题楼盘企业的重整，并非简单的资产处置与清偿债务，而是要尽可能地恢复企业经营、开工复建。因此，法院要合理审视企业的未来发展价值，将经营战略、管理措施、制度建设等发展能力纳入对重整计划的可行性判断。

第二，要关注意向重整投资人的发展价值。重整投资人一般分为战略投资人和财务投资人，但无论类型如何，都希望获得可期待的投资收益。与其他重整债务人类似，问题楼盘的重整重点在于争取融资，借助外部资金实现再生。因此，吸引合适的投资人并筹措资金对企业能否重整成功至关重要，特别在投资人意在通过投资获得企业未来的控制权时，企业的未来发展将与重整投资人的资源和能力息息相关。因此，法院及管理人应当对意向重整投资人的投资意愿、投资能力、运营能力等进行综合判断和分析。

第三，要关注城市规划开发的价值。城市的建设规划会直接影响楼盘的发展方向和发展价值，城市规划决定了基础设施、道路布局、区域用途等，这些因素直接影响楼盘的可达性、周边环境以及潜在的客户群体。因此，在判断房地产企业的重整价值时，有必要对该地城市规划进度、规划变更等因素一并加以考虑。

4. 政策价值是重整价值的保障

回顾近 10 年房地产业的发展进程，“稳增长”与“调结构”是贯穿其中的两大主线。2015 年年末的中央经济工作会议，聚焦“供给侧改革”，化解过剩产能，促进行业转型升级；2016 年首次提出“房住不炒”，地产开启去库进程；2017 年，一二线城市开始密集收紧地产政策。截至今日，房地产风险暴露平稳可控，落后、无效产能持续出清，房地产市场供求关系出现新变化；2023 年 8 月 17 日，中国人民银行发布 2023 年第二季度中国货币政策执行报告，明确提出将适时调整优化房地产政策，这代表着对房地产业的金融支持政策将继续加力。此外，由于房地产业带来的显著经济效益与社会效益，地方政府对问题楼盘的处置也十分重视，“优化限贷”“优化限购”“降低交易税费”等政策的出台也多围绕如何保障问题楼盘企业走出债务困境展开。

在“推动经济高质量发展，推动产业结构转型升级”的背景下，从宏观上看，符合国家和城市长远发展规划的房企，相较而言更有发展潜力；从微观上看，能在个案中争取到属地党委政府支持的房企，重整成功的可能性更高。因此，从办好破产案件的角度来说，房地产企业申请进入重整程序的，法院应当充分了解并积极争取属地政府对问题楼盘企业风险化解的有利政策，并将其作为重整价值识别的组成部分。

最后还应当重视重整模式与重整价值的匹配，结合实务经验来看，对于社会影响大、工程完成度低、开发潜力高、企业持续经营能力强、企业品牌价值突出的问题楼盘企业，采用“存续式重整”模式的效果更佳；对于政策价值和发展价值突出、抵押债务比例高、投资人收购意向明确的房企，则采用“出售式重整”模式；对于经济价值优势明显、工程完成度高、债务关系明晰的房企，采用“清算式重整”，更有利于重整效益的最大化。

# 第三节　房地产企业重整中破产管理人制度的现状与优化

## 一、困境房地产企业的不同重整模式及管理人作用

根据我国《企业破产法》的规定，对审查符合重整条件的案件，法院会作出债务人破产重整的裁定并公告，债务人自此进入破产重整程序。我国破产重整管理人制度是2007年《企业破产法》新引入的制度。同年，最高人民法院还出台了两个关于指定管理人和管理人报酬的规定。① 破产管理人制度发展至今，虽然在不断完善，但在如管理人的选任、法律地位、职责和履职监督等方面仍有不足，这直接关乎管理人能否忠实勤勉履职，需要立法或者司法解释作出进一步的明确。

在重整管理模式方面，我国破产法以管理人管理作为原则性规定。管理人作为人民法院指定的具有独立性的法律主体，由管理人担任重整债务人的管理主体，客观上符合破产程序平等、公平的程序要求，也能够最大限度地保障各方当事人的利益，防止可能产生的道德风险。

除管理人管理外，根据《企业破产法》第73条的规定，在重整期间，经债务人申请，人民法院批准，债务人可以在管理人的监督下自行管理财产和营业事务。这一规定为我国实行“债务人自行管理”模式提供了法律基础。一般认为，债务人自行管理模式不改变债务人的治理结构，能够激励原管理层继续履

① 分别是《指定管理人的规定》《最高人民法院关于审理企业破产案件确定管理人报酬的规定》。

职，具有促进重整的功能。其积极作用一方面体现在能够利用既有经营管理知识和经验提高重整效率，另一方面能够确保营业和重整的连续性以及重整成功后企业继续经营的连续性，最大限度地减少企业破产重整对债务人企业的消极影响。管理人主导债务人重整，尽管可以通过引入相关专业人员提升管理人团队的商业经营能力，但无疑会提高破产重整的费用成本。[①] 债务人自行管理以奖代惩的效果更能促使债务人企业尽早启动破产重整程序，提高重整成功的可能性。根据我国学者对现有债务人自行管理案例的实证研究，债务人自行管理模式在公平分配和保护债权人的分配权利上优于管理人管理模式，并且债务人自行管理模式中普通债权的清偿比例普遍高于平均清偿率。[②]

问题的关键是，债务人企业达到何种要求时才可以采用自行管理模式？立法及司法解释均未明确作出规定。直到 2019 年最高人民法院出台了《九民纪要》以后，才对自行管理标准作出了比较明确的界定。根据《九民纪要》第 111 条，债务人自行管理应具备的基本前提是：（1）债务人的内部治理机制仍正常运转；（2）债务人自行管理有利于债务人继续经营；（3）债务人不存在隐匿、转移财产的行为；（4）债务人不存在其他严重损害债权人利益的行为。这一规定出台后，国内涌现了相当一批债务人自行管理模式的实践，在创新管理模式的同时也提高了重整效率。

房地产企业如果能够主动提出破产重整申请，并采用自行管理模式，将有助于加速重整程序进程，提高重整的成功率。但从另一个方面来看，房地产企业的股权相对比较集中，普遍存在“公司治理僵局”及经营危局等情况。若采用自行管理模式，债权人必然会担心现有董事会及高管是否具备自行管理财产和营业事务的基本条件与能力。因此，为了提高债权人参与重整的信心、提高重整成功率，法院依据《企业破产法》第 13 条的规定，在裁定受理破产申请的同时指定管理人并由管理人履行法定职责，就显得尤为重要。

---

① 参见齐明：《破产重整期间的企业控制权刍议——兼评〈破产法〉第 73 条》，载《当代法学》2010 年第 5 期。

② 参见高丝敏：《我国破产重整中债务人自行管理制度的完善——以信义义务为视角》，载《中国政法大学学报》2017 年第 3 期。

## 二、房地产企业重整中破产管理人的选任方式及其考量因素

### （一）管理人的选任方式

根据《企业破产法》第 24 条的规定，管理人可以由有关部门、机构的人员组成的清算组或者依法设立的律师事务所、会计师事务所、破产清算事务所等社会中介机构担任。根据最高人民法院出台的《指定管理人规定》，管理人的确定方式有以下 4 种。

1. 直接指定

《指定管理人规定》第 18 条规定："企业破产案件有下列情形之一的，人民法院可以指定清算组为管理人：（一）破产申请受理前，根据有关规定已经成立清算组，人民法院认为符合本规定第十九条的规定；（二）审理企业破产法第一百三十三条规定的案件；（三）有关法律规定企业破产时成立清算组；（四）人民法院认为可以指定清算组为管理人的其他情形。"第 19 条规定，清算组为管理人的，人民法院可以从政府有关部门、编入管理人名册的社会中介机构、金融资产管理公司中指定清算组成员，人民银行及金融监督管理机构可以按照有关法律和行政法规的规定派人参加清算组。

2. 随机选任

《指定管理人规定》第 20 条规定，人民法院一般应当按照管理人名册所列名单采取轮候、抽签、摇号等随机方式公开指定管理人。这一做法旨在保障管理人选任结果的公平性。

3. 竞争选任

《指定管理人规定》第 21 条规定："对于商业银行、证券公司、保险公司等金融机构或者在全国范围有重大影响、法律关系复杂、债务人财产分散的企业破产案件，人民法院可以采取公告的方式，邀请编入各地人民法院管理人名册中的社会中介机构参与竞争，从参与竞争的社会中介机构中指定管理人。参与竞争的社会中介机构不得少于三家。采取竞争方式指定管理人的，人民法院应当组成专门的评审委员会。评审委员会应当结合案件的特点，综合考量社会

中介机构的专业水准、经验、机构规模、初步报价等因素，从参与竞争的社会中介机构中择优指定管理人。被指定为管理人的社会中介机构应经评审委员会成员二分之一以上通过。采取竞争方式指定管理人的，人民法院应当确定一至两名备选社会中介机构，作为需要更换管理人时的接替人选。”竞争选任可以保障选任出的管理人具有较高的管理能力，能够应对重大疑难案件的管理工作。

4. 推荐方式

《指定管理人规定》第22条规定：“对于经过行政清理、清算的商业银行、证券公司、保险公司等金融机构的破产案件，人民法院除可以按照本规定第十八条第一项的规定指定管理人外，也可以在金融监督管理机构推荐的已编入管理人名册的社会中介机构中指定管理人。”虽然最高人民法院层面尚未出台统一的预重整操作指引规范，但从各地的司法文件来看，预重整程序中基本上都采用主要债权人推荐的方式选任管理人。①

## （二）管理人选任的考量因素

从管理人的历史沿革来看，1988年《中华人民共和国企业破产法（试行）》规定的清算组起初在一定程度上发挥了管理人的作用，但是由于存在清算组成立时间晚、独立性差、缺乏民事责任能力的缺点，不能满足高效、公正破产程序的要求，因此，借鉴发达国家的立法经验，引进管理人制度成为立法的当然之选。② 1994年我国破产法起草者提出了“临时管理人”的构想，以弥补破产宣告前无人管理的空白。随后的《企业破产法》草案确立了自法院受理破产案件时由管理人接管债务人的做法，并将管理人界定为中介机构。在之后的草案中，“起草者又将管理人与清算人、重整人合为一个破产程序从始至终的唯一职能机构，统称为‘管理人’”。③ 2006年《企业破产法》正式公布时，立法者认为破产程序是在法院的主导下清理债权债务关系的司法程序，为保证管理人向

---

① 关于系统讨论债权人推荐选任管理人的分析，可参见张旭东：《债权人选任管理人与中国破产法的演进》，载《中国政法大学学报》2021年第4期。

② 参见高民尚：《〈关于审理企业破产案件指定管理人的规定〉的理解与适用》，载《人民司法（应用）》2007年第9期。

③ 王卫国：《中国新破产法草案中的管理人》，载《中国法律：中英文版》2004年第6期。

法院负责，公正履行职务，故采取由人民法院选任破产管理人的制度。

管理人能否胜任职务，依法、公正、忠实地执行职务，勤勉尽责，是保证破产程序顺利进行的一个重要因素。我国管理人选任以公正履职为首要考量，作为中立和独立的第三方，管理人要在整个程序中公正处理各方利益，遵循职业道德和诚信原则，《指定管理人规定》第23～25条也对管理人存在利害关系需要回避的情形作了详尽的规定。除此以外，管理人的选任还要求具备相关法律、财务、会计等领域的专业知识和经验，能够熟悉并有效执行破产程序，协调各方利益等。

## 三、破产管理人制度的再优化

重整程序中的管理人选任与清算程序显著不同，重整程序具有多元化价值目标，除清理债权债务关系外，更加突出破产制度的拯救功能。公司能否重整成功，关系着债权人、股东、债务人、职工等利害关系人的共同利益，重整价值多元化和参与主体多样化是其重要特征。面对重整程序中各方相互合作又相互制衡的局面，最需要考虑的是实际控制权问题。重整企业实际控制权的行使主体既要能够对企业进行有效的监控，同时还要保证企业的有序经营。[①] 因此，除对管理人进行系统、严格的选任外，在制度设计上，可以从选任机制、职责履行、法律地位、任职监督几个方面优化破产管理人制度。

### （一）优化破产重整管理人的选任机制

破产重整管理人与破产清算管理人的履职特点有着很大差异，破产重整管理人直接管理企业运营，所选任的破产重整管理人是否适当，直接关涉着债权人和债务人的利益实现。

从功利主义的视角来看，债务人（含出资人）及债权人最关心企业是否可以通过重整程序重新盈利，故这两类主体最希望管理人具备充分的履职能力。但从另一方面来说，完全让债务人选任破产管理人可能会出现恶意破产、转移

① 参见贺丹：《破产重整控制权的法律配置》，中国检察出版社2010年版，第184页。

资产的情形。加之债务人实际上代表了出资人和董事会的意志，而这类权利人在重整受偿中的顺位往往居于劣后，让劣后的利害关系人选任管理人，很可能难以起到任何激励作用。因此，在选任重整管理人时，应当充分考虑债权人的意见，提高债权人的参与度。换言之，重整程序中管理人的选任，应结合不同的启动方式，采取不同的选任方式，但应尽可能兼顾包含债权人、债务人在内的各利害关系人的多方利益。

## （二）强化破产重整管理人的职责

破产管理人的职责基于重整模式的差异而有所区别。

第一，对于采用债务人自行管理模式的，管理人主要履行监督职责。为使破产管理人的职责得到落实，需要在规范上明确重整期间破产管理人监督的范围和形式。一般来说，破产重整管理人的监督范围包括债务人在重整期间的所有管理和运营行为，监督形式则包括查阅债务人企业账簿以及经营管理中形成的书面材料等。对有异议之处，管理人可以要求债务人作出说明。管理人应就对债务人的监督情况形成书面监督报告，并提交人民法院。监督报告分为定期报告和必要报告两种，定期报告是针对债务人自行管理的不同阶段而定期制作的履职监督报告；必要报告是管理人在发现债务人做出各种违规行为或认为该企业不具备重整条件时，而向法院作出的必要性报告。

第二，管理人管理模式下，管理人作为企业的管理者和运营者，对重整事务负全部责任。其承担的职责包括：（1）接管债务人企业账簿；（2）调查债务人企业财产状况；（3）经营债务人企业；（4）优化管理债务人企业财产；（5）制作和提交重整计划草案；（6）重整计划执行期间的监督义务。其中最重要的一项职责就是制作重整计划草案。为保障重整计划草案能够顺利通过，管理人应当充分考虑债权人意见，尽可能在征得每一表决组都通过的前提下提请法院批准，尽量避免法院动用强制裁定权。此外，如果重整计划草案对债权人利益造成了实质性影响，法院应当以重整计划不符合“善意”“公平”“公正”等标准拒绝裁定通过重整计划。[①] 这样不仅能够保障债权人的利益，也能够强化破产重整

---

① 在美国破产法上，重整计划强制批准的一个条件是，各个受到调整且未通过重整计划的债权或股权组别，重整计划不存在不公平差别对待，且公允平等。[See U. S. C. §1129（b）（1）]

管理人对其履职的勤勉程度。

### （三）明确破产管理人的法律地位

从制度演进来看，管理人制度之所以在西方国家近代破产立法之初被确立，正是因为司法者不适当也无力以自己的名义从事经营、参与谈判、处置资产等商业行为，一个专业、独立从事破产事务的执业者群体由此有独特的价值和存在的必要。① 从比较法上看，各国立法往往通过两种方式保障管理人履职的中立性：一种是通过构建管理人与破产财产之间的某种特殊法律关系，使管理人的履职能够代表破产财产的利益；另一种则是在法律地位上承认管理人的中立性，并通过严格的履职责任制度，规范管理人独立、公正履职。我国破产法并未明确规定管理人的法律地位，但从《企业破产法》第 13 条、第 23 条和第 25 条关于管理人产生、义务和职责的规定来看，基本反映了破产程序中的管理人中心主义，即一方面规定了管理人的法定职责，另一方面也为管理人依法履职提供了一定的保障。

但实践中，法院与管理人仍存在“越位”和“缺位”的现象，管理人的法律地位有待进一步明确，这也有助于法院在审理破产案件及衍生诉讼时，能够对破产重整管理人的诉讼地位进行准确定位。在债务人自行管理的重整案件中，管理人承担的是监督职责，应当有权力调查债务人的财产状况、债务人内部人的身份状况以及债务人交易情况等外部事项；在破产管理人主导的重整案件中，破产管理人的主要职责是管理和运营破产企业，其行为代表债务人企业，但这仅仅是一种法律意义上的管理者，而非债务人本身，故就主体资格来讲，破产管理人仍然具有独立性。② 而且根据《企业破产法》的规定，在破产管理人主导模式下，管理人仍然可以聘用债务人公司的原管理层辅助公司的管理和运营工作。

---

① 参见北京市第一中级人民法院清算与破产审判庭课题组：《关于健全完善管理人制度的调研报告》，载《人民司法（应用）》2019 年第 16 期。

② 从实践来看，重整案件的管理人都会刻制专属印章，极少使用原公司的印章，这也在一定程度上印证了管理人的独立性。

### （四）完善对破产重整管理人的监督制度

破产法出于高效和有效管理债务人财产的目的，赋予了管理人广泛的职权和独立地位，但同时司法权需要对管理人的职权行使施以监督，防止道德风险、不尽职等行为损害债务人、债权人利益，这也有助于保障破产程序的顺利进行。当前我国破产法对破产管理人的监督以“被动式”监督为主，即通过债权人等利害关系人的异议或管理人责任之诉等方式对管理人履职行为进行审查。在这种“被动式监督”模式下，法律又将监督责任分配给事务繁多的法院，导致难以实现全面、充分、及时的监督。

对管理人监督制度的改革可从以下几个方面入手。

第一，由被动式监督改为主动式监督，即要求破产管理人通过定期工作报告、特定及重大事项报告的形式主动接受法院监督。根据《企业破产法》第23条的规定，管理人应当向法院报告工作。但该条对报告工作的性质及方式未作具体说明，导致实践中的适用标准不统一，弱化为一种形式化的程序性义务，难有实效。结合实务经验与理论界成果，为实现法院对破产程序的司法控制，了解破产程序的进展，破产重整程序启动后，管理人除对债务人财产状况调查，提交财产状况报告外，还应当根据程序进行情况作定期报告，以及重大事项、特定事项执行情况报告。法院也可以通过制定管理人工作细则，对管理人应当进行的程序性报告事项予以明确，有助于对管理人履职提供指引。① 如《深圳市中级人民法院破产案件管理人工作规范》第21条规定，管理人完成接管后应当制作阶段性工作报告，向本院报告接管工作情况。第27条规定，管理人应根据破产程序的进度定期报告财务收支情况。

第二，完善监督制度，细化监督的方式方法。对破产管理人的监督主要分为内、外两个层面：内部监督即破产管理人的自我监督，主要通过行业协会自我管理，或者通过分级管理、增补淘汰等措施逆向激励加以实现；外部监督除法院的履职监督外，还包括《企业破产法》赋予的债权人会议、债权人委员会

---

① 参见郁琳：《破产程序中管理人职责履行的强化与监督完善——以管理人的法律地位和制度架构为视角》，载《法律适用》2017年第15期。

的监督权力。但当前立法并未细化监督的方式、监督的时间、监督的流程、复议的方式等内容。出于有效行使监督权的需要，应细化监督制度，完善监督方式、异议方式等内容，以提升破产重整管理人的履职质量。

# 第四节　房地产企业重整的基本流程

法院裁定受理重整案件后，破产管理人正式介入并开展房企拯救工作。重整是一个程序繁杂且任务艰巨的过程，其核心任务是重整计划的制定和表决。即便经过了预重整程序的企业，大多也只是将重整计划的制定与初步表决等前置至预重整程序，而后得以缩短正式重整的时间，提高债务人的重整效率，[①]但重整的基本流程仍需要依次进行。梳理房地产企业重整的关键流程，不仅能够确保重整行为与企业行为合法合规，而且能够加强执行团队的协同，维护各方利益，提高重整的成功率，同时也期待能对破产重整从业者开展的日常工作有所助益。本节将分阶段讨论房企重整程序中的重要流程。

## 一、管理人等中介机构开展尽职调查

破产法学界通说将重整程序概括为"经由利害关系人申请，在法院的主持和利害关系人的参与下，对那些产生重整原因或者破产原因又具有再建希望的债务人企业进行营业重组和债务上的清理，使其摆脱财务困境，恢复营业能力的破产预防程序"。[②] 结合这一概念，考虑到房企重整的重资产特征，房地产企业的破产重整程序应定义为：在破产法院监督指导下，由管理人推动，通过出资人再投资或引入重整投资人等方式盘活不良资产，以达到清偿债务之目的的

---

① 参见王欣新：《建立市场化法治化的预重整制度》，载《政法论丛》2021 年第 6 期；何心月：《我国破产预重整实践的现状与出路》，载《华东政法大学学报》2022 年第 5 期。

② 韩长印主编：《破产法学》（第 2 版），中国政法大学出版社 2016 年版，第 5 页。

程序。因此，是否能够引入重整投资，是房企重整成功的决定性因素。

站在重整投资人角度，在作出投资决策时，首要任务就是对债务人企业进行尽职调查，分析该企业的内在价值，并评估预期投资收益。

## （一）管理人尽职调查的评估内容

尽职调查又称“审慎性调查”，包括财务尽职调查、法律尽职调查等。根据委托主体的不同，尽职调查工作既可以是经重整债务人委托而对企业进行的“自测体检”，也可以是经重整意向投资人委托而对破产重整债务人进行的“风险调查”。但无论切入点为何，尽职调查都需要对企业的资产、债权债务等情况进行全面的调查梳理，为企业后续的重整工作提供数据方面的支撑。

1. 收集企业基本信息

尽职调查的首要环节是了解债务人企业的基本信息，包括企业的性质、经营范围、注册资本等，这些信息的主要来源系企业的主动提供。但当债务人企业提供的资料不齐全或配合程度较低时，管理人还可通过第三方软件获取公司的基本信息，或由尽调人前往企业登记地的市场监督管理部门调取债务人企业的工商内档资料。此外，国家企业信用信息公示系统也可以查询债务人企业的征信情况。

2. 了解企业经营情况、债权债务情况

该信息关涉债务人企业的重整价值和债务清偿等重要问题，一般需要通过调查企业的现金流，确定破产企业近年来整体的盈利情况、债权债务情况、税务情况等。

上述信息可通过第三方审计机构出具的审计报告获取，若无第三方审计报告的，管理人可根据公司的财务报表了解公司大致的资产及负债情况。当涉及的债权债务较为复杂时，管理人可能还需要对企业的经营性合同、借款合同、裁判文书、涉诉情况等事项进行全面的调查和梳理。

对于债务人企业已签订的借贷协议、担保协议等，管理人应当勤勉尽责地调查并确认负债的属性、担保类型和其他重要信息，协助中介机构更好地为破产企业制定解决方案。

3. 调查破产企业的资产状况

债务人企业的资产状况是尽职调查工作中的关键环节之一，同时也是影响企业能否进入重整程序的决定性因素。为了便利破产管理人调查企业的资产状况，2021 年发布的《国务院关于开展营商环境创新试点工作的意见》中明确提出了 101 项营商环境创新改革事项，其中第 18 项强调要进一步便利破产管理人查询破产企业的财产信息。① 当前，各地基本上都已经实现了破产财产的线上查验。

除线上查验外，管理人还可通过以下方式调查破产财产的情况：（1）查看债务人的财务报表；（2）查看新闻媒体、中介机构或政府部门披露的债务人财产信息；（3）通过与债务人内部工作人员的交流获取财产信息；（4）通过债务人的客户了解债务人的应收账款、预付款项；（5）通过银行获取财产信息；（6）通过社会公开或半公开悬赏的方式获取债务人的财产信息。

4. 调查困境房企在建项目

一般而言，房地产企业的破产财产具有一定的特殊性，主要资产为在建工程项目。管理人在尽调时，应当对项目进行现场勘验调查，对问题楼盘项目的销售情况，可以查询破产企业的项目销控表等销售数据。此外，管理人也可前往住房和城乡建设局、自然资源局、不动产登记中心等有关行政部门调取项目相关的证照办理、备案登记等情况。

需要注意的是，不少房地产企业由于资金短缺，实践中存在大量的以房抵款等情形。针对此类问题，管理人在调查时应当注意核对各类销售数据，对以房抵款的情况作出甄别与判断。

---

① 《国务院关于开展营商环境创新试点工作的意见》（国发〔2021〕24 号）第 18 项的改革项目为，“进一步便利破产管理人查询破产企业财产信息”，内容包括“允许破产管理人通过线上注册登录等方式，经身份核验后，依法查询有关机构（包括土地管理、房产管理、车辆管理、税务、市场监管、社保等部门和单位）掌握的破产企业财产相关信息，提高破产办理效率”，相关职能部门为“最高人民法院，公安部、人力资源社会保障部、自然资源部、住房城乡建设部、税务总局、市场监管总局等国务院相关部门”。载 https://www.gov.cn/zhengce/content/2021-11/25/content_5653257.htm，最后访问日期：2023 年 6 月 22 日。

5. 调查困境房企的主营业务和周边业务

房地产企业涉及的资金链规模庞大，大部分房企在从事房地产开发的同时，也会从事其他关联性行业。因此，管理人为了查清破产房企的财产情况、对外投资和债权债务关系，调查涉事房企的周边业务，就显得格外必要。

鉴于房企周边业务的潜在性、分散性，尽职调查应充分关注独立的、不直接与破产企业相关的业务，比如投资持股情况、关联关系等。在房企内部，管理人不能将尽职调查的内容局限于债务人企业的资产，还应关注企业的外部合同和人力资源政策等。当然，房企的尽职调查涉及高度的专业性和复杂性，管理人等中介机构在尽职调查时，为确保尽职调查的准确无误，可由多个中介机构进行交叉尽职调查，以确保调查数据的准确性和全面性。

更重要的是，因现行的商品房预售制度，房地产企业在进入破产程序后一般都会存在大量未履行完毕的商品房买卖合同。管理人在尽职调查中，需要确定此类商品房买卖合同的履行情况，以确定其对破产企业资产、债务、债权的影响。

### （二）管理人对困境房企进行尽职调查的目标

从管理人执业的角度来看，对困境企业进行尽调工作，主要是为了达成以下三方面的目标。

1. 初步了解债务人房企的债权债务情况

管理人应根据企业的合同梳理结果和债权申报的基本情况，对债务人的负债情况进行核实、统计、分类。这个过程可以帮助管理人对重整企业的债权类型、债权人情况、受限资产（如是否还有对外担保情况）等事项进行排查。

2. 对债务人房企进行偿债能力分析

重整程序中的“偿债能力分析”通常可分为“资产评估”和“持续经营能力分析”。

“资产评估”是指破产企业的静态还款能力。管理人可以结合资产负债表判断现存的资产价值，再对现有的静态破产财产可以覆盖的债务范围做出判断。尽管资产评估的最主要目的是测算清算企业的受偿率，但也可以为重整房企提供基于“清算地板规则”的兜底性清偿数额，为后续重整方案的批准奠定基础。此外，资产评估也可以解决优先债权的处置方案以及债务企业估值问题。

“持续经营能力分析”主要是从动态清偿的角度判断企业在特定的重整期限内，通过持续地吸纳融资或继续经营所能够清偿的债务数额。这需要以企业的未来经营方案为基础，从而为破产重整中债权人的留债金额提供依据，反过来，持续经营能力的分析也可以为经营方案的设计提供实证支撑。具体而言，管理人需要预测未来重整期内，企业能够新获得的利润或现金流，并基于此确定能够偿还的对应债务。针对这一部分债务，管理人可以对其进行留债、展期或利率的调整。而对于超出未来可预期现金流或利润的负债，管理人就要选择其他的方式进行清偿，如债务削减或以其他方式抵债等。此外，作为一种替代方案，超出未来可预期现金流或利润的部分负债也可以通过由重整投资人注入增量现金的方式予以清偿。

3. 分析债务人房企出现困境的原因

尽职调查所需要解决的第三个问题，就是向债权人解释说明两大事实：一是企业陷入困境的原因，二是企业融资的用途。从实践来看，管理人尽调后所得出的结论一般分为三种类型：一是企业面临着宏观环境恶劣，叠加自身经营状况不利而造成的流动性困难；二是企业通过借贷方式投资，但因经营不善未能获得预期利润致使清偿能力降低；三是个别企业通过资产腾挪等方式把融资挪至他用或资产转移，恶意逃废债。

## 二、金融机构债权人委员会的成立及职能发挥

### （一）成立金融机构债权人委员会的规范依据

债权人会议是债权人在破产程序进行期间接收信息、表达诉求、行使权利的主要平台，也是债权人形成集体意志的重要机制。大型企业的破产重整案件中，大额债权人往往是金融机构。依照原银监会印发的《金融机构债委

会通知》,[1] 金融债权人往往会选择在破产程序启动前就成立金融机构债权人委员会。从实践来看，大型企业重整程序启动前便成立金融机构债权人委员会的案例越来越多。

2020 年 12 月 28 日，银保监会会同国家发展改革委、人民银行、证监会制定了《金融机构债委会工作规程》,[2] 明确了债委会的职责定位、扩大了债委会成员的覆盖范围。《金融机构债委会工作规程》明确，债委会是协商性、自律性、临时性组织，应当按照市场化、法治化、公平公正、分类施策的原则开展工作。

《金融机构债委会工作规程》进一步扩大了债委会成员的覆盖范围，明确针对债务规模较大、存在经营困难的非金融债务人企业，规定三家以上持有债权（含贷款、债券等)、管理的资产管理产品持有债权、依法作为债券受托管理人的银行保险机构和证券期货基金经营机构等，可以发起成立金融机构债委会。《金融机构债委会工作规程》还进一步明确，债委会原则上应由直接对企业持有债权的金融机构或其分支机构成立组建；涉及中央企业或者重大复杂的企业集团重整时，可以在金融机构法人总部层面组建债委会。

值得肯定的是,《金融机构债委会工作规程》的出台解决了金融机构债委会长期存在的困境和不足。而在《金融机构债委会工作规程》出台以前，金融机构债委会的运作通常存在如下问题：（1）缺乏位阶较高的规范性文件支持，导致债委会的权威性不够；(2）债委会制度仅适用于银行这类金融机构，无法与其他类型的金融债权人达成统一行动；（3）债委会的运行机制欠缺甚至无效，对金融债权人的帮扶力度有限；(4）金融债委会的介入时间晚，导致债务人企业丧失最佳重组时机；(5）制度衔接性不够，没有形成整体合力。

而《金融机构债委会工作规程》的制定，有针对性地对如上实践问题提出了应对举措，整体来看，主要具有 5 大特点。

---

① 参见《中国银监会办公厅关于做好银行业金融机构债权人委员会有关工作的通知》（银监办便函〔2016〕1196 号)。

② 参见《中国银保监会、发展改革委、中国人民银行、中国证监会关于印发金融机构债权人委员会工作规程的通知》(银保监发〔2020〕57 号)。

1. 填补了指导金融机构债委会工作的体系性规程

“规程”一词的通常理解为“规则+流程”。从填补空白和《金融机构债委会工作规程》的发布部门角度来看，工作规程之“规”更多地体现在具体规定，即对金融机构债委会参与主体具有明确的约束力。但值得注意的是，《金融机构债委会工作规程》还对债委会的设立条件、运作机制、参与破产程序的方式等作出了明确的规定。债委会应当按照约定的议事规则、工作流程和决策机制，就增加融资、稳定融资、减少融资、债务重组、破产重整等相关事项进行协商和决策。涉及重大事项的，主席单位、副主席单位应当召集成员机构举行债委会会议，按照约定的议事规则充分协商后作出决策，在依法合规的基础上，形成会议纪要，印发债委会全体机构执行。

在表决机制上，债委会会议对债务企业金融债务重组方案等重大事项的决策，原则上应当经占金融债权总金额2/3以上的成员机构以及全体成员机构过半数表决同意，并且其所代表的债权额占无财产担保金融债权总金额半数以上。但作为对债权人意思自治的尊重，如果债权人协议另有其他表决约定的，亦应当予以尊重。

整体上来说，根据《金融机构债委会工作规程》的相关规定，金融机构债委会完全可以按照具体的规则实现高效的运转。

2. 提升了对金融机构债委会工作的规制层级

相较而言，2016年出台的《金融机构债委会通知》实际上是由银保监会办公厅以便函的方式作出的，而2020年的《金融机构债委会工作规程》则升格为银保监会与其他三部委联合发布。这说明原来以银行为主的金融机构债委会的工作成效得到了各部门的认同，而且这类探索经验可以扩大适用至债券机构、基金等金融债权人的权利保护上，为各金融机构配合债务重组而可能产生的决策责任提供了必要的免责依据。

3. 扩大了金融机构债委会的适用范围

《金融机构债委会通知》规定的能够成立金融债委会的主体是银行业金融机构债委会，而《金融机构债委会工作规程》进一步规定，金融机构债委会的主体可以包括银行、保险、券商、基金、私募等持有债权的机构。此外，《金融机构债委会工作规程》还提出银保监会、人民银行、发改委等部门可以建立信息共享机制,[①] 这将在很大程度上可以防范部分金融机构在原有制度框架下单独行动而损害全体金融债权人利益的行为发生。

4. 完善了金融机构债委会工作的机制

《金融机构债委会工作规程》的相关规范，有利于推动金融机构债权人形成合力，稳妥化解风险。对于发展前景较好、风险可控且所提出的新资金需求确实具有充分理由的债务企业，为支持其正常的经营活动，债委会可以通过联合授信、组建银团贷款或封闭式融资等方式给予支持。而对于扭亏无望、失去生存发展前景的“僵尸企业”或有逃废债行为的债务企业，原则上不应当作为金融债务重组对象。

《金融机构债委会工作规程》还规定，如果债委会存续原因消灭的，可以按照债权人协议约定的解散程序予以解散。[②] 金融机构债委会成立的主要目的是“依法维护金融机构作为债权人的合法权益”“集体研究增加融资、稳定融资、减少融资、重组等措施，确保债权金融机构形成合力，稳妥化解风险”等。

总体来看,《金融机构债委会工作规程》实现了联合授信与债委会的对接，加强了债委会的职能、工作机制与破产重整程序的衔接，并补充了债委会的退出机制。这些规定为债委会的具体工作流程等提供了有效的制度指引。

5. 加大了金融机构债委会对失信行为的惩戒力度

《金融机构债委会工作规程》第 13 条规定，债委会组建成立、日常运行中出现重大问题或涉及重要事项时，银行业协会、保险行业协会、证券业协会、证券投资基金业协会、期货业协会、银行间交易商协会等自律组织（以下简称自律组织）应当积极支持和配合。在指导、协调过程中，相关部门和自律组织应当保障债务企业和金融机构等市场主体依法享有的自主决策权，防范其他主体对债委会及债权金融机构依法履行权力的不当干预。这一规定实际上赋予了部分行业自律组织实施惩戒和打击逃废债职能。换言之，在债委会工作中，既

① 参见《金融机构债委会工作规程》（银保监发〔2020〕57 号）第 14 条、第 18 条。

② 参见《金融机构债委会工作规程》（银保监发〔2020〕57 号）第 20 条。

可以对不遵守债委会决定的机构进行自律性惩戒，也可以对重整企业“逃废债”行为在一定程度上给予打击。

### （二）成立金融机构债权人委员会的现实意义

1. 债权人委员会在破产程序中的重要作用

金融机构债权人委员会作为一类特别的债权人委员会，首先体现了债委会的一般特征。而破产程序中的债委会是依据法定程序由债权人会议决定成立的代表性常设机构，以替代债权人会议的部分职能，同时对债务人的财产管理、破产财产分配等重大事项进行监督。

鉴于大型企业破产案件中，债权人往往数量众多、地域分布较广，债权人会议的筹备难度大、成本高，难以全时间、全方位地监督债务人企业在破产程序中的各项工作。因此，《企业破产法》允许债权人会议以决议形式设立债权人委员会，并允许在一定范围内由债权人会议授权债权人委员会行使其职权。值得注意的是，根据现行法律规定，法院裁定受理破产申请后，只有在第一次债权人会议召开之后才能成立债权人委员会。这一做法对债权人委员会尽早参与和行使重整计划制定的谈判权非常不利，同时也严重阻碍了债权人对是否采用债务人自行管理模式等重要事项发表意见的机会。

债权人委员会作为债权人会议的常设机构，便于债权人行使监督权，了解企业破产重整过程中的重大事项。比如，债权人委员会可以及时就与债权人切身利益相关的事项发表意见，这有利于加强重整程序对债权人权利的保护程度，也有助于对管理人和债务人的监督。同时，对管理人和债务人来说，设立债权人委员会能够有效提升破产企业自身开展工作的合规性和效率性，如对于部分决策而言，只需要获得债权人委员会的认可即可实施，而无须再次召开债权人会议讨论，这能够大大缩短决策成本。

2. 我国当前债权人委员会制度的优化空间

当前，我国的债权人委员会制度还存在诸多优化空间。如债权人委员会的议事方式；债权人委员会如何行使重整程序相关事项的决定权、谈判权和监督权等。实践中常见的做法是，由管理人将债权人委员会的有关事项事先提交债权人会议表决，并通过债权人会议决议的方式解决职权配置不足的问题。

立法供给不足导致债权人委员会的作用受到严重限制，无法做到对管理人、债务人实施监督或依法有效实施决策。对此问题，从债权人委员会的实体权力来源上看，应当依照《企业破产法》第 61 条、第 68 条的规定，通过债权人会议授权的方式扩充债权人委员会的职权范围，以此作为获得合法授权的依据，并逐步探索以定量授权取代定性授权，从而减轻管理人或自行管理的债务人履行报告义务的负担和成本，便利债权人、管理人与债务人在法律框架内行使权利（力），保障债权人委员会能够依法行使职权。

3. 金融机构债权人委员会的特别意义

值得注意的是，与破产程序中的债委会不同，金融机构债委会是为维护经济金融秩序和支持实体经济发展而由相关债权人自发设立的协商性、自律性和临时性组织。此外，金融机构债委会的能动作用还包括配合供给侧结构性改革、去杠杆、降低银企沟通成本、有效增强行业自律、切实支持实体经济、化解重大债务风险、维护金融机构债权人合法权益等。

从金融机构债委会设立的规范依据来看，《金融机构债委会工作规程》的出台意味着金融机构债委会由行政性管理向契约型约束转变，在事后风险处置的基础上增加了事前风险防范；① 由监管机构主导向行业协会自律转变，由临时性组织变为常规性工作；② 由以往的政策性指导向规范化、成文化角度转变。③《金融机构债委会工作规程》中规定的措施将助力于困境企业的债务清理进程，为实现优质的困境企业庭外重组，以及庭外重组与破产程序的衔接等奠定了坚实的基础。

---

① 《金融机构债委会工作规程》第 9 条第 1 款规定：“债委会主席单位、副主席单位、成员机构应当在现有法律法规框架下自愿签署具有法律约束力的债权人协议。”

② 《金融机构债委会工作规程》第 9 条第 2 款规定：“债权人协议约定的事项包括但不限于：债委会组织架构；债委会议事规则和工作流程；主席单位、副主席单位及各成员机构权利义务；相关费用的分担机制；成员机构退出机制；债委会解散程序等。”这种“章程性”规定，实际上从纲领上确定了债权人委员会的常规性组织特征。

③ 意指成立债权人委员会的规范性依据，以往是由工作便函等下发的政策性规定，而现在是由各部门下发的行政规章作为指引规则。

从规程出台的背景来看，监管部门倡导成立金融机构债委会的目的即在于促使金融机构债权人统一行动、形成合力，避免金融机构债权人各自为战，防止不当抽贷、断贷等行为，尽可能地最大化挽救债务人。对具有重整价值的企业，可通过债委会协商落实统一的重整方案，而后进行风险化解；对于扭亏无望、需要进入破产清算程序的，可通过债委会的前期工作夯实基础，做好与司法程序的衔接工作。在这一进程中，金融机构债权人委员会具有诸多独特的职能和作用。

（1）风险识别及债务化解的作用

一般而言，房地产企业的金融债权数额巨大，通常构成债务人企业的主要债权人。因此，是否集中清偿金融债权，往往关系着高负债企业的生死。如果对金融债权能够形成集中统一的重组清偿方案，很多高负债企业从此便可获得喘息之机，渡过经营困难期。而且，相较于进入重整程序，通过债委会自行协商达成的债务重组方案，可避免烦冗的司法程序，无须引进重整意向投资人，免去投资人与债务人企业磨合、调整企业组织架构所需的时间成本，促成企业在短时间内恢复正常经营。

（2）促进庭外重组程序与庭内破产程序相衔接

破产程序中的金融机构债权人可为债务企业后续进入破产程序奠定一定的基础，并在一定程度上促进庭外与庭内程序的衔接。近年来，相关文件的规定也体现了债委会与破产程序衔接的职能作用。如《金融机构债委会工作规程》第 10 条第 2 款关于“债委会会议对债务企业金融债务重组方案等重大事项的决策，原则上应当经占金融债权总金额 2/3 以上的成员机构以及全体成员机构过半数表决同意，并且其所代表的债权额占无财产担保金融债权总金额半数以上”的规定，就与《企业破产法》第 84 条关于“重整计划草案”以及第 97 条关于“和解协议”表决机制的规定达成了一致。这种表决机制能够为以债委会制定的重组方案为基础的重整计划表决提供基础。又如，《九民纪要》第 115 条规定“继续完善庭外重组与庭内重整的衔接机制，降低制度性成本，提高破产制度效率”。诚如前文所述，金融机构债权金额占比高，若金融机构债权人已在债委会中与债务人企业达成有关协议，该庭外重组协议可以作为重整程序中制作的重整计划草案蓝本或基础，以提升重整工作效率。

### （三）金融机构债权人委员会的独特工作机制

金融机构债权人委员会除了遵从一般的债委会议事规则之外，还具有诸多特殊的工作机制。

对于金融机构债权人而言，应当特别注意，不能一味着眼于单独采取维权行动。立法及司法部门要充分认识债委会的职能和作用，在债务企业已成立债委会的情况下，需要深入了解债委会工作的运营机制、议事规则等。金融机构债权人要正确行使和履行债委会成员的权利义务，在债委会规则框架内与其他债权人及债务企业积极沟通协商，发挥债委会的自主优势，以期获得最佳的债务化解或重整效果。

作为破产程序的重要参与者，金融机构债委会一般会选择聘请专业机构对债务人企业进行充分的资产核查，自主落实资产排摸工作。依据原银监会印发的《金融机构债委会通知》第 8 条之规定，债委会还可向法院推荐破产管理人，这一规定近来也得到法院司法层面的回应。① 如《北京破产法庭接受债权人推荐指定管理人的工作办法（试行）》第 4 条规定，金融机构债权人委员会可以向法院推荐一家中介机构或者两家中介机构联合担任破产案件的管理人。广州市中级人民法院《关于在破产案件中推荐破产管理人的工作指引（试行）》（穗中法〔2023〕132 号）第 4 条第 3 款亦规定，金融机构债权人委员会、政府部门、监管机构、主管部门等特殊主体，可以依照相关规定向人民法院推荐管理人或者临时管理人。这种由债权人委员会推荐管理人的市场化做法，可以保障选任的管理人具有专业性特征，提高对金融债权的保护力度。

相较于由法院及破产管理人主导的一般破产程序事项，债委会的工作机制可以发挥债委会成员的自主优势，做好资产摸排、债务重组、管理人选任等几项重要的基础性工作，促使重整程序的高效推进。在监管部门倡导营造金融稳定环境、稳妥化解金融风险、支持重点企业实体经济发展的大背景之下，在未

① 关于债权人推荐或选任管理人的法理依据及政策路径，可参见张旭东：《债权人选任管理人与中国破产法的演进》，载《中国政法大学学报》2021 年第 4 期。

来大型企业的债务危机处理中，金融机构债委会将发挥重要作用。

在规范依据上，前已论述的《金融机构债委会工作规程》从效力层级到具体的规则设计都有了很大的提升，但其效能的发挥仍需要依赖于其他配套机制。金融机构债委会的自愿性和契约性，决定了其具体的运行机制仍应以金融机构债委会成员签订的协议和议事规则为依据。因此，银保监会应该指导相关行业协会制定并颁布金融机构债委会协议和议事规则范本，提高金融机构债委会的组建和运行效率。

《金融机构债委会工作规程》明确了金融机构债委会的自律性组织作用，将银行业债委会扩大为金融机构债委会，客观上覆盖了各类金融机构。为与之相适应，银行业协会、保险业协会、证券业协会、证券投资基金业协会、期货业协会、银行间市场交易商协会等应当相互建立健全信息共享机制。值得注意的是，《金融机构债委会工作规程》并未明确上述协会涵盖的范畴，基于体系解释，此处的"等"应为省略式，而非总结式，即信托业协会、融资租赁协会、保理协会等行业协会都可以囊括在行业协会的信息共享和统一行动机制之内。未来，银行业协会等应当在总结行业协会推动债委会工作经验的基础之上，主动担负起沟通协调的职能。

分析至此可以认为，《金融机构债委会工作规程》的重要使命就在于推进企业金融债务的庭外重组（协议重组)。但是，仍然会有部分困境企业最终仍需要通过破产重整或和解实现重生，甚至不得不走向破产清算的道路。因此，法院及管理人应当在破产相关法律和实践中对金融机构债委会的地位和工作机制予以确认，并建立金融机构债委会的工作机制、工作成果与破产程序的衔接机制。此外，金融资产管理公司、金融资产投资公司、会计师事务所、律师事务所、破产管理人等与金融机构债委会密切相关的特定主体，应做好工作预案，为金融机构债委会新机制的构建提供有力的支撑和优质的服务。

## 三、房地产企业重整中的业务重整与债务重整

全新的经营方案是重整计划的重要内容，也是债务人企业未来能否适应市

场竞争的重要依据。故此，重整计划的制定不应只注重债务清偿与企业的存续，还应该制定有利于企业走出困境的经营方案，恢复企业自身的造血功能，如此方能真正实现债务人企业的持续发展。从实践经验来看，破产重整中资源整合的具体方式主要有如下几个方面。

## （一）资产管理与债务管理

资产管理是破产重整的关键一步。企业需要仔细审查债务人的现有资产，并考虑是否采取出售或保留的方法，以最大化发挥相应资产的价值。一般来说，房地产企业应该优先考虑保留核心业务资产，以确保其核心竞争力。此外，企业还应该考虑出售非核心业务资产获得更多资金，使破产重整程序能够顺利开展，同时也能使重整计划顺利执行。

对于一些固定资产，债务人企业可考虑对其进行出租或转让。从实践来看，这种做法有可能会面临一些技术和专业方面的难题，如固定资产评估、租赁和转让协议的制订和签署等。但是这些问题，一般都可以在重整程序中顺利解决：一方面，管理人作为中介机构，在专业素质和资源能力方面具有得天独厚的优势；另一方面，管理人也可委托其他中介机构或专业公司提供相应的咨询和解决方案。

此外，债务管理同样是破产重整中至关重要的一环。重整债务人的首要任务是了解自身当前的债务状况，并制订相应的还债计划。在计划草案的制定期间，债务人企业可以与债权人、出资人等进行沟通、谈判，以确定具体的还款数额和还款方式。

## （二）人力资源管理

人力资源管理也是破产重整事项中的重要部分。债务人企业在重整期间应当制定合适的人事政策和员工留存计划，以激励员工适应新的经营环境，并提高雇员与企业发展的适配性。重整期间人力资源管理的核心是，如何保留其核心员工以此确保公司的核心业务得以延续。此外，即使在重整阶段，债务人企业还应该继续关注员工的培训和发展，不断提高员工素质和技能水平，从而为企业的未来发展提供核心支持。

### （三）技术创新与营销战略

技术创新亦是破产重整成功的关键因素之一。技术能够为企业发展注入新的动力，甚至可以在很大程度上降低生产成本、提高利润空间。因此，通过引入先进的技术和创新模式，债务人企业可以提高其产品、服务的质量和竞争力。此外，技术创新也可以帮助企业探索新的业务领域，帮助企业转型升级，创造新的利润增长点。若债务人企业因债务危机导致自身创新能力有限的情况下，可通过与高校或科研机构合作的方式实现技术创新。当然，重整债务人还可以与外部服务提供商合作，从交流合作中获得最新的技术支持和升级。

此外，营销战略的制定，同样在房地产企业的困境化解中占据重要地位。对于深陷债务危机的债务人而言，其重新建立品牌形象，并制定相应的营销策略，是重整成功的重要保证。在制定营销策略时，关键要点在于加强与下游销售端主体的沟通联络，包括采用调查研究的方法，了解产品销售过程中的问题，并针对性地提升产品、服务，弥补现有短板。营销管理的另一个重要方面在于，增强债务人企业与其他商业伙伴之间的合作。具体而言，企业可以通过增强与商业伙伴的合作关系，拓展新的市场和客户群体。而且，与其他商事主体之间的交流合作可以提高销售关系的可靠性和稳定性，打造一批稳定的客户源，从而稳定债务人企业未来的销售预期，促进企业发展与重整成功。

总之，破产重整不仅是对债务的调整和削减，更是一次集业务与债务等一并重整的再生机会。在重整程序中，企业需要综合考虑资产、债务、人力资源、技术创新和营销管理等方面的重整措施，尽可能地涤除不利于企业发展的因素，保留核心盈利资产，以促进企业实现重新运营和盈利的目标。

## 四、困境房地产企业债务危机化解的程序类型概览

对于企业的债务风险的化解，实践中常见的有以下几种做法。

## （一）庭外重组

1. 自行重组

实践中，房地产企业的大部分核心资产为储备土地和在建工程，资产变价受市场、政策等因素影响较大。司法实践中，房地产企业若进入破产清算程序，其资产将较长时间处于停工状态，在建房产变成烂尾楼，影响其变现价值或由于客观原因而大幅贬值。在破产清算程序中，企业资产的评估、拍卖、变卖等程序所需时间较长，难以及时实现其合理价值，影响各方利害关系人权利的实现。

从房地产企业利益的关联方看，房地产企业的开发资金大部分源于银行等金融机构贷款，企业破产将导致银行不良贷款大幅攀升的后果。同时，如前文所述，房地产企业破产涉及建筑工程施工方等上下游企业、企业职工、购房者等众多当事人的利益，法律关系和牵扯的社会因素极其复杂。一旦处置不当，极易引发突发性群体事件，增加社会不稳定因素。而房地产企业若能重组成功，债权人将获得较破产清算更高的清偿率，企业亦可获得再生。职工与企业之间、企业与关联企业之间的关系亦可保持稳定，实现各方共赢。

因而，从维护行业稳定、社会稳定的角度看，及时对房地产企业破产案件进行重组或重整挽救，可视为一种较适用破产清算程序更优的选择。

所谓的庭外重组，就是一种由困境企业继续自行寻找庭外重组并购投资人，与意向投资人自行商谈合作方案的企业挽救方式。自行重组是一种在司法公权力干预之外的私力投资行为，能否成功在很大程度上取决于债务人与投资人、债权人之间的谈判是否能够成功。一旦谈判失败，债务人企业很可能会面临破产清算或正式进入重整程序的结果。

2. 寻求专业机构进行并购重组

聘请如律所、会所等第三方专业机构，让其提供重组并购服务是债务人企业自行重组的表现形式之一。在第三方专业机构的帮助下，意向投资人与困境企业沟通方案，签订并购重组协议，自行实施。

寻求专业机构帮助企业进行并购重组，同样会面临如下突出问题：（1）庭外重组隐藏的或有债务风险通常比较大，成功率较低；（2）重组协议仅约束协议签订者，无法约束未出席的债权人和其他主体；（3）庭外重组过程面临诸多问题，缺乏强制性的、统一的程序制度，一方在重组过程中实质上享有优越地位，出于其自身利益考量不作任何让步，就容易导致重组协商无法进行，也极容易消磨其他重组债权人的积极性和信心；（4）在重组过程中容易出现信息不对称的情况，投资人因无法全面了解重组企业的信息而存在一定的顾虑，可能导致投资对价过高或缺乏投资意愿的情况。

### （二）司法重整

除庭外的债务重组之外，司法重整具有独特优势。《企业破产法》第7条第2款规定，债务人不能清偿到期债务，债权人可以向人民法院提出对债务人进行重整或者破产清算的申请。这一规定对破产程序的启动机制作出了规定，而在实践中，囿于多数企业面临无法清偿到期债务的困境，债权人随时有可能向法院申请企业破产清算或重整。司法重整与庭外重组等其他手段相比，其优势如下。

1. 产生司法冻结效力

鉴于《企业破产法》规定法院受理破产后所有债务利息停止计息，即包括银行债务在内的全部利息、违约金等均停止计算，困境企业可将节省下的财务成本用于经营以扩大运营能力，增加资产估值。且法院受理重整案件后，会指定专业机构作为管理人接管公司资产，其可以代表债务人企业参加诉讼等，还可以帮助清理全部债权债务、在破产程序中引进投资人等。

2. 稳定债务人企业核心资产

房地产企业破产的主要原因包括资金链断裂、不能清偿到期债务，但其现有资产价值并不一定不足以清偿全部债务，仅是在资产变现方面存在短期困境。因此，如果能够缓解此类企业的支付困难，解决不动产变现的实际障碍，或能避免债务人企业的破产清算。房地产企业作为资金密集型企业，当房地产企业所拥有的地产项目仍具有较高的营运价值时，对房地产企业适用重整程序，通过融资筹集资金投入运营，解决企业流动资金短缺问题，便能够最大化地实现企业资产的保值增值。

3. 帮助债权人获得更高的清偿率

按照《企业破产法》的有关规定，破产重整制度的目的是恢复企业的再生产能力、恢复企业的偿债能力，最大限度地满足债权人的受偿需求。因此，对于具有挽救希望的企业来说，启动破产重整程序更能有效地保护债权人的利益诉求，最大化地对企业进行挽救和救济。从司法实践经验看，房地产企业若重整成功，债权人将获得更高的清偿率，企业也可获得再生并继续存续，职工与企业之间、企业与关联企业之间的关系可保持稳定，购房消费者请求交房的目的也可获得满足，因此重整是实现各方共赢的重要途径。

4. 清偿债务的手段多样化

“债转股”“留债展期”“债务削减”“对未申报债权进行有限保护”等清偿手段，都要在庭内重整程序中实施。重整作为一种司法清偿程序，对各方都有强制约束力，重整方案应当符合各方利益及债务削减或清偿的合规性要求。

5. 挽救企业的效率更高、阻力更小

相比而言，破产和解和庭外重组均需要债务人同每个债权人进行谈判。但庭外重组并没有法律规定的强制约束效力，存在投资人等违约的风险。在破产重整程序中，重整计划经各组表决通过且法院批准通过后，即具有司法强制效力，可以约束各方主体的行为。

6. 最大化各方利益及企业的社会价值

在目前经济下行的压力下，重整具有“时间换取空间”的优势，在重整完成后，各方可以共同分享企业的收益。具体来看，在重整程序下，可解决诸多历史遗留问题，如关联担保、交叉担保、个人担保、隐性负债等问题。从维护行业稳定、社会稳定的角度看，对房地产企业破产案件适用重整程序可视为一种较适用破产清算程序更优的选择。

从社会目的来看，重整程序的适用更符合房地产企业破产对社会利益本位价值的要求。在符合法律规定的情况下，通过依法对债务人进行重整，尽管可能在一定范围内限制债权人权利的行使，但能够充分发挥破产制度的社会调整作用。这体现出了企业破产法的社会本位宗旨，即程序所产生的收益远远超过程序自身的成本。

## (三) 破产程序的转换

所谓破产程序转换型的重整模式，指的是房地产企业先进入破产清算程序，随后由于具备重整条件而将案件转换为重整程序的模式。该模式同样属于破产重整，要特别注意由破产清算程序转为重整程序中的问题。

1. 已受理破产清算申请而未宣告破产时转换为重整程序

要注意在已受理破产清算申请而未宣告破产时转换重整程序问题。基于对《企业破产法》的体系解释，“破产”是一个广义概念，包括破产清算、重整、和解三种程序，破产案件中，当满足一定条件时，三种程序之间可以互相转换。[①] 破产重整程序较破产清算程序，可以更好地化解企业的债务风险，维护经济秩序良性运行与社会稳定。根据《企业破产法》的规定，已受理破产清算申请的案件，在对债务人宣告破产前，可由破产清算程序向重整程序转换。《企业破产法》第70条第2款规定：“债权人申请对债务人进行破产清算的，在人民法院受理破产申请后、宣告债务人破产前，债务人或者出资额占债务人注册资本十分之一以上的出资人，可以向人民法院申请重整。”由破产清算程序向重整程序转换的时间节点为宣告破产前，申请的主体为债务人或出资人。同时，为防止股东随意提出重整申请，出资人申请重整需达到一定的持股比例。在满足合法申请人、申请时间等程序要件与实质要件的情形下，破产清算程序可向破产重整程序转换。

2. 破产宣告后转换为重整程序

要注意在破产宣告后转换为重整程序的问题。司法实践中，法院对房地产企业作出宣告破产的裁定后，潜在的重组方提出资金、技术方面的支持意愿，

---

① 需要注意的是，根据《企业破产法》第103条、第104条的规定，和解程序在失败后只能转清算程序，而不能转为重整程序。但在司法实践中，有部门和解案件出现了“和解转重整”的做法，这种实践创新在一定程度上突破了《企业破产法》的规定，却在客观上收获了更大的实际效益。本书不对这种做法的合法性进行讨论。参见荔浦市人民法院：《【我为群众办实事】荔浦市人民法院首次办理破产预和解转破产重整案件》，载 https://www.thepaper.cn/newsDetail_forward_17700476，最后访问日期：2023年6月24日。

债务人又向法院申请由破产清算程序转入重整程序的情况时有出现。① 应当认为，法官作出的宣告破产裁定具有不可逆性，一经宣告破产，意味着法律上债务人的法人资格丧失，故破产清算向重整程序转换应在宣告破产前向人民法院申请。② 因此，若在宣告破产后启动重整程序，则出现应如何处理已作出的破产裁定的问题。从制度价值上看，重整程序与和解程序都属于再建型程序，依据《企业破产法》第 70 条、第 95 条的规定，债务人在法院受理破产申请后、宣告破产前可申请重整、和解，由破产清算程序转换为重整、和解程序，表明重整、和解程序较破产清算程序具有优先适用性。从房地产企业破产案件的特点来看，破产清算程序在财产的变现、财产数额的确定、无财产担保债权人尤其是消费者——购房者——权益保护方面存在许多问题，对于房地产企业破产所引起的社会问题缺乏有效、全面的解决途径，而重整程序更有利于房地产企业破产案件相关问题的妥善解决。

并且，《企业破产法》第 95 条第 1 款规定："债务人可以依照本法规定，直接向人民法院申请和解；也可以在人民法院受理破产申请后、宣告债务人破产前，向人民法院申请和解。"由此可见，破产清算程序向和解程序转换的时间节点也为宣告破产前，在破产宣告后，债务人不得再提出和解申请。最高人民法院 2022 年下发的《审理破产案件的规定》第 25 条第 3 款规定："人民法院作出破产宣告裁定后，债权人会议与债务人达成和解协议并经人民法院裁定认可，由人民法院裁定中止执行破产宣告裁定，并公告中止破产程序。"可见，和解程序与重整程序同为重建型程序，既然宣告破产裁定作出后可提出和解申请，那么对于破产宣告后转换重整程序，也有可能参照实施，法院可先裁定中止执行破产宣告裁定，公告中止破产程序，再转换入重整程序，视重整效果而定后续工作。如此既不违反上位法的规定，也能够更好地保护各方当事人的利益。

---

① 参见后附部分参考案例。

② 《破产审判会议纪要》第 24 条规定："破产宣告的程序及转换限制。相关主体向人民法院提出宣告破产申请的，人民法院应当自收到申请之日起七日内作出破产宣告裁定并进行公告。债务人被宣告破产后，不得再转入重整程序或和解程序。"

**表 1－1　破产宣告后转重整的部分案例**

| 案号 | 审理法院 | 判决理由 | 清算转重整的条件 |
|---|---|---|---|
| （2017）鲁0687 破 3号之六 | 山东省海阳市人民法院 | 破产案件不同于其他案件，应最大限度地释放破产审判的价值，而本案在第一次债权人会议时无人申请重整，在宣告破产后依法进行拍卖该企业资产时，也无人竞拍，导致该企业搁浅至今。现有市委、市政府的高度重视和大力支持，原债务人也提出要求进行重整，又有了重整投资人，故本院认为应撤销宣告破产裁定，启动重整为宜 | 1. 已有意向投资人<br>2. 政府的政策支持<br>3. 破产清算无法推进：企业财产无人竞拍 |
| （2017）粤0608 破 4号 | 广东省佛山市高明区人民法院 | 债务人及其关联企业具备重整的物质条件，符合《企业破产法》第 2 条规定的重整条件；同时，已有意向投资人整体承租企业资产，并安排职工继续上班、维持正常经营，由此认为两家企业仍具市场价值、重整价值，虽然已经宣告破产，但亦可在撤销破产宣告后适时转为破产重整，则依法裁定对两家企业进行重整 | 1. 已有意向投资人，且有重整价值<br>2. 社会维稳：员工工作岗位得以保留 |
| （2019）新28 民破 1号 | 新疆维吾尔自治区巴音郭楞蒙古自治州中级人民法院 | 本案进入清算程序后，对后续程序走向及处理路径未能形成切实可行的工作方案；债务人地处封闭山区，清算注销将对当地职工就业以及与该企业属伴生关系的行政区内的机构和居民造成巨大影响。结合上述原因，受理法院认为债务人存在恢复经营的可能性，则依照《企业破产法》第 2 条规定，裁定撤销宣破裁定，原重整案继续审理 | 1. 社会维稳：重整有利于破产企业职工就业和当地社会稳定<br>2. 破产清算无法推进：破产清算未形成可行的工作方案 |

值得说明的是，在具体案件中是否适用重整程序，法院应根据房地产企业的具体情况考量其是否符合重整原因的情形。对于债权人数量较少、债务总额小、债权债务关系简单、适用清算程序社会影响不大的房地产破产企业，或者不符合重整适用范围、不满足重整适用条件、不具有重整希望的房地产破产企

业，在当前经济形势下，即使进入重整程序，可能所处的环境仍然比较艰难，故应及时进行破产清算，避免适用重整后再进入清算程序，造成资源浪费，增加破产成本，损害债权人等利害关系主体的合法权益。

第二章

# 房地产企业的庭外重组及预重整

# 第一节 庭外重组的概念及实践情况

庭外重组制度是化解企业债务危机的重要手段。近年来，我国破产实践不断借鉴学习域外各国的债务重组经验，大力推进庭外重组与现有破产重整制度的有效结合，实现市场主体的有效救治，帮助企业提质增效，以推动我国破产重整制度不断创新，并进一步完善社会主义市场经济主体拯救机制。推动庭外重组制度不断发展的原因是，单一的司法重整制度已经无法满足陷入危机的企业对于灵活解决自身债务问题的需求。重整制度虽然是我国《企业破产法》规定的、用于助力破产企业涅槃重生的主要制度类型，但据统计，在近 5 年内陷入债务危机的 27 家房地产企业之中，选择通过司法程序进行破产重整的仅有 2 家，而包含恒大地产和华夏幸福在内的 10 多家大型房地产企业均选择使用庭外重组方式化解自身的债务危机。

在化解房地产企业债务危机方面，庭外重组制度具有先天优势。房地产企业的债务危机具有特殊性，主要体现在房地产企业的债务清理程序中存在利益主体众多、法律关系交织缠绕、涉众涉稳压力大等问题，并需要考量与协调大量的市场与非市场因素，这使破产程序的启动较为谨慎。而庭外重组程序具有灵活性强、市场化程度高、当事人意思自治空间大的特点，可以有效应对与化解房地产企业债务危机中的各类问题，并为未来预重整或重整做好先期准备。所以，当前国内外房地产企业破产实践的核心改革思路均是寻求庭外重组和庭内重整相结合的“混合型”债务风险化解机制。①

① 参见张婷、胡利玲：《预重整制度理论与实践》，法律出版社 2020 年版，第 1 页。

然而，当前我国《企业破产法》尚未对庭外重组制度作出明文规定，庭外重组制度对于各方主体的权利义务并无法律层面的强制约束力，各类主体较难达成一致协议或达成后也经常发生违约事件，这使庭外重组制度的改革也迫在眉睫。债务的产生与消灭是市场经济的常态，良好的债权债务循环对激发市场经济活力和优化营商环境具有重要意义。为优化营商环境，明确坚持适用庭外重组制度的信心，包括国家发展和改革委员会和最高人民法院在内的13家单位于2019年7月联合发布了《加快完善市场主体退出制度改革方案》，其中指出“要研究建立预重整和庭外重组制度……要强化庭外重组的公信力和约束力”。①

本节将重点梳理庭外重组的法律概念与操作要点、难点及创新性，深入探讨庭外重组的参与主体与效力，希望有助于庭外重组制度的发展与完善。

## 一、庭外重组的概念及参与主体

### （一）庭外重组的概念

目前我国关于债务人破产挽救制度主要为庭外重组和司法重整两种。② 在我国，庭外重组是与庭内破产重整相对应的概念，系指债务人与债权人、战略投资人、出资人等利益主体通过商业谈判自行协商，在庭外就债权债务调整与资产重构达成协议，化解企业债务困境的一种危机拯救措施。③ 从实践层面上看，由于没有严格的时间期限与程序要求，债务人企业也可自主选择债务重组期限与自主决定是否公开债务重组的相关信息，这使庭外重组成为一种更加灵活的债务风险化解方式。从工作内容上看，拟定重组方案是庭外重组的重要工作，成功的庭外重组可以将重组方案的效力延伸至破产重整程序中，从而实现庭外重组与庭内重整的有效结合，顺利推动企业破产重整工作。

---

① 参见《加快完善市场主体退出制度改革方案》（发改财金〔2019〕1104号）第四部分第1项。

② 参见王欣新：《破产法修改中的新制度建设》，载《法治研究》2022年第4期。

③ 参见胡利玲：《法庭外债务重组的优势与困境》，载《科技资讯》2016年第14期。

此处的“庭内”与“庭外”，主要指的法庭内外，即以重组活动是否进入司法程序作为区分标准，破产申请没有被人民法院受理之前的债务重组被称为庭外重组，反之则是庭内破产重整。与庭外重组相对应的还有一个重要司法制度，即“预重整”，这两个概念的区别主要以司法权是否参与或主导为标准。从法律性质上讲，庭外重组是各主体平等协商一致达成的民事法律行为，司法权不提前介入，债务人不会丧失对企业的控制权；与之相对，预重整程序和破产重整程序则是由司法权参与或主导完成的司法行为。① 综上所述，庭外重组具有灵活度高、债务人企业自主权大的特点，能充分体现当事人的意思自治。

在国际上，庭外重组是一种被广泛应用的债务清理方式。根据世界银行发布的《2020年世界发展报告》第3章“企业和家庭债务重组”的定义，庭外重组是一种“替代性争议解决（ADR）”模式（以下简称ADR）。世界银行在上述报告中进一步认为，ADR模式可以提供速度更快、成本更低的债务危机解决方案，解决方案具有契约法上的约束力，并且与债权谈判相关的各类信息可以保密。同时，根据司法权力介入程度的不同，《2020年世界发展报告》中的ADR程序可以分为“完全在庭外进行的协商”、“一定程度上由法院监督的协商”和“谈判结果需要司法权力确认的协商”三种类型。根据前文所述，我国的庭外债务重组制度介于第一种与第三种之间，即债务重组发生在庭外，但重组协议的效力通常需要司法程序予以确认，所以庭外重组往往是破产重整的预备阶段。在最高人民法院民二庭评选的“2022年度全国法院十大商事案件”中指出，庭外重组具有市场化脱困功能，在债务人与债权人等主体的市场化商业谈判中，通过市场筛选出契合债务人自身经营情况的重组方案。②

---

① 我国学界通说认为，预重整程序并不是法定的破产程序，仅是债务人等主体为了缩短重整进程、提高重整成功率而设置的庭外自主协商程序。但从司法实践来看，在我国部分地区的破产实务中将预重整作为司法重整的“前置程序”，因此又体现出一定的司法权参与特征。参见王欣新：《建立市场化法治化的预重整制度》，载《政法论丛》2021年第6期；杨春华：《我国预重整制度探索研究》，载《法律适用》2022年第11期；徐阳光：《困境企业预重整的法律规制研究》，载《法商研究》2021年第3期。

② 本案为“隆鑫系十七家公司重整案”，点评专家为北京大学许德风教授，参见最高人民法院：《最高法民二庭发布2022年度全国法院十大商事案件》，载 https://www.court.gov.cn/zixun/xiangqing/387081.html，最后访问日期：2023年6月25日。

## (二) 庭外重组的参与主体

1. 债权人、债务人、重整投资人

庭外重组中的债务人指的是发生经营危机，需要进行债务重组的主体，庭外重组中的债权人指的是与债务人进行重组谈判的对象，庭外重组中的重整投资人指的是助力债务人涅槃重生的新增资金提供者。上述三者不仅是庭外重组的参与主体，也是包含清算、重整、预重整在内的其他破产制度的重要参与主体。联合国在《破产立法指南》的“解决债务人的财务困境的机制”部分中指出：“庭外重组作为解决债务人困境的机制之一，是由债务人与债权人自愿在破产法范围之外进行的谈判程序。”① 一般情况下，这种商业谈判由银行等金融债权人发起，并在中立第三人的主持下，由债务人、债权人和重组投资人参与，就债务人资产、债务人的负债结构和对债权人所持债权作出适当调整等问题进行协商。

2. 金融机构债权人委员会

金融机构是现代市场经济中为企业提供融资的主力军，企业的发展离不开金融机构的帮助与扶持。在债务人企业陷入破产危机后，金融机构为了维护自身利益，往往联合组建金融机构债权人委员会（以下简称金融机构债委会）开展工作，以提高沟通效力。在庭外重组工作中，除债权人、债务人、重组投资人等利害关系人外，金融机构债委会也会发挥重要作用。一般来说，若在庭外重组中组建了金融机构债委会，中国银行保险监督委员会（现国家金融监督管理局）及其派出机构、② 中国人民银行及其分支机构、中国证券监督管理委员会及其派出机构等需要对金融机构债委会的工作进行监督，对金融机构债委会的组建、成员构成和日常运行中的重大问题予以指导、协调。此外，银行业协会、保险行业协会、证券业协会等自律组织也应当积极支持和配合金融机构债委会的相关工作。③

---

① 参见联合国贸易法委员会：《破产法立法指南》（2006 年中文版）。

② 根据 2023 年 3 月 10 日发布的《国务院机构改革方案》，国家金融监督管理总局统一负责除证券业之外的金融业监管，不再保留中国银行保险监督管理委员会。

③ 参见《金融机构债权人委员会工作规程》（银保监发〔2020〕57 号）。

总体来看，在庭外重组过程中，金融机构债委会的参与可以为债务人企业构建一个和广大金融机构债权人沟通的平台渠道，进一步消除隔阂、增强信任，有利于提升庭外重组的工作效率。

3. 政府、法院等公权力机关

政府和法院等公权力机关也会在不同情况下介入庭外重组工作，主要为使用府院联动手段推进重组程序和履行监督职能这两种情形。

第一，庭外重组工作十分繁杂，有时需要借助政府和法院的府院联动机制为债务的化解助力。以房地产企业为例，由于企业财产处置困难、偿债资源缺口较大，施工方、农民工、拆迁户、购房者、承租者、抵押权人、金融机构、民间借贷人、建材供应商等众多利益主体之间的利益冲突激烈，一旦处置不当极易诱发矛盾冲突，产生各类群体性事件，造成维稳压力。单凭债务人与债权人的力量无法化解上述难题，因此需要借助各类府院联动机制，以提升庭外重组的公信力，安抚债权人情绪，帮助房地产企业进行沟通协调，最终完成债务重组。

在 2018 年《破产审判会议纪要》第 16 条明确提出“人民法院要与政府建立沟通协调机制，帮助管理人或债务人解决重整计划草案制定中的困难和问题”。第 21 条提出“……帮助重整企业修复信用记录，依法获取税收优惠，以利于重整企业恢复正常生产经营”。根据上述规定，庭外重组中的府院联动机制可以为房地产企业债务危机的化解提供税收、土地、融资等多方面的政策扶持，同时也可以监督债务人的债务风险化解工作，妥善解决房企重组过程中的涉众、涉稳问题。

第二，当重组企业的资产或负债中存在国有资产时，政府和法院等公权力机关会履行监督职责，维护国家利益，介入庭外重组程序，以防止国有资产流失。2014 年最高人民法院印发的《关于人民法院为企业兼并重组提供司法保障的指导意见》（法发〔2014〕7 号）中指出“企业兼并重组不仅关涉企业自身，还广泛涉及依法平等保护非公经济、防止国有资产流失、维护金融安全、职工再就业和生活保障以及社会稳定等一系列问题。人民法院……要加强与政府部门沟通，根据需要推动建立企业兼并重组工作协调机制，实现信息共享、程序通畅”。

## 二、房地产企业庭外重组的司法实践

我国《企业破产法》虽然没有对庭外重组作出具体规定，但最高人民法院在《破产审判会议纪要》中为我国庭外重组制度的发展指明了方向，要求积极探索符合我国国情的庭外重组模式。在该理念的指导下，我国关于庭外重组的司法实践不断深入。以房地产企业债务重组为例，当前庭外重组的司法实践主要包括以下5个方面的内容。

第一，政府介入指导。房地产行业长期以来都是我国经济发展的增长极之一，金融机构不断助力房地产企业加大杠杆，各级政府的土地财政更是凭借房地产行业的迅猛发展而创收不断。由于政府、银行均深入参与到房地产行业的发展当中，在大型房地产企业的庭外重组过程中，政府部门与各类金融机构通常会进行监督和指导。

第二，获取金融机构的增资增信。由于房地产开发的前期投入巨大以及融资杠杆不断增加等因素相互叠加，据数据统计，2022年A股上市房企剔除预收账款后的资产负债率均值为61.55%，这使其难以通过自身原有的融资渠道化解债务危机。因此在庭外重组中，债务人通常需要与金融机构谈判，适时增资增信，为企业庭外重组注入新的活力。

第三，变更债务清偿方案。债务调整是庭外重组的核心工作，债务人和债权人通过对债权的调整或削减，达到“减”和“免”的法律效果，并以此为债务人降低债务负担，提高重组成功率。所以房地产企业通常在庭外重组中会作出新的清偿安排，具体包括：一是变更清偿期限，通常表现为延期清偿、分期清偿；二是变更清偿方式，通常表现为债转股、以物抵债；三是调整清偿金额，通常表现为豁免利息、削减本金。

第四，出售资产。在庭外重组中，一般出售的资产价格都是围绕市场价值进行谈判，而重整中的出售资产则是在清算价值的基础上进行商谈，这使庭外重组中的资产价格具有一定优势。出售资产的方式主要分为两种类型，第一种为债务人售卖资产换取货币用以偿还债务，第二种为由被出售资产的收购方直接承担相应的债务。出售部分资产可以实现保留债务人核心资产和维系主营业务的目的，这需要“壮士断腕”的决心和毅力。前些年，万达控股集团有限公司（以下简称万达）出售资产、以求生存的案例最具代表性。2017 年万达的债务总额为 4205 亿元，高额的负责让万达公司经营受阻，随后公司迅速决策，选择走上出售资产降低负债率的道路。为了让自身在出售谈判时具有买家筛选权与资产定价权，万达决定在最佳的资产出售时间完成出售。经过多次谈判，2017 年 7 月，万达将文旅项目转让给融创、将酒店资产转让给富力，在经历了一系列的资产出售之后，万达缓解了自身的债务困境。

第五，削减成本、收缩业务。对房地产企业而言，削减成本通常意味着放慢发展的脚步，收缩业务则往往代表着未来的许多开发计划将暂时搁置。从企业的发展角度看，收缩业务更强调业务的整合，将盈利率低、与公司发展不契合的业务予以关停转让，从而突出重点业务。在实务中，削减成本、收缩业务的主要表现方式为裁员、减薪、降低福利、削减预算、停止投资等。在庭外重组阶段，削减成本、收缩业务往往是企业债务重组的必选项，从谈判角度看，不削减成本的重组方案难以获得债权人与重组投资人的认可，这将使房地产企业失去摆脱债务困境的良好机会。

## 三、庭外重组的域外经验及其对我国的制度启示

鉴于庭外债务重组具有时间短、费用低、灵活度高、债务人企业自主权大、能充分体现当事人的意思自治等诸多优势，欧美等发达国家已经在长期实践中建立了较为完备的庭外重组制度，并获得了世界银行、IMF 等国际性机构的认可。因此，为贯彻最高人民法院在《破产审判会议纪要》中关于庭外重组发展的相关精神，应当充分借鉴域外法的经验。本节将以英国的伦敦方案、美国和解方案与波兰调解方案为研究对象，深度解析这三者各自的功能与优势。

### （一）英国的伦敦方案

英国的“伦敦方案”是国际上公认的庭外重组实践典范，该方案对世界范

围内的庭外重组规则产生了深远影响，值得我国学习与借鉴。所谓“伦敦方案”，指的是在庭外重组中，由非债权人银行组成银行委员会，通过该委员会与困境债务人合作，以达到债务重组的目的。在英国的债务重组实践中，伦敦方案救助了大量陷入债务危机但具有继续运营价值的企业，帮助债务人顺利解困。①

“伦敦方案”的最大特点在于庭外重组的主导者是非债权人银行组成的银行委员会，英国的实践中通常是英格兰银行。② 为配合庭外重组的司法活动，达到提升效率的目标，英国在国家层面设立了金融监督管理委员会，其职责为根据困境企业的申请而组织“重组委员会”。重组委员会的成员有两种产生模式：第一种模式是在全部债权人中进行选举，这也是最主要的模式；第二种模式则是通过指定的方式产生。在上述两种模式中，金融监督管理委员会都掌握着主导权。整体来看，重组委员会的身份类似于债权人委员会，是债务人企业之间相互沟通的桥梁，负责将债务人企业信息分享给每一个债权人。

重组委员会的成立具有多个层面的效果。首先，可以有效消除信息差，使各债权人都能相对全面地掌握债务人的情况；其次，能够打破债权人与债务人、债权人与债权人之间的隔阂，沟通协调各债权人之间的利益与诉求，与债务人进行谈判，提出满足双方要求的重整条件，促成债权人与债务人之间达成重组协议。此外，在企业陷入财务困境后，作为庭外谈判的主导力量，金融监督管理委员会还将指导庭外谈判，并指定或选举产生破产执业人，由其代表债务人企业与各利害关系人协商制订预重整计划草案。在提起正式的重整申请后，破产执业人可以不经债权人委员会和法院的批准而直接处置债务人企业的资产和管理企业的日常经营活动。

以伦敦方案为原型，国际破产协会2000年出台了《关于多方债权人庭外债务重组的全球经验原则的说明》，明确规定了庭外债务重组的8项工作原则：

① See Vanessa Finch, *Corporate Insolvency Law: Perspectives and Principles*, Cambridge University Press, 2009, p. 220.

② 与伦敦方案对比明显的是日本的事业再生ADR，日本的庭外重组由律师等破产专家协会所属的专家主导。

(1) 对陷入债务危机的债务人，债权人应当与其合作设定明确的债务暂缓期，债权人可以在暂缓期内了解债务信息与债务人的企业现状，评估债务人的实际情况，商讨制定债务危机解决方案；(2) 在债务暂缓期内，所有债权人应停止债权请求和债权处置，维持债权现状并留存凭证；(3) 在债务暂缓期内，债务人不得进行个别清偿，不得作出任何可能影响债权实现的行为；(4) 在与债务人谈判时应当统一口径，成立统一行动委员会，必要时应聘请中介机构提供协助；(5) 在债务暂缓期内，债务人有义务提供真实准确的财务和管理信息，积极配合债权人委员会的各项工作；(6) 债权人内部应当合理确定在债务重组中债权损失的分担比例，并制定分担规则；(7) 债权人应对掌握的债务人信息作严格保密，不得外传财务数据、经营情况等信息，以防止债务风险的负外部性效应扩大；(8) 债务风险化解过程中如增加投资，债权人的债权受偿应劣后于新增投资人。

### （二）美国的和解方案与波兰的调解方案

除“伦敦方案”外，美国及波兰的债务重组经验也具有一定的借鉴意义。

所谓“美国和解方案”，指的是在庭外重组阶段中，主要以谈判的手段达成和解的模式。美国债务重组实践中，为提高谈判效率与公信力，债权人往往会选出债权人委员会，由其负责审查债务人提供的财务资料，并代表广大债权人与债务人进行谈判，以达成债务和解协议。这种做法的特点是，选出的债权人委员会能够代表全体债权人作出重组谈判的意思表示。

所谓“波兰调解方案”，指的是先由债务人与债权人达成调解，然后进行备案执行的程序。在波兰的司法实践中，政府和有关部门是调解程序的中间人或调解者，该程序允许银行等主要债权人与债务人达成“银行主导调解协议”或其他调解协议，该协议在政府有关部门备案后发生强制执行力，并监督执行。

### （三）域外经验的梳理与总结

通过梳理比较法上的庭外重组实践经验可以看出，由于金融机构具有较高的公信力与影响力，同时其债权占比通常较大，因此在庭外债务重组模式中，应注重发挥包括银行在内的各类金融机构债权人的作用，并根据案件情况进行具体分析，在条件成熟时应迅速成立债权人委员会，由其代表全体债权人与债务人进行协商。

较为遗憾的是，目前我国立法中关于金融机构债权人委员会的规定并未达周延，仅有的《金融机构债委会工作规程》仍停留在框架层面，还需要继续发展与完善。在《企业破产法》修改的大背景下，我国破产立法应及时梳理与总结各地的庭外重组实践经验，吸收借鉴诸如英国与美国在内的域外各国的法律体系，完善相关的制度设计，为我国房地产企业的债务危机化解提供更为完善的制度支持。

# 第二节　庭外重组的特点、效力及其配套制度

## 一、庭外重组的特点

### （一）程序灵活便捷，尊重当事人意思自治

与庭内司法重整程序的规范性与严谨性不同，庭外重组以各参与主体的意思自治为基石，允许债务人与债权人、出资人、战略投资人等当事人自主开展商业谈判，就债务调整和资产分配等问题达成合意。从法律评价角度来看，这一阶段仍属于债务人主导的自主商业行为，只有在债务人申请进入重整程序后，司法权力才会正式介入。①

由于债权性质与自身立场的差异性，不同类型的债权人在债务重组中的利益诉求亦不相同：职工、小额债权人和一般的合同债权人更关注债权清偿的时效性；而自身现金流充裕的大额债权人，可能更愿意将所持债权转化为股权，以获得重组成功后对债务人公司的控制权并追求更高额度的收益；担保权人的债权受到担保财产价值的保护，因而更加关注担保财产的价值是否会贬损和如何才能让担保财产尽快变现，以追求债权清偿的充分性和及时性。此外，即使是同类债权人，因所处行业、经营模式及财务能力的不同，其对重组利益的诉求也存在诸多差异，如自然人债权人和机构债权人之间的利益诉求必然会存在差异。

应当强调的是，“债权平等”原则是破产法的最高准则，各类庭内重整程

① 参见徐阳光：《困境企业预重整的法律规制研究》，载《法商研究》2021 年第 3 期。

序必须贯彻“债权平等”原则，即对同类债权必须按照同等的标准清偿，而不能采取“区别对待”的做法对债权人的利益诉求作差别性调整，否则将违背重整计划公平、公允的原则。相较而言，庭外重组具有更强的灵活性，可以在尊重当事人意思自治的基础上，突破包括“债权平等”原则在内的各种束缚，允许利害关系人自主调整自身权利。债务人和众多债权人可以采取分别谈判的做法，在当事人同意的情况下采用各种区分对待各债权的措施，以更多地获得债权人对债务重组的支持。此时，法律所保障的权利位阶发生了变化，当事人对权利义务的自治处分权优先于债权清偿的平等原则。庭外重组旨在通过当事人的谈判最大可能地接近“帕累托最优”状态,① 实现多方当事人的“共赢”局面。从实践来看，通过综合考量各方面因素，庭外重组通常伴随债权人的主动让步，因此庭外重组需要充分尊重当事人的意思自治。

### （二）最大限度维系企业发展的信誉

与房地产企业相关的诸如房价上涨、烂尾楼等各类话题始终都是大众关注的焦点。在如今的移动互联网时代，大型房地产企业的债务困境问题将不可避免地再次成为引发多方讨论的舆论焦点，极易在网络中爆发各类舆情，并在现实中成为新的群体性事件的诱因。随着司法审判信息化建设水平的不断提升，破产重整程序可以实现对案件办理状况的实时公开，大众可以通过查询“全国企业破产重整案件信息网”与“裁判文书网”的方式获取案件的最新进展信息。

在庭外重组中，债权人与债务人之间自行开展的各类谈判与磋商，公权力的干涉与涉众性均有限，除非案件参与人主动公开各类信息，否则第三人没有渠道获取任何信息。正因如此，房地产企业通过庭外重组方式化解债务危机，可以稳定市场信息，维系整个房地产行业产业链的稳定，提高社会对困境房企的融资和经营的信任，为困境房企继续开展生产经营活动提供信誉支持。

---

① 帕累托最优又被称为最低标准，是指在利益博弈中，在没有使其他方处境变得更坏的基础上，至少能够使一方获得更多利益。如果利益博弈达成的利益分配状态达到帕累托最优，则是最理想的利益分配格局。

根据国际破产协会《法庭外债务重组原则声明》及联合国《破产法立法指南》的规定，庭外重组多由金融机构债权人作为主导者与牵头者，与债务人主动谈判，通过组建金融机构债权人委员会的方式，与债务人开展统一协商，可聘用专业的律师、会计师、评估师等第三方中介机构参与到庭外重组的全流程之中，以确保重组的合规性、公平性、专业性等特性，并保障一旦进入破产程序，相关方案可以顺利通过法院的审查，最终通过商业谈判达成重组协议。金融机构自身拥有一定的公信力与权威性，其作为债权人深度参与庭外重组程序，能够确保主要债权人对庭外重组的信任与支持，进一步提升庭外重组程序的工作效率。而主要债权人对庭外重组工作的支持将向外界释放积极信号，巩固其他债权人、潜在投资人等对房地产企业债务风险化解的信心，形成良性循环，最终助力债务人涅槃重生。

### （三）有效提升债务风险化解的效率和成功率

庭外重组本质上是债权人、债务人与投资人在充分协商的基础上在债务减免及继续经营协议等方面达成一致的过程。与破产重整程序相比，法律本着“尊重意思自治”的规则，对庭外重组的程序性要求十分宽松，这就使得庭外重组在时间、管理、费用等方面的法律制度性成本更低，对债务人可能产生的负外部性效应也更低。相较于庭内的破产程序而言，庭外重组程序中债务人与债权人之间的对抗性更低，为了达成共赢目标，债权人和债务人、战略投资人之间往往可以在更加宽松缓和的环境中高效地沟通协商。庭外重组不需要遵守严格的司法程序，可以在尊重当事人意思自治的情况下快速进行。

由于在庭外重组的过程中，债务人可以继续掌握公司的主导权，这使债务人企业的治理结构得以延续，管理层成员与大部分员工得以保留。保留债务人企业原管理层的原因在于他们对公司的交易模式、治理结构和财务情况更为了解。同时，重组协议主要侧重对债务人所负债务的减和免，这可以激励债务人尽早开展债务危机化解工作。毫无疑问，在债务人管理层的配合以及业务持续经营的现金流的双重支持下，庭外重组可以更高效平稳地推进。更重要的是，庭外重组的表决结果可以通过庭内重整程序予以确认，进一步降低了司法程序中制定重整计划的成本，提升了司法重整的效率和成功率。①

## （四）维护区域金融稳定，降低企业债务风险处置的负外部性效应

对于房地产企业而言，向金融机构借款是其主要的融资手段，所以金融机构所享有的金融债权通常是主要债权，在房地产企业的总负债额中占比较高。因此，对房地产企业债务风险的处置思路和方法是否妥当，将直接影响到属地区域金融系统的安全性和稳定性，对此，应谨慎制定完善的房地产企业债务化解方案。相较于庭内破产重整对全部债权人进行一揽子清理，庭外重组涉及的债权多为金融机构债权，债务人企业与金融机构债权人委员会的沟通途径比较私密，对债务人企业的商誉损害更小，可以有效降低房地产企业启动破产程序而引发的负面影响。南京市中级人民法院在2020年制定的《关于规范重整程序适用提升企业挽救效能的审判指引》中明确提出，在申请预重整前，对于金融债权占比较大、金融债权人数量众多的债务人企业，金融债权人可以由金融监管部门牵头组织或自行发起成立金融债权人委员会，提前参与困境企业的危机化解工作。

需要指出的是，庭外重组在操作中具有独特的灵活性，使债务人企业可以与各金融机构债权人分别谈判，并根据不同的债权性质、担保情况、债权金额等要素进行综合性的量身定制，为金融机构债权的结构化调整提供更具针对性的解决方案。此外，在金融机构债委会机制良好运行的加持下，庭外重组甚至可以做到对各类债权的统筹兼顾，妥当防范各类金融风险的发生，进而维护区域金融稳定，保障社会和谐稳定，降低企业债务风险处置的负外部性效应。

## （五）维持经营连续性，激发债务人企业内部“造血”功能

由于烂尾楼严重影响社会的和谐稳定，在房地产企业债务风险化解中，推动停工项目复工复建、实现“保交楼、稳民生”是首要追求的价值目标。维持

① 《九民纪要》第115条规定：“继续完善庭外重组与庭内重整的衔接机制，降低制度性成本，提高破产制度效率。人民法院受理重整申请前，债务人和部分债权人已经达成的有关协议与重整程序中制作的重整计划草案内容一致的，有关债权人对该协议的同意视为对该重整计划草案表决的同意……”

经营的连续性，激发债务人企业内部“造血”功能主要有以下两种手段。

第一种，与政府沟通启动府院联动机制，助力企业复工复产。在庭外重组中，债务人企业可与法院及政府有关部门沟通协调，依靠各类政策工具，使用府院联动机制，由相关职能部门协调制作诸如资金专款专用、工程项目封闭运作模式、复工续建工作计划等类型的保证书、计划表，以此替代银行等第三方机构提供的保函，帮助债务人企业实现复工复产，并投标承接新的项目，恢复业主对债务人企业的信心。

第二种，化解诉讼问题，推动企业复工复产。涉诉情况的化解是债务人企业庭外重组的重点，对此，有必要实时关注已涉诉案件的沟通跟进情况。债务人或债权人、金融机构债委会等还可通过积极与债务人企业涉诉案件的承办法官沟通，推进解除财产保全、删除债务人企业失信信息、解除债务人企业法定代表人限制高消费等工作，促使债务人企业快速复工复业，尽可能消除对债务人企业商业信誉的影响。

通过上述途径，房地产企业能够保持持续经营的状态，使其有能力完成对在建工程的“滚动式”开发，激发债务人企业内部的“造血”功能，通过售卖房屋回笼资金，增加现金流收入。同时还需注意的是，应最大限度地利用政府纾困基金，切实保障广大购房者的利益，也为债权人提供更加充实的偿债资源。

## 二、庭外重组的效力

债务人与债权人、投资人在庭外重组期间达成的重组协议本质上属于一种合同，是私法范围内当事人意思自治的结果，受到《民法典》《公司法》及其他法律规范的调整。协议中有关债权调整、中止执行、收益分配等内容的约定，基于合同的相对性原则，只对合同的缔约方当事人发生效力，对于未参加重组谈判的人员则不具有约束力。因此，庭外债务重组达成的协议不能阻止异议债权人或者未参加重组协议的债权人的个别诉讼或执行行为。

相较于庭内破产重整的多数决机制，庭外债务重组适用契约法上的意思表示一致性原则，也即债务重组协议需要参加协议的债权人意思表示达成一致方可成立并生效。因此，庭外重组需要应对谈判过程中可能发生的“钳制”问题，即若部分参加庭外重组谈判的债权人未投“赞成票”，庭外重组协议或难以成立并执行。

根据现有的法律制度，若利害关系主体意图将庭外重组达成的协议效力予以强化和延展，则需要借助金融机构债权人委员会制度或者重整程序来实现。目前有关庭外重组效力问题的规定，多见于原银（保）监会印发的规范性文件、国家发改委印发的政策性文件以及最高人民法院印发的会议纪要（见表2－1），现行《企业破产法》及配套司法解释并未明确庭外重组协议的约束力问题。

**表2－1　有关庭外重组效力问题规定的汇总**

| 序号 | 发文时间 | 发文字号 | 规范名称 | 内容 |
|---|---|---|---|---|
| 1 | 2016年7月6日 | 银监办便函〔2016〕1196号 | 《关于做好银行业金融机构债权人委员会有关工作的通知》 | 原则上同时满足以下条件：①经占金融债权总金额的2/3以上比例债委会成员同意；②经全体债委会成员过半数同意<br>银行业监督管理机构依法对债权人委员会和金融债务重组等工作进行指导、协调和监督 |
| 2 | 2017年5月10日 | 银监办便函〔2017〕802号 | 《关于进一步做好银行业金融机构债权人委员会有关工作的通知》 | 符合债委会组建条件的困难企业涉及的所有银行业金融机构均要加入债委会，统一行动。对于不加入债委会、拒不执行债委会决议、拒不履行债务重组方案或采取其他措施影响债务重组顺利推进的银行业金融机构，造成严重后果的，银监会和银监局可以采取约谈主要负责人、通报批评、责令对有关责任人员给予纪律处分等措施 |

续表

| 序号 | 发文时间 | 发文字号 | 规范名称 | 内容 |
|---|---|---|---|---|
| 3 | 2018 年 3 月 4 日 | 法〔2018〕53 号 | 《破产审判会议纪要》 | 要探索庭外重组与庭内重整制度的衔接，在债务人进入重整程序前，可由债权人与债务人、出资人等利害关系人通过商业谈判、协商拟定重组方案。在重整程序启动后，可以该重组方案为依据拟定重整计划草案并提交人民法院审查批准 |
| 4 | 2019 年 6 月 22 日 | — | 《加快完善市场主体退出制度改革方案》 | 研究建立预重整和庭外重组制度。完善金融机构债权人委员会制度，明确金融机构债权人委员会制度和庭内债权人委员会制度的程序转换和决议效力认可机制 |
| 5 | 2019 年 11 月 8 日 | 法〔2019〕254 号 | 《九民纪要》 | 要完善庭外重组与庭内重整的衔接机制，提升困境企业债务危机化解的效率。对于法院受理重整申请前债务人已经和部分债权人达成的有关债权债务调整的协议与重整程序中制作的重整计划（草案）内容相同的，有关债权人对该协议的同意视为对重整计划（草案）表决的同意 |
| 6 | 2020 年 12 月 28 日 | 银保监发〔2020〕57 号 | 《金融机构债权人委员会工作规程》 | 原则上应经占金融债权总额 2/3 以上的成员机构以及全体成员机构过半数表决同意，并且其所代表的债权额占无财产担保金融债权总金额半数以上，但债权人协议另有约定的除外。<br>债委会成员机构存在不履行其在债委会中相关职责、不遵守债委会按照约定的议事规则所作出的决议、擅自退出债委会或者其他影响债委会工作的情形的，债委会或者自律组织可以采取内部通报等自律性惩戒措施。<br>因上述情形造成严重后果的，金融管理部门可以采取约谈、向债委会成员机构总部通报等方式督促债委会成员机构规范行为 |

现行规范性法律文件中《九民纪要》和《金融机构债委会工作规程》对庭外重组协议的效力作出了明确的规定。《九民纪要》第115条明确了庭外重组中，债权人对于债权调整的同意，将直接视为对于重整计划中相同内容的同意，庭外重组协议的效力将通过庭内重整程序得到直接固化，进而扩大了庭外重组中债权调整方案的适用范围，使之对全体债权人具有普遍约束力。

对于庭外重组可能面临的投票“钳制”问题，可通过金融机构债权人委员会制度予以解决。庭外重组中，管理人积极促成建立金融机构债权人委员会的，依据《金融机构债委会工作规程》的规定，通过金融机构债委会的多数决表决机制和约束机制，来防范少数债权人对庭外重组的“钳制”。金融机构债委会成员应当遵守并执行“多数决同意”的庭外重组协议，违反该规定的金融机构债权人将面临债委会或者自律组织的自律性惩戒，甚至金融管理部门的约谈、通报。

但应当注意，当前我国庭外重组制度仍存在不足。特别是，对于庭外重组协议效力的规定仍停留于行政规章、最高人民法院会议纪要等层面，效力位阶层级有待进一步提高，否则可能在司法适用中面临层级不高的困境。① 随着实践中庭外重组模式的适用率越来越高，规范性文件层级较低所带来的适用困境不容忽视。如今《企业破产法》正在酝酿修订，关于庭外重组协议效力问题的规定有望正式入法，这将进一步提升庭外重组制度的适用性。对于庭外重组的具体操作指引等辅助性事项，可通过司法解释或规范性指引的方式予以明确。

## 三、庭外重组的配套制度——金融机构债委会

### （一）庭外重组视角下金融机构债委会的制度阐释

如前文所述，金融机构债权人是房地产企业庭外重组中的主要债权人。庭

---

① 依据《民法典》的规定，行政规章并不能作为否定合同效力的依据。此外，司法实务中认为《九民纪要》仅是一种“司法政策”，各级法院不能将其作为裁判依据直接援引，仅可以作为“本院认为”部分的说理依据。参见贺小荣：《体系化思维对民事裁判统一性的内在约束——以〈民法典〉适用为视角》，载《中国应用法学》2022年第4期。

外重组中的金融机构债权人委员会借鉴了《企业破产法》中的债权人会议和债权人委员会制度，在房地产企业庭外债务重组过程中发挥了重要作用。其规范依据是中国银保监会、发展改革委、中国人民银行、中国证监会于2020年12月28日印发实施的《金融机构债委会工作规程》，对金融机构债权人委员会的适用范围、组织性质、设立方式等内容作了明确规定，具体规定见表2－2。

**表2－2 《金融机构债委会工作规程》内容摘要**

| | |
|---|---|
| 适用范围 | 第2条：针对债务规模较大、存在困难的非金融债务企业，3家以上持有债权（含贷款、债券等）……依法作为债券受托管理人的银行保险机构和证券期货基金经营机构等可以发起成立金融机构债权人委员会 |
| 组织性质 | 第2条：债委会是协商性、自律性、临时性组织，按照市场化、法治化、公平公正、分类施策的原则，依法维护金融机构作为债权人的合法权益 |
| 设立方式 | 第3条：（依职权）金融机构应当密切关注债务企业经营情况，发现债务企业存在严重影响按约偿还债务情形的，应当积极推动其他债权金融机构组建债委会。（依申请）金融机构也可以应债务企业请求，组建债委会。<br>第5条：联合授信企业发生债务风险的，牵头银行可推动组建债委会，做好工作衔接。<br>第6条：债委会组建会议可以由持有较大债权的金融机构发起召开，也可以由债务企业和持有较大债权的金融机构协商后共同发起召开 |
| 工作机制和表决规则 | 第10条：债委会应当按照约定的议事规则、工作流程和决策机制，就增加融资、稳定融资、减少融资、债务重组、破产重整等相关事项进行协商和决策。涉及重大事项的，主席单位、副主席单位应当召集成员机构举行债委会会议，按照约定的议事规则充分协商后作出决策，在依法合规的基础上，形成会议纪要，印发债委会全体机构执行。债委会会议对债务企业金融债务重组方案等重大事项的决策，原则上应当经占金融债权总金额2/3以上的成员机构以及全体成员机构过半数表决同意，并且其所代表的债权额占无财产担保金融债权总金额半数以上，但债权人协议另有约定的除外 |
| 约束机制 | 第15条：债委会成员机构存在不履行其在债委会中相关职责、不遵守债委会按照约定的议事规则所作出的决议、擅自退出债委会或者其他影响债委会工作的情形的，债委会或者自律组织可以采取内部通报等自律性惩戒措施。<br>因上述情形造成严重后果的，金融管理部门可以采取约谈、向债委会成员机构总部通报等方式督促债委会成员机构规范行为 |

## （二）金融机构债委会的制度优势

1. 协调统一金融机构债权人的行为

由于庭外重组不产生破产法关于诉讼中止及自动冻结等效力，所以极易出现债务“执行竞争”的现象。一旦房地产企业陷入偿债危机，金融机构债权人为争夺债务人的剩余偿债资源，往往采取断贷、抽贷，甚至抢先起诉等竞争性债权保全措施。这种非理性行为无疑会加重房地产企业的债务危机和经营困境，使得房地产企业本就紧缩的资金链断裂，而不得不走向破产清算的“深渊”。按照《金融机构债委会工作规程》的规定，金融机构债委会是金融债权人的统一行动机构，其形成的决议对成员机构具有普遍约束力。这种做法可以有效巩固与债务人企业的谈判成果，并防止其他金融债权人单独采取措施。此外，金融机构债委会还可要求所属金融机构成员为债务人企业提供新的融资渠道，通过联合授信机制为房地产企业提供正常经营所需资金。

2. 畅通债权人之间、债权人与债务人之间的沟通渠道

金融机构债委会通过与债务人企业的会谈，可以准确识别债务企业的风险类型和风险程度，集体研究风险处置措施，平稳有序地化解风险。各金融债权人也可通过金融机构债委会加强对债务人企业的信息共享，充分利用全国信用信息共享平台、国家企业信用信息公示系统和金融信用信息基础数据库等信息来源，了解债务人企业的债务清理动态。

3. 综合各方力量化解房企债务风险

庭外重组中的金融机构债委会将获得来自金融行政管理部门和行业协会的支持，有能力调动各方力量帮助债务企业疏通融资渠道、缓解偿债压力。根据《金融机构债委会工作规程》第 13 条的规定，当金融债委会的日常运行出现重大问题或者重大事项时，各金融管理部门和行业协会（如银行业协会、证券业协会、银行间交易商协会等自律组织）应当协调、支持金融机构债委会的工作。这说明行业协会和金融监管部门等都需要按照金融机构债委会的需求提供相应的支持和帮助。

4. 有序衔接庭外重组与庭内重整

鉴于金融机构债权人所持债权金额占比较大且参与重组工作的专业化程度较高，因此，若庭外重组形成有效的重组方案，可以通过司法重整将方案的效力固化和扩大。即使在庭外重组中未能形成重组方案，金融机构债委会在庭外重整中的工作成果也可以为债务企业在庭内的司法重整夯实基础。如《九民纪要》第115条提到了“继续完善庭外重组与庭内重整的衔接机制，降低制度性成本，提高破产制度效率”。此外，金融机构债委会可以基于其丰富的商业经验和专业能力主动向法院推荐专业且公正的破产管理人，并积极配合破产管理人完成重整工作，使庭外重组的成果尽快转化为庭内重整的工作基础。

## （三）金融机构债委会与联合授信委员会、破产债委会的关系辨析

除金融机构债委会以外，联合授信委员会和破产债委会均在房地产企业债务风险化解中发挥着作用，均着眼于规范多家金融机构对同一主体的授信行为。鉴于此，综合运用三种制度形成对房地产债务风险化解的系统化指引，厘清三者关系，对防范和化解金融风险具有重要意义。

**表2-3 金融机构债委会与联合授信委员会、破产债委会关系辨析**

| | 金融机构债委会 | 联合授信委员会 | 破产债委会 |
|---|---|---|---|
| 实施目的 | 加强金融性债权的管理，维护金融机构债权人合法权益，化解企业债务风险 | 降低银企间信息不对称，提升银行业服务质效和信用风险防范水平 | 监督破产管理人履行职责，保护全体债权人的利益 |
| 风控阶段 | 出现偿债风险以后 | 事前管控和事中监测 | 出现偿债风险以后 |
| 工作架构 | 3家以上持有债权（含贷款、债券等）、管理的资产管理产品持有债权、依法作为债券受托管理人的银行保险机构和证券期货基金经营机构等可以发起成立金融机构债权人委员会 | 在3家以上银行业金融机构有融资余额，且融资余额合计在50亿元以上的企业，银行业金融机构应建立联合授信机制。对在3家以上的银行业金融机构有融资余额，且融资余额合计在20亿～50亿元的企业，银行业金融机构可自愿建立联合授信机制 | 债权人会议可以决定设立债权人委员会。债权人委员会由债权人会议选任的债权人代表和一名债务人的职工代表或者工会代表组成。债权人委员会成员不得超过9人。债权人委员会成员应当经人民法院书面决定认可 |

续表

| | 金融机构债委会 | 联合授信委员会 | 破产债委会 |
|---|---|---|---|
| 工作流程 | 金融机构债委会就债务重组展开以下工作：（1）协商谈判，重点围绕重组方式、重组安排及方案内容进行；（2）制定方案，由主席、副主席单位与企业共同研究形成；（3）全员讨论，由主席单位将方案提交债委会全体成员讨论；（4）方案表决，按债委会成员所签署《债权人协议》中的议事规则，对方案进行表决；（5）落地执行，表决通过的方案发送债权银行和债务企业执行 | 联合授信委员会应开展以下工作：（1）共同收集汇总、交叉验证企业经营和财务信息，防止企业隐藏真实信息或提供虚假信息，规避银行授信管理要求；（2）共同挖掘企业内外部信息源，运用必要技术手段，汇总梳理企业关联关系，识别隐性关联企业和实际控制人；（3）联合评估企业的整体负债状况、实际融资需求和经营状况，测算企业可承受的最高债务水平，设置企业融资风险预警线；（4）与企业就确定联合授信额度和风险管理要求等进行协商并签订相关协议；（5）协同监测企业履约情况，发现企业存在不当行为，或出现风险信号时，联合采取风险防控、风险预警和风险处置措施 | 破产债委会行使下列职权：（1）监督债务人财产的管理和处分；（2）监督破产财产分配；（3）提议召开债权人会议；（4）债权人会议委托的其他职权。债权人委员会执行职务时，有权要求管理人、债务人的有关人员对其职权范围内的事务作出说明或者提供有关文件 |
| 议事规则 | 金融机构债委会应当按照约定的议事规则、工作流程和决策机制，就增加融资、稳定融资、减少融资、债务重组、破产重整等相关事项进行协商和决策。涉及重大事项的，主席单位、副主席单位应当召集成员机构举行债委会会议，按照约定的议事规则充分协商后作出决策，在依法合规的基础上，形成会议纪要，印发债委会全体机构执行。债委会会议对债务企业金融债务重组方案等重大事项的决策，原则上应当经占金融债权总金额2/3以上的成员机构以及全体成员机构过半数表决同意，并且其所代表的债权额占无财产担保金融债权总金额半数以上，但债权人协议另有约定的除外 | 联合授信委员会应建立联席会议制度，负责审议决定重大事项。联席会议是联合授信委员会的决策机构，其决议对全体成员银行有约束力。联席会议应制定明确的议事规则和工作流程。联席会议原则上每个季度召开一次。如遇重大事项，由牵头银行或占成员银行债权总金额1/3以上比例成员银行提请，可召开临时联席会议。联席会议审议批准事项，涉及设定和调整企业联合授信额度、启动和解除风险预警、制定和修订成员银行协议和银企协议等重大事项，应经占成员银行债权总金额2/3以上比例成员银行及全体成员银行过半数同意；其他事项应经占成员银行债权总金额1/2以上比例成员银行同意 | 破产债委会决定所议事项应获得全体成员过半数通过，并作成议事记录。债权人委员会成员对所议事项的决议有不同意见的，应当在记录中载明。破产债委会行使职权应当接受债权人会议的监督，以适当的方式向债权人会议及时汇报工作，并接受人民法院的指导 |

金融机构债委会与联合授信委员会、破产债委会之间，在一定程度上能够进行相互衔接。一般来说，联合授信企业发生债务风险时，牵头银行可推动组

建金融机构债委会，做好工作衔接。其中，对于发展前景较好、风险可控且提出的新资金需求有充分理由的债务人企业，为支持其正常运营活动，金融机构债委会可以通过联合授信、组建银团贷款或封闭式融资等方式给予支持。若金融机构债委会与债务人企业长时间无法达成重组协议或企业失去重组价值时，可以转入司法破产程序。金融机构债委会的主席和副主席单位可以积极参与破产债委会的组建，继续发挥庭外债务重组经验，沟通协调破产工作。

### （四）府院联动框架下金融机构债委会的功能发挥

金融机构债委会在发挥府院联动的市场机制方面，有着得天独厚的优势，故在办理房地产企业破产案件时应充分发挥金融机构债权人委员会的作用。2016 年《金融机构债委会通知》第 11 条[①]及 2020 年《金融机构债委会工作规程》中均强调了金融机构债权人委员会在债务重组过程中所发挥的作用。金融机构债权人往往是房地产企业的大债权人，金融机构债委会理应在房地产企业破产重整中扮演重要的角色。一旦房地产企业陷入债务危机，各债权金融机构的利益诉求互不相同、内部难以协调统一，因此必须发挥金融机构债委会的协调协商作用，通过一致行动，实现银企共赢。实际上，2016 年《金融机构债委会通知》及 2020 年《金融机构债委会工作规程》均要求金融机构债委会应形成合力，帮助债务人企业完成重整。

从实践来看，地方政府还会成立专门的工作小组以加强对金融机构债权人委员会的指导。2020 年《金融机构债委会工作规程》第 13 条即明确规定："债委会组建成立、日常运行中出现重大问题或涉及重要事项时，银保监会及其派出机构、人民银行及其分支机构、证监会及其派出机构（以下简称金融管理部门）和发展改革部门等应当按照职责分工，依法及时予以指导、协调，银行业协会、保险行业协会、证券业协会、证券投资基金业协会、期货业协会、银行间交易商协会等自律组织（以下简称自律组织）应当积极支持和配合。"换言

---

① 该条规定："金融资产管理公司、地方资产管理公司要积极与债委会开展合作，为合理降低债务企业杠杆率、化解企业债务危机提供综合金融服务。地方资产管理公司要积极争取省级人民政府、人民法院的支持，可以作为中介机构列入法院破产管理人名单，发挥化解区域金融风险的作用。"

之，金融机构债权人委员会的工作需要得到地方政府、政府有关部门以及行业协会的专业指导和支持配合。此外，为确保各债权人能够形成一致行动，2017年《关于进一步做好银行业金融机构债权人委员会有关工作的通知》第9条明确提出了对金融机构债委会的问责机制，[①] 2020年《金融机构债委会工作规程》还进一步明确了对金融机构债委会运作的约束机制。[②]

进一步而言，作为大债权人的金融机构在风险识别方面显然更有优势，因此更应在重整中发挥其主导作用。这是因为，金融机构作为贷方及交易支付服务商，可以尽早发现房地产企业的债务危机。对此，2020年《金融机构债委会工作规程》第3条第1句即指出："金融机构应当密切关注债务企业经营情况，发现债务企业存在严重影响按约偿还债务情形的，应当积极推动其他债权金融机构组建债委会。"具体而言，当债务规模较大的房地产企业出现经营困难和债务风险时，应由作为债务人企业的主要债权人或大债权人的银行机构牵头组建金融机构债权人委员会。此外，2020年《金融机构债委会工作规程》第3条亦明确，金融机构也可以应债务企业请求，组建债委会。对此，我国有学者进一步指出，应不断完善银行内部关于破产衍生业务的业绩考核与责任制度，建立由银行债权人及时主动申请企业进行破产清算或重整、及时进行破产减损的责任制度，并追究未及时履行破产申请责任个人的经济责任。[③] 根据行政规章的有关规定和我国学界有影响力的观点，金融机构债委会在成立后，应积极摸清危机企业的经营情况，判定风险类型和级别，并建立定期监测和评价制度。

更为关键的是，金融机构债委会工作的重中之重就在于金融债务重组，而金融债务重组的基础是重整识别，或者说是对具有继续经营价值的企业进行识

① 该条规定，对于不加入债权人委员会，拒不执行债权人委员会决议、拒不履行债权人委员会重组方案或者采取其他措施影响债务重组顺利推进的银行业金融机构，造成严重后果的，银监会和银监局可以采取约谈主要负责人、通报批评、责令对有关责任人员给予纪律处分等措施。

② 2020年《金融机构债委会工作规程》第15条规定："债委会成员机构存在不履行其在债委会中相关职责、不遵守债委会按照约定的议事规则所作出的决议、擅自退出债委会或者其他影响债委会工作的情形的，债委会或者自律组织可以采取内部通报等自律性惩戒措施。因上述情形造成严重后果的，金融管理部门可以采取约谈、向债委会成员机构总部通报等方式督促债委会成员机构规范行为。"

③ 参见王欣新：《僵尸企业治理与破产法的实施》，载《人民司法》2016年第13期。

别。在对上述危机发现、风险判定和定期评价工作的基础之上，金融机构债权人委员会才有可能对房地产企业进行更准确的判断。2020 年《金融机构债委会工作规程》第 12 条第 2 款即规定，“对于发展前景较好、风险可控且提出的新资金需求有充分理由的债务企业，为支持其正常运营活动，债委会可以通过联合授信、组建银团贷款或封闭式融资等方式给予支持”；该条第 3 款规定，“对于扭亏无望、失去生存发展前景的‘僵尸企业’或有逃废债行为的债务企业，原则上不应当作为金融债务重组对象”。简言之，金融机构债权人委员会应针对房地产企业的实际情况，形成“一企一策”的风险化解方案。特别值得注意的是，2020 年《金融机构债委会工作规程》明确提出，应当坚决打击逃废金融债务。① 申言之，金融机构债委会在防范滥用重整逃废债方面的功能应随之发展壮大，而这也是重整识别机制中不可或缺的组成部分。

最后，金融机构债委会在债务重组中的另外一项重要职能是通过增贷、稳贷、减贷、重组等措施拯救房地产企业。2016 年《金融机构债委会通知》和 2017 年《关于进一步做好银行业金融机构债权人委员会有关工作的通知》均强调，各银行业金融机构要一致行动，做到“三稳定”，即稳定预期、稳定信贷、稳定支持，而且“不得随意停贷、抽贷”。2020 年《金融机构债委会工作规程》第 10 条②进一步强调了上述拯救措施。从具体实践的情况来看，金融机构债委会往往采取了包括组建银团贷款、建立联合授信机制或封闭式融资、收回再贷、

① 2020 年《金融机构债委会工作规程》第 18 条要求，通过债委会和自律组织加强企业逃废金融债务信息共享，有效利用全国信用信息共享平台、国家企业信用信息公示系统和金融信用信息基础数据库等信息来源，密切关注债务企业改制、兼并重组、转移资产、简易注销公告、债权人公告等事宜，依法依规开展失信惩戒，坚决打击逃废金融债务行为。进而，《金融机构债委会工作规程》第 19 条提出对逃废金融债务的企业进行警示，要求其限期纠正，并通过信息共享实现失信惩戒。

② 该条规定：“债委会应当按照约定的议事规则、工作流程和决策机制，就增加融资、稳定融资、减少融资、债务重组、破产重整等相关事项进行协商和决策。涉及重大事项的，主席单位、副主席单位应当召集成员机构举行债委会会议，按照约定的议事规则充分协商后作出决策，在依法合规的基础上，形成会议纪要，印发债委会全体机构执行。债委会会议对债务企业金融债务重组方案等重大事项的决策，原则上应当经占金融债权总金额 2/3 以上的成员机构以及全体成员机构过半数表决同意，并且其所代表的债权额占无财产担保金融债权总金额半数以上，但债权人协议另有约定的除外。”

展期续贷、调整贷款利息、市场化债转股等方式，减轻困境房企的压力。在此基础上，2020年《金融机构债委会工作规程》第11条[①]明确规定，金融债务重组方案内容包括调整现金受偿比例、调整贷款利息、展期续贷、变更担保、市场化债转股、引入合格战略投资者等。尤其在债转股的过程中，金融机构债委会无疑将发挥其主导性作用。

① 该条规定："债委会可以采取协议重组、协议并破产重整的方式，对债务企业实施金融债务重组。经债委会依法授权，主席单位、副主席单位、工作组可以与债务企业开展协商谈判，研究包括现金受偿比例、调整贷款利息、展期续贷、变更担保、市场化债转股、引入合格战略投资者等在内的金融债务重组方案。债委会可以聘请金融资产管理公司、金融资产投资公司、会计师事务所、律师事务所等机构为其提供服务。"

# 第三节　典型房地产企业庭外重组案例介绍

在房地产行业高速发展阶段，业务范围与企业规模成为房地产企业在市场竞争中的重要考量因素。这使中国多数房地产企业长时间依靠高杠杆、高负债率的模式持续经营。高杠杆、高负债率在短期内虽然能帮助企业拓宽业务范畴，扩大企业自身的经营规模，但也为日后债务危机的爆发埋下了隐患。自 2020 年恒大债务危机以来，资本市场对房地产企业的信心急转直下，房地产企业融资渠道逐渐减少，并且政府对预售资金的监管力度不断增强，房地产企业债务违约事件频发。为缓解资金压力、自救重生，房地产企业着眼于庭外重组制度，与债权人尤其是金融机构债权人进行债权调整谈判，以获得展期或利息调整的机会。

南京建工产业集团等 25 家公司合并重整一案是江苏法德东恒律师事务所参与办理的、积极探索庭外重组与庭内重整衔接的典型案例。该案件综合运用多种破产挽救制度工具，先后经历庭外重组、预重整、重整三个阶段，最终实现南京建工产业集团的涅槃重生。在本案的 25 家关联企业中，江苏省房地产发展实业有限公司、南京燕子矶保障房开发有限公司、南京天隆置业发展有限公司、嘉盛建设集团有限公司等是专门从事房地产开发的企业，上述企业在该案件中最终与南京建工产业集团完成合并重整。所以南京建工产业集团等 25 家公司合并重整一案具有房地产企业破产重整的特点。

本节以南京建工产业集团等 25 家企业合并重整一案为例，阐述与介绍法德东恒办理大型房地产企业庭外重组的经验，以期通过“以案释法”的方式为实务提供一定的帮助。

## 一、南京建工产业集团的情况简介与合并重整案的背景

### (一)南京建工产业集团及关联房地产企业的基本情况

南京建工产业集团等25家企业是江苏省知名的大型骨干民营企业集团，连续多年位居中国民营企业500强前列。该集团的经营范围从建设工程起步，已经逐步发展至涵盖基础设施建设、城市区域开发运营、健康旅游等多个领域。旗下建工集团等公司拥有国家房屋建筑工程施工总承包特级等多项建筑业顶级资质，其积极参与新型城镇化建设，承建了多个江苏省、南京市“十二五”“十三五”重大基础设施项目和民生工程项目，多项工程获得国家“鲁班奖”“詹天佑奖”等建筑业重要奖项。

### (二)南京建工产业集团等25家企业合并重整案的案情概述

2019年8月，南京建工产业集团等25家企业组建了金融机构债权人委员会(以下简称金融机构债委会)，61家金融机构出席了第一次会议，代表的金融债权共计618亿余元，主席团成员机构有中信银行、徽商银行、浙商银行、交通银行、西部信托、华融汇通、紫金农商行等。金融机构债委会成立后立即聘请中介机构进行财务与法律尽调工作。2020年3月，在南京中院的指导下，南京建工产业集团债务重组工作专班组建了法律服务联合团队，法德东恒有幸成为联合团队中的一员，共同就南京建工产业集团等25家企业庭外债务重组开展清产核资、方案制定、债权人沟通谈判等相关工作。由于南京建工产业集团等25家企业债务规模巨大、涉及面广、问题复杂，存在众多与建设工程、民生稳定相关的债权，为了有效巩固前期庭外债务重组成果，经债务人申请，南京中院先后决定对南京建工产业集团等25家企业实施预重整，并于2021年6月30日裁定受理南京建工产业集团等25家企业的破产重整申请。2022年4月，南京中院裁定批准重整计划，终止重整程序。至此，南京建工产业集团等25家企业的合并重整顺利完成。

南京建工产业集团等 25 家企业合并重整一案的债务总额约 1400 亿元，涉及债权人 3200 余户，是江苏省至今债务规模最大的破产重整案。该案被载入最高人民法院《破产审判交流》创刊号，并入选江苏省高级人民法院发布的江苏法院 2022 年度十大典型案例，以及江苏省高级人民法院发布的 2022 年度江苏法院破产审判十大典型案例。

## 二、南京建工产业集团合并重整案关于“庭外重组”的创新实践

南京建工产业集团等 25 家企业合并重整案是 2020 年 1 月南京中院印发《关于规范重整程序适用提升企业挽救效能的审判指引》后第一例适用预重整程序的案件。扎实完善的庭外重组工作，是该案件得以成功进入预重整和重整程序的关键。在南京建工产业集团等 25 家企业提交预重整申请之前，法律服务联合团队始终高标准推进债务重组的各项工作，使重整计划能够从“规划图”转变为“施工图”“实景图”。经过梳理与分析，南京建工产业集团得以顺利完成庭外重组工作是因为在案件办理过程中实现了以下创新。

### （一）积极筹备金融机构债委会，搭建债权人沟通平台

启动庭外重组的前提是，债务人与债权人（至少是主要债权人）之间保持紧密的联系与沟通。正如前文所述，我国《企业破产法》并未涉及该方面内容。因此，如何在缺乏法律规范指引的情况下，搭建债务人与债权人的沟通渠道是庭外重组工作的重点。

南京建工产业集团的庭外重组工作，积极借鉴上文介绍的英国“伦敦模式”的成功经验，在案件办理初期就开始筹备金融机构债委会，以搭建沟通平台。但与“伦敦模式”不同的是，南京市地方金融监督管理局是组建南京建工产业集团金融机构债委会的牵头部门。这是因为，南京建工产业集团是江苏省知名骨干民营企业，连续多年位居中国民营企业 500 强前列，在发展过程中，南京市属相关国资平台公司逐渐成为南京建工产业集团的大额债权人，所以在南京建工产业集团陷入债务危机后，南京市委市政府高度关注债务化解进展，

大力支持庭外重组的各项工作。2019 年 8 月，南京建工产业集团的 18 家金融机构债权人召开金融机构债委会发起人会议，确定了 1 家主席单位及 8 家副主席单位，以此开展债务重组谈判。

在南京建工产业集团的庭外重组工作中，金融机构债委会发挥了重要作用，具体表现在以下 4 个方面。（1）金融机构债委会协调利益冲突、化解多方矛盾和降低沟通成本，最终提升了办案效率。金融机构债委会的成立为南京建工产业集团的主要债权人提供了参与庭外重组的规范性渠道。（2）金融机构债委会与法律服务联合团队配合，有效管控南京建工产业集团的资产处置工作，避免企业无序处置存量资产。（3）金融机构债委会积极推动南京建工产业集团庭外债务重组方案的表决结果有序接入庭内重整程序，加速推进重整工作进程。（4）金融机构债委会的存在避免了各金融机构采取非理性的单个诉讼与执行行为，诉讼案件的减少为南京建工产业集团的复工复产扫除了障碍，并确保庭外重组工作的有序进行、金融风险与损失的最小化，以及南京建工产业集团偿债资源的最大化。

总体来说，南京建工产业集团庭外重组工作的成功，本质上是所有金融债权人基于合意在一段时间内自我约束并放弃个别追偿行为，最终使南京建工产业集团有机会化解债务危机。在发生资金流动性危机时，尽管大多数债权人都希望南京建工产业集团能保持经营渡过难关，但是这种希望能否实现主要取决于主要金融债权人是否愿意暂时放弃追偿行为。这种自愿合作机制的成功离不开各种府院联动机制的不断跟进，与金融机构债委会的协调配合，二者相辅相成。

### （二）创新组建法律服务联合团队，重构分工机制

纵观域外各国的实践经验，传统的庭外重组制度由债务人负责发起，该制度的目的是清除或减轻债务人的既有债务负担，帮助其轻装上阵。由于庭外重组的发起者与最终受益者是债务人，所以一般由债务人委托聘请各类中介机构，为债务重组工作提供相关服务。但南京建工产业集团所欠债务数额巨大，集团旗下资产众多，极易引发网络舆情和各类群体性事件。虽然中介机构的专业素

养与案件办理水平是进行主体选任的规范评价标准，但中介机构能否秉持公平公正的立场、不偏不倚地对待每一项债权更是庭外重组工作顺利进行的重要因素。所以，为保证庭外重组的公正性、公平性与客观性，南京建工产业集团并未适用前述的债务人选任中介机构的传统方法，而是采用了组建债务重组法律服务联合团队这一创新模式。

具体而言，2020 年 3 月，在多方主体的商议与推荐下，江苏法德东恒律师事务所、中伦（南京）律师事务所、国浩律师（南京）事务所和锦天城（南京）律师事务所共同组成南京建工产业集团债务重组法律服务联合团队（以下简称联合国队），为南京建工产业集团债务重组项目提供专项法律服务。联合团队的身份被确定后立即开展尽职调查，核查资产负债等各类数据，提出债务危机化解路径及方案，推动庭外重组的各项工作有序进行，并为日后进入预重整程序打下了坚实基础。

分工是合作的前提，合理的分工是提升工作效率与质量的保障。为提升债务重组效率，联合团队内部采用分组分工机制，根据案件办理的需要将团队成员科学划分为综合组、方案组、债权组、资产组、纾困与诉讼组 5 个组别。其中，综合组主要发挥综合协调、整体推进案件进程的作用，统筹安排债务重组工作。其他小组则从债权申报、资产核查、实质合并论证、诉讼代理和重整方案制定与优化 5 大核心问题入手，并倒排工期，制定相应的工作计划方案。至此，联合团队内部的分组分工机制得以确立，在庭外重组工作中真正实现了工作有计划，任务有清单，操作有步骤，检查有节点，极大地提升了工作效率。

联合团队的创新组建确保利益各方的代表都能有效且正当地参与到债务重组中，让各类主体都能够在重组中发出独立声音，有效地解决了传统庭外重组模式中信息交流不通畅、体制机制存在壁垒或桎梏等问题。联合团队的 4 家律师事务所秉持自主独立性，从庭外重组的全局出发，以法律为准绳、以效率为先导，分类分组多管齐下，为全面理顺纷繁复杂的利益格局、形成切实可行的重组方案奠定了重要基础。

由于南京建工产业集团高效且顺利地完成了庭外重组，在后续的预重整和重整程序中，联合团队的 4 家律师事务所也被南京中院正式指定为破产管理人，继续办理南京建工产业集团等25家企业合并重整案。实践证明，多方主体共同推荐与选任联合团队的模式是庭外重组案件办理的新方向，该案中联合团队的分工机制为日后的房地产企业债务重组实践提供了可借鉴、可复制的优质素材。

### （三）灵活运用实质合并重整模式，严谨论证合并的可行性

现代经济生活中，房地产企业通过关联企业开展项目开发活动已经成为常态。南京建工产业集团为实现高质量发展的目标，在市场竞争中长期采取25家企业协同并进的经营模式。在庭外重组的过程中，联合团队发现南京建工产业集团与24家关联企业之间存在人格高度混同、区分各关联企业财产的成本过高、严重损害债权人公平清偿利益的情形。对关联企业适用实质性合并重整可以有效解决上述问题，有效维护债权人的合法权益。为了保障债务重组工作的顺利进行，联合团队立足于案件办理实际，实施“开展合并重整调研与论证”的两步走战略，具体包括：第一步为摸查情况，进行细致严谨的调研工作；第二步为从“是否有必要进行实质合并重整”和“南京建工产业集团等25家企业是否符合实质合并重整的标准”这两个角度入手，根据《企业破产法》及相关法律的规定开展关于适用实质合并重整的论证工作。该两步走战略坚持以事实为基础，以理论为支撑，全面分析本案中对关联企业进行合并重整的利与弊。

1. 两步走战略之一：关于实质合并重整的调研工作

在南京建工产业集团的庭外重组期间，联合团队积极贯彻谨慎适用原则，在论证是否适用实质性合并重整的过程中，开展了细致严谨的调研工作。主要包括以下内容。

（1）采用穿透性思维，对法人人格混同事由进行认定。联合团队全面开展尽职调查和资产核查工作，对南京建工产业集团及24家关联企业的工商档案、不动产、动产、社保、税务、劳动人事关系、无形资产、对外长期投资、应收账款、其他应收款等情况进行了全面的调查及核对。联合团队重点梳理了股权结构、政府参与情况、建设进度、经营许可、盈利能力等要素，明晰了南京建工产业集团等25家企业之间更深层次的管理支配、交错渗透及资金往来的关联关系。此外，联合团队重点进行资产核查工作，要求南京建工产业集团提供项

目明细表及合同、招投标文件、审计决算报告等基础资料，以供联合团队开展调查与核查工作。联合团队妥善处理外部债权的转让与归集问题，对其他应收款的债权真实性、资金流转去向、回收可能性等问题进行调查；对集团内工程项目所涉应收账款的核查，通过约谈各公司工程部负责人、查阅工程招投标文件、合同协议、审计决算报告、函证等方式，并结合项目实地踏勘情况，建立了标准格式的项目档案，以备查验。

由于南京建工产业集团债务重组过程中需要收集的资料众多，涉及部门及人员广泛，为了防止审计和尽职调查的材料收集出现拖延等情形，联合团队还为此设计了工作联系单，载明需要督促办理的具体事项及联系人员和完成时间，要求债务人重点关注、落实责任、抓紧办理。

（2）综合运用“留债清偿＋信托计划”，最大限度地保障债权实现。对各类债权进行调查与认定是判断合并重整清偿公平的前提，在庭外重组期间，联合团队全面盘查各类债权，并将普通债权分为经营类债权和非经营类债权两类。对于经营类债权，采用展期方式进行留债清偿；对于非经营类普通债权，通过重整信托计划进行受偿。

信托计划清偿的优势在于，可将信托财产从委托人、受托人和受益人原有财产中分离出来，避免土地使用权、在建工程等优质偿债资源被查封、冻结和执行，为后续重整中南京建工产业集团的持续经营开发提供了可靠的物质基础，债权人也可通过受益人大会和管理委员会管理和监督信托计划的执行。而且，以财产权信托作为偿债目的载体，能够用时间换取空间，实现资产管理与运营价值的最大化，维护债权人公平受偿的权益。

2. 两步走战略之二：关于实质合并重整的论证工作

联合团队在前期工作成果、会计师事务所出具的财务混同报告、债务人企业出具的运营混同情况说明的基础上，依照分组分工体制，将工作任务安排到每一个组别，梳理南京建工产业集团及关联企业的股权、人员、资金往来、财务等关键数据，从多维度、多角度分析判断是否符合实质合并重整的标准。具体的论证工作包括以下两个方面。

（1）关于“是否有必要进行实质合并重整”。南京建工产业集团等 25 家公司资产的清算价值仅为 147 亿元，与债权金额差距悬殊，模拟清偿率仅约 6%，且较难招募到有意愿整体投资的债权人。联合团队在多轮论证后发现，本案采取实质合并重整的模式可以促进南京建工产业集团项目资源之间的相互补足，以资质较好的项目资源补充资质欠佳的项目资源。此外，合并后南京建工产业集团内部公司之间的关联交易和交叉担保也可以相互抵销，以此降低各关联主体之间的债权压力，提高对外部债权人的清偿率。所以，联合团队认为，确有必要对南京建工产业集团进行实质合并重整。

（2）关于"南京建工产业集团等 25 家企业是否符合实质合并重整的标准"。合并重整将突破公司法人人格独立和股东有限责任制度，同时会改变各公司债权人的清偿基础，可能会对部分债权人的权益造成损害。同时，依据最高人民法院印发的《破产审判会议纪要》的规定，对关联企业实质合并重整应遵循谨慎适用原则，非必须时不得适用。所以联合团队从"严重丧失法人财产独立性"、"严重丧失法人意志独立性"和"区分各关联企业财产的成本过高"三个维度展开论述，认为南京建工产业集团等 25 家企业符合实质合并重整的标准，下文分述之。

首先，联合团队认为，从财务管理和资金调拨两方面看，南京建工产业集团等 25 家关联企业严重丧失法人财产独立性。具体而言，南京建工产业集团对各公司财务条线采取垂直化管理，财务管理人员交叉任职，融资资金使用管理高度一体化，统一由建工产业集团制订融资计划、调度使用和偿还，导致资金、经营收益等长期、频繁、广泛在 25 家公司之间任意调配，法人财产亦不独立，财产边界不清，财产严重混同的同时还存在经营人员和场所混同情形，应认为 25 家公司构成法人人格的严重混同。①

其次，联合团队认为关联企业严重丧失法人意志独立性。具体而言，南京建工产业集团是 24 家关联公司的核心控制企业，通过直接任命各公司的法定代表人、董事、监事和有关高级管理人员控制各公司重大经营事项的决策权。南京建工产业集团对各公司实施板块化管理，统一对外承揽重大项目后再交由各板块公司实际承接，指定采购和资产处置，这导致关联公司整体经营呈现一定

① 参见南京市中级人民法院民事裁定书，（2021）苏 01 破 20 号之一至 44 号之一。

程度的部门化形态，非市场化协作导致集团内部利益界限模糊。因南京建工产业集团过度控制和支配其他24家公司经营管理，导致其空具人格形骸，并无独立意志。①

最后，联合团队认为区分各关联企业财产的成本过高。具体而言，25家公司的债权债务错综复杂，且相互担保行为频发，若逐一厘清势必花费大量时间。该案裁定书中指出，区分成本过高不仅体现在需要涤除上述大量非市场关联交易因素影响，厘清各公司真实资产负债情况所需花费的识别成本，还需要考虑通过诉讼、执行等途径解决财产归属纠纷，实现各公司资产归集的纠正成本。而且，区分财产导致重整程序过度迟延，将造成债务未能及时清偿、商业机会丧失带来的损失。②

## （四）努力推动项目复工复建，保障企业的持续营运价值

在庭外重组过程中，南京建工产业集团遭遇了投标资格被取消、银行基本账户被查封、银行保函无法开具、发包平台不信任等问题。出于资质保持、员工保留、在建项目续建与承接新项目的需要，联合团队采取各种措施对南京建工产业集团进行营业保护，稳定企业经营，修复营运价值，逐步缓释风险。

具体而言，联合团队采取了以下措施：（1）联合团队与南京建工产业集团充分沟通，梳理出有意向承接并确保可以完成的工程建设项目清单，以明确下一步的工作重点。（2）联合团队协助南京建工产业集团向法院及有关部门汇报，并协调通过“资金专款专用”“工程项目封闭运作模式”的保证来替代银行保函，协助南京建工产业集团及其关联公司投标承接新的项目，恢复业主对债务人企业的信心。（3）联合团队积极与南京建工产业集团涉诉案件的承办法官沟通，推进解除财产保全、删除债务人企业失信信息、解除债务人企业法定代表人限制高消费等工作，促使债务人企业快速复工复业，帮助其恢复商业信誉。

通过开展上述工作，南京建工产业集团和24家公司工商、金融、税务等信

---

① 参见南京市中级人民法院民事裁定书，（2021）苏01破20号之一至44号之一。

② 参见南京市中级人民法院民事裁定书，（2021）苏01破20号之一至44号之一。

用修复工作顺利完成，企业价值持续修复。根据统计，在庭外重组、预重整和重整期间，82 个在建工程项目均复工复产，40 余个新增中标项目有序推进，保留了上下游 5 万余个就业岗位，梳理待发放农民工工资个人及账户信息 3.86 万人次，真正实现了“破产不停产”。

## 三、南京建工产业集团等 25 家企业合并重整案的总结与启示

在庭外重组阶段，债务重组法律服务联合团队积极探索推进庭外债务重组与庭内司法重整的程序衔接，创造性地开展债务重整法律服务，这是南京建工产业集团等 25 家企业“从破产重整到涅槃重生”之创举得以最终实现的关键所在。在案件办理过程中，联合团队科学划定职能与分工，充分论证、反复求证，大力推进债务重组工作，并在庭外重组期间就明确了案件办理的路线图和时间表，确定了采用适用实质合并重整程序的方向，采取“整合存量、引入增量、兜底补偿”等方式，充分保障了债权人清偿利益的最大化。

总体来说，南京建工产业集团等 25 家企业合并重整工作取得了圆满成功，这为防范化解金融风险、兜住兜牢民生底线、促进地方经济发展提供了有力司法保障，也为构建多层次、开放式、友好型的债务重组制度体系提供了有益借鉴。南京建工产业集团债务危机的成功化解，为日后地方龙头民营企业、大型房地产企业改革求变、转型升级和债务重组工作提供了崭新的路径借鉴。

# 第四节　房地产企业预重整的司法实践

尽管庭外债务重组程序通常更能发挥当事人的意思自治，也能最大可能地降低房地产企业破产对社会稳定的冲击，但是，庭外重组毕竟在客观上缺乏司法强制力。在我国破产实践中，庭外重组也有逐渐预重整化的趋势。虽然我国《企业破产法》并未设立预重整制度，但作为一种折中性质的混合型机制，预重整制度在司法实践中已经获得实务界的广泛认可。最高人民法院 2018 年印发的《破产审判会议纪要》第 22 条的规定实质上也为预重整的司法实践提供了法律依据。为了指导相关司法实践的开展，全国各地法院陆续制定了相关规范预重整程序的指导性文件，对预重整程序的主旨、各方主体的权利义务、具体程序推进等方面做出指引。笔者检索了近年来各地法院关于预重整程序的规范性文件，采用比较法归纳汇总并结合自身在预重整案件的实务经验，以期对预重整程序作出不同角度的阐释。

## 一、预重整的概念及特征

重整程序一直是拯救企业、预防企业破产的有效方式之一，也是我国新形势下深化供给侧改革，实现困境企业重生的重要手段。随着近几年国际经济形势、国家调控政策、新冠疫情等多方面的影响，大量企业出现债务危机，通过重整方式重获新生已迫在眉睫。然而，重整程序存在周期长、不可逆性等弊端，“使得债务人在决定是否进入重整程序时顾虑重重，往往因为申请过晚，延误了最佳挽救时机，以致已经不具备或不完全具备重整成功的条件。债务人挽救时机过晚，这是我国实践中最为突出的痼疾。主要原因之一就是缺乏一个能够让债务人放弃各种顾虑，自愿尽早进入挽救程序，且具有可逆性或可复原性保障的制度”。[①] 为了适应司法实践和市场经济的需要，充分发挥法院破产审判工作在完善社会主义市场主体拯救和退出机制中的积极作用,[②] 预重整程序逐渐在司法实践中得以广泛运用。

### （一）预重整的概念

全国各地法院对预重整程序的规定尚未统一，对预重整的概念认识也不一致，具体有以下几种定义及解释，以下内容按照工作指引文件的出台时间先后排序。

第一，苏州市吴中区人民法院在2019年6月27日印发的《关于审理预重整案件的实施意见（试行)》中指出：预重整是企业法人与全部或主要债权人就债务人重整事项进行谈判并形成经多数债权人同意的重整方案，再由特定主体向人民法院提出重整申请的破产重整模式。[③]

第二，郑州市中级人民法院在2019年12月4日印发的《郑州市中级人民法院审理预重整案件工作规程（试行）的通知》中指出：预重整是申请人向人民法院提出预重整申请，或者申请人提出重整申请后，人民法院在受理重整申请前，指定预重整管理人对具有重整原因的债务人参照《企业破产法》第81条规定，制定预重整草案，并征集利益相关方意见形成预重整方案的程序。[④]

第三，南京市中级人民法院在2020年1月20日印发的《南京市中级人民法院关于规范重整程序适用提升企业挽救效能的审判指引》中指出：受理重整申请前，对于具有重整原因的债务人，为提高程序内重整效率和成功率，经债务人同意预重整并获得政府、主管部门等支持意见后，由法院听证审查决定对

---

① 王欣新：《建立市场化法治化的预重整制度》，载《政法论丛》2021年第6期。
② 参见最高人民法院《破产审判会议纪要》引言部分。
③ 参见苏州市吴中区人民法院《关于审理预重整案件的实施意见（试行)》第1条。
④ 参见《郑州市中级人民法院审理预重整案件工作规程（试行）的通知》第1条。

债务人进行预重整。①

第四，苏州工业园区人民法院在2020年4月20日印发的《苏州工业园区人民法院审理破产预重整案件的工作指引（试行）》中指出：预重整系指申请人向法院提出预重整申请，或者申请人提出重整申请后，在法院受理重整申请前，指定临时管理人协助债务人对具有重整原因的债务人参照《企业破产法》第81条规定，制定预重整草案，并征集利害关系人意见形成预重整方案的程序。②

第五，成都市中级人民法院在2020年8月24日印发的《破产案件预重整操作指引（试行）》中并未对预重整的概念下定义，而是直接对预重整的具体操作指引作出了规定。这种做法可能是成都市中级人民法院考虑到该操作指引文件出台时，国内尚未对预重整形成统一的学理概念，所以采取回避界定预重整概念的做法，直接规定预重整的具体操作。

第六，绍兴市诸暨市人民法院在2021年6月1日印发的《关于审理预重整案件的操作指引（试行）》中指出：预重整是为准确判断债务人是否具备重整价值与重整成功可能性，在法院指定的期限内，债权人、债务人等相关利害关系人对重整方案主要内容进行磋商、谈判，由管理人进行调查核实并提交预重整工作报告的程序。③

第七，威海市中级人民法院在2021年7月16日印发的《关于审理预重整案件的操作指引（试行）》中指出：预重整是衔接庭外重组和庭内重整，对债务人与债权人等利害关系人达成的预重整方案，在重整申请受理后予以确认的程序。④

第八，淮安市清江浦区人民法院在2021年12月15日印发的《淮安市清江浦区人民法院关于审理破产预重整案件的若干规定（试行）》中指出："预重

① 参见《南京市中级人民法院关于规范重整程序适用提升企业挽救效能的审判指引》第19条。

② 参见《苏州工业园区人民法院审理破产预重整案件的工作指引（试行）》第1条。

③ 参见诸暨市人民法院《关于审理预重整案件的操作指引（试行）》第1条。

④ 参见威海市中级人民法院《关于审理与重整案件的操作指引（试行）》第1条。

整”是指申请人提出重整申请后，在法院受理重整申请前，为识别具有重整原因的债务人是否具有重整价值及重整可行性，提高重整效率，由法院指定临时管理人协助债务人参照《企业破产法》第81条规定，制定预重整草案，并征集利害关系人意见的程序。①

第九，江西省高级人民法院在2022年6月15日印发的《关于审理企业破产预重整案件工作指引》中指出：预重整程序，指为了准确识别重整价值和重整可能、降低重整成本、提高重整成功率，人民法院在收到破产重整申请后，裁定是否受理重整申请前，指定临时管理人，并由临时管理人组织债务人、债权人、出资人、意向投资人等利害关系人拟定预重整方案的程序。②

结合以上全国各地法院关于预重整规范性文件的规定和相关实务经验可以得知，预重整程序是在重整程序和庭外重组两种制度的基础上衍生出来的、实施时间前置于重整程序并与重整程序相衔接的一种协商谈判程序，其根本宗旨在于提升程序内重整的效率及成功率。具体而言，在进入正式司法重整程序前，可由各相关主体协商一致后制定预重整方案提交法院，并获取债权人多数同意后转入重整程序，再根据《九民纪要》第115条的规定，将预重整方案转化为重整计划草案，经由法院裁定通过后将对全体债权人产生约束力。

### （二）预重整的特征及内在优势

上述各地法院对预重整的规定虽不尽相同，但对预重整的关键特征描述是一致的。整体来看，预重整制度具有以下几个方面的特点和优势。

第一，时间短、成本低。一般来说，传统的重整程序时间跨度大，重整成本高昂，包括但不限于重整案件受理费、审计评估费、公告送达费、管理人执行职务的费用、报酬和聘用工作人员的费用等。综合分析全国各地各级法院关于规范预重整程序的文件，普遍存在程序上尽可能简化、时间周期较短、管理人报酬可转化等特点。因此，预重整制度具有效率和成本优势，既有利于破产重整审理工作的快速有效开展，也有利于缓解法院的审判压力，优化审判资源

① 参见《淮安市清江浦区人民法院关于审理破产预重整案件的若干规定（试行）》第1条。

② 参见江西省高级人民法院《关于审理企业破产预重整案件工作指引》第1条。

配置。[1] 此外，由于无须受到正式司法重整审理期限的限制，预重整通常能够充分保障债务人及各利益相关方的意思自治，最大可能地保护利益相关方的利益诉求。

第二，更大限度地发挥企业自主权，有效保护企业的核心竞争力。预重整是司法重整启动之前的协商性程序，主要由债务人企业和债权人就债务清偿、未来经营等事项进行谈判磋商，临时管理人的作用仅是监督和指导。因此，债务人企业的治理结构得以继续存续，管理层仍然享有对企业的经营控制权。诚如我国有学者指出的，“预重整则可以通过相对柔和的方式关怀困境债务人，债务人依旧可以其原商业名称承载的商誉继续运营交易，预重整制度既可以避免‘钳制效应’，避免债务人信誉度的负面评价，还可以有效提升市场对企业的信心”。[2] 鉴于此，预重整的又一优势在于，其能够充分发挥债务人与债权人之间的意思协商，法院和管理人在此阶段仅给予指导和监督，原则上不会干涉债务人企业的预重整进度，债务人企业能够发挥极大的自主权。从预重整的运作模式出发，债务人或债权人的意愿和选择决定了预重整的启动和走向，其应该是预重整的主导者。[3]

第三，预重整程序与破产清算程序的柔性衔接，有利于厘清债务人的资产和负债，完善市场拯救和退出机制。从各地法院预重整程序的规定中可以看出，预重整程序的启动基本上应由相关主体提出申请，而后法院作出决定让陷入危机的债务人进行预重整。此时，债权人或债务人可以向法院推荐临时管理人，在进入正式司法重整程序以后，临时管理人没有过错的仍然可以继续担任正式管理人。也就是说，管理人在预重整过程中顺利完成工作的即转入重整程序。若法院在收到预重整工作报告等材料后，裁定不予受理重整申请的，法院并无权直接将其转入破产清算程序，而是仍然按照“依申请启动”的原则，告知相

---

① 参见浙江省杭州市余杭区人民法院课题组：《房地产企业预重整的实务探索及建议》，载《人民司法（应用）》2016 年第 7 期。

② 龚佳慧：《论我国关联企业实质合并预重整制度的构建》，载《当代法学》2020 年第 5 期。

③ 参见潘光林、方飞潮、叶飞：《预重整制度的价值分析及温州实践——以温州吉尔达鞋业有限公司预重整案为视角》，载《法律适用》2019 年第 12 期。

关主体可提出破产清算申请；当然，法院同样需尊重有关利害关系人主体放弃提出破产清算的主张。

整体来说，预重整程序在预重整失败后适当的柔性处理措施，能够降低债务人企业的顾虑，自愿尽早地进入挽救程序，也可在一定程度上增加债务人企业重整成功的可能性。

## 二、预重整的申请及受理

经梳理，各地法院关于“预重整的申请主体”和“申请条件”的相应规定如下，见表2－4。

**表2－4　预重整的申请条件**

| 法院 | 申请主体 | 申请的条件 |
| --- | --- | --- |
| 淮安市清江浦区人民法院 | 申请人 | 1. 申请人、被申请人均同意预重整；2. 债务人书面承诺同意承担预重整相关费用并履行报告义务 |
| 苏州市吴中区人民法院 | 债务人或债权人 | 1. 实现“作为法庭内重整预设程序”的预重整模式；2. 债务人或债权人提交重整申请书；3. 申请人同意适用预重整 |
| 江西省高级人民法院 | 申请人 | 1. 可以在提出重整申请时一并提出，也可以在重整申请审查期间提出预重整；2. 法院举行听证会，进行审查 |
| 威海市中级人民法院 | 债务人 | 1. 债务人提出申请，向法院申请预重整备案登记；2. 法院组织听证会，进行审查 |
| 绍兴市诸暨市人民法院 | 债务人、债权人 | 1. 债权人申请的，提交预重整方案及债务人同意预重整的书面文件；债务人申请的，提交财产状况说明、职工安置预案、职工工资支付和社会保险费用的缴纳情况以及预重整方案；2. 法院视情况组织听证会进行审查 |
| 成都市中级人民法院 | 申请人 | 1. 申请人提出预重整申请且债务人提交债务人股东大会决议同意预重整的承诺书；2. 申请人应向法院预交10万～20万元的启动费用；3. 法院一般应当举行听证 |

续表

| 法院 | 申请主体 | 申请的条件 |
|---|---|---|
| 郑州市中级人民法院 | 申请人 | 1. 申请人提出预重整申请且债务人提交债务人股东大会决议同意预重整的承诺书；2. 预交预重整启动费用；3. 法院根据实际情况组织听证 |
| 南京市中级人民法院 | 债权人、债务人 | 1. 受理重整申请前，对于具有重整原因的债务人，经债务人同意预重整并获得政府、主管部门等支持意见；2. 由法院听证审查；3. 制作预重整方案[1] |
| 苏州工业园区人民法院 | 债权人、债务人 | 1. 债权人或债务人向法院提出预重整申请；2. 申请人、被申请人均同意预重整；3. 法院审查决定是否进行预重整 |

〔1〕参见《南京市中级人民法院关于规范重整程序适用提升企业挽救效能的审判指引》第19条。

从表2－4中的规定可以看出，各地法院对申请的主体和受理的条件存在以下不同。

第一，申请主体不同。一些法院在申请主体上做扩大理解，没有具体指明申请的主体是债权人还是债务人，而是模糊地使用“申请人”的表述。相反，一些法院在申请主体上限定了范围，仅债务人可以申请预重整。从语义解释的角度来说，“申请人”既可以包括“债权人”，也可以包括“债务人”。从实践来看，受企业经营现状信息不对称等客观条件的限制，债权人很难充分了解企业的实际经营情况，主动提出预重整的概率不大，债务人作为申请主体的概率显然要高于债权人。

第二，申请时的程序选择不同。一些法院的规范性文件规定，申请人申请进入重整程序的，由法院进行听证征询各方意见后，可以决定实施预重整，而暂不裁定受理重整；也有一些法院规定申请人直接以进入预重整程序作为申请目标，而后由法院进行审查决定是否实施预重整。

第三，申请受理的条件不同。各地法院对申请人提出申请时是否提交预重整方案及预缴重整费用的要求不一。有的法院把提交预重整方案作为决定是否进入预重整的必备条件之一，也有一些法院要求在预重整启动前就要预交预重整费用等，还有一些法院要求申请人出具地方政府、主管部门对进入预重整程序的支持意见。

第四，法院对预重整是否经过利害关系人同意的要求不同。从各地法院的规范性文件来看，有些法院更强调利害关系主体的作用，要求债权人与债务人一致同意采用预重整程序作为受理的前置条件；也有一些法院组织听证会对是否符合预重整条件进行审查，而后根据听证会意见再由法院决定是否进入预重整。

## 三、预重整中管理人的选任路径及其职责

### （一）预重整管理人的选任方法

经梳理，各地法院关于“预重整程序中管理人选任”的规定如下，见表2-5。

**表2-5 预重整案件管理人的选任**

| 法院 | 管理人的选任时间 | 选任的条件 |
|---|---|---|
| 淮安市清江浦区人民法院 | 决定预重整的，同时确定临时管理人 | 参照《淮安市中级人民法院破产案件管理人分级管理和选任办法》，可以是债务人及其出资人，主要债权人、重整投资人或者有关主管部门推荐的、已编入江苏省高级人民法院及本省各级法院管理人名册的机构中指定 |
| 苏州市吴中区人民法院 | 发出预重整登记通知书的，应当同时指定预重整管理人 | 通过竞争方式从《苏州法院企业破产管理人名册》确定的社会中介机构或其他具有企业破产管理人资格的组织机构中指定预重整管理人 |
| 江西省高级人民法院 | 决定预重整的，法院应当指定临时管理人，并制作决定书，向临时管理人、重整申请人及被申请人送达 | 原则上在省内企业破产管理人名册中的中介机构产生。1. 预重整前，庭外重组阶段已经聘请的中介机构，债务人、主要债权人没有异议的。法院可直接指定为临时管理人；2. 债务人、主要债权人协商一致推荐的在册中介机构；3. 当地政府或主管部门推荐的中介机构，且债务人、主要债权人无异议的，法院可指定为临时管理人；4. 无上述情形，法院根据《江西省破产案件管理人选任、管理与监督工作办法（试行）的规定》确定执行 |

续表

| 法院 | 管理人的选任时间 | 选任的条件 |
| --- | --- | --- |
| 威海市中级人民法院 | 在预重整期间产生 | 债务人与主要债权人协商一致推荐产生临时管理人，推荐人选应当优先从《山东省破产管理人名册》中产生，也可以从山东省外在册管理人中产生。推荐产生的临时管理人应当报法院备案。上述主体对临时管理人意见不一致的，由法院指定 |
| 诸暨市人民法院 | 在预重整期间产生 | 通过法院、主要债权人和债务人共同组成评审小组的方式予以选任，评审小组可邀请属地政府共同参与评审 |
| 成都市中级人民法院 | 法院决定预重整的，应当作出预重整决定书和指定预重整管理人决定书 | 1. 编入法院管理人名册的一、二级管理人和会计师事务所自愿报名并摇号产生；2. 债务人、初步审查享有普通债权总额的1/2以上的债权人和政府有关监管部门或主管机关可在法院管理人名册的一、二级管理人和会计师事务所中共同推荐产生；3. 特别重大的案件可以采取竞争选任方式产生 |
| 郑州市中级人民法院 | 法院决定预重整的，应当作出预重整决定书和指定预重整管理人决定书 | 法院指定 |
| 南京市中级人民法院 | 法院决定对债务人进行预重整的，确定管理人 | 根据案件情况可以采取竞争、推荐等方式指定管理人。采取推荐方式的，可以在债务人、主要债权人（金融机构债委会）或有关主管部门等推荐的中介机构中指定管理人[1] |
| 苏州工业园区人民法院 | 法院决定对债务人进行预重整的，应当同时确定临时管理人 | 参照《苏州中院关于审理企业破产案件指定管理人工作的若干意见（试行）》，[2]通过随机或者竞争方式产生，也可以由债务人、主要债权人和重整投资人协商推荐，从已编入苏州法院破产管理人名册的中介机构中产生 |

〔1〕参见《南京市中级人民法院关于规范重整程序适用提升企业挽救效能的审判指引》第23条。

〔2〕参见《苏州工业园区人民法院审理破产预重整案件的工作指引（试行）》第6条。

从以上规定可以看出，各地法院关于预重整管理人的选任方式与规定，根据申请人和启动模式的不同而存在一定的差异。

第一，从选任时间上看，大部分法院在决定受理预重整的同时指定临时管理人；少数法院在决定启动预重整程序后，再决定临时管理人的人选。

第二，从选任资格上看，有些法院要求必须在当地管理人名册中选任，甚至必须是当地一、二级管理人，有的法院是债务人、债权人和投资人协商一致后向法院推荐即可，法院进行审查后作出同意的决定。

第三，从选任方式上看，随机摇号选任、竞争选任、推荐指定、直接指定等方法都有被不同法院采用，这与重整中的管理人选任方法有一定的相似性。①相较于重整程序而言，预重整程序中的管理人选任又有一定的特殊性和便利性，因为部分法院规定债务人、债权人、重整意向投资人等主体对管理人的选任享有推荐的权利，被推荐的管理人往往较为熟悉企业的具体情况并已经获得利益相关方的高度信任，这种推荐选任的方式能够有效促进预重整及重整工作的顺利开展。

### （二）管理人在预重整程序中的主要职责

预重整程序中，法院一般会选定临时管理人，临时管理人不是法定的破产管理人，且往往伴随着预重整程序的终结而结束履职使命，但其对后续企业是否转入重整程序起着关键性作用。经梳理，各地法院关于“管理人的职责”的规定如下，见表2－6。

---

① 《企业破产法》第13条规定：“人民法院裁定受理破产申请的，应当同时指定管理人。”第22条第2款规定：“债权人会议认为管理人不能依法、公正执行职务或者有其他不能胜任职务情形的，可以申请人民法院予以更换。”此外，《指定管理人规定》（法释〔2007〕8号）第1条规定：“人民法院审理企业破产案件应当指定管理人。除企业破产法和本规定另有规定外，管理人应当从管理人名册中指定。”相关的学理分析，可参见张旭东：《债权人选任管理人与中国破产法的演进》，载《中国政法大学学报》2021年第4期。

**表 2－6　预重整案件中管理人的职责**

| 法院 | 管理人的职责 |
|---|---|
| 淮安市清江浦区人民法院 | 1. 调查债务人的基本情况，核查债务人的资产及债权债务情况，查明是否具有重整价值和重整可能与涉诉涉执情况，并制作财产状况报告；2. 监督债务人自行管理财产和营业事务，充分披露企业信息；3. 协助债务人或代表债务人引入意向投资人；4. 推动债务人或代表债务人与其出资人、债权人、意向投资人等利害关系人进行协商，协助债务人或者代表债务人制作预重整草案；5. 通过召开债务人及其出资人、债权人、意向投资人等利害关系人参加的会议，或者书面方式征集对预重整草案的意见；6. 定期向法院报告预重整工作进展，遇有对各方主体利益影响重大的事项，应当及时向法院报告，完成预重整工作或预重整期间届满，应当向法院提交预重整工作报告；7. 书面通知已知债权人申报债权；8. 在债务人信息充分披露的前提下协助债务人等利害关系人充分磋商，听取各方意见，起草预重整方案 |
| 苏州市吴中区人民法院 | 1. 调查债务人的财产状况，制作财产状况报告；2. 核查债务人的债权债务情况；3. 根据债务人资产状况选聘审计、评估机构进行审计、评估；4. 监督债务人自行管理财产和营业事务；5. 监督债务人充分披露企业信息；6. 协助债务人拟定重整方案，并参与谈判；7. 需要引入投资人或重组人的，由管理人以公开遴选或各方一致同意的方式进行招募；8. 组织召开债务人、债权人及出资人参加的债权人会议，对重整方案进行预表决；9. 债务人、管理人应当将与重整有关的所有信息全面、准确、合法地披露给债权人、出资人、意向投资人；10. 其他[1] |
| 江西省高级人民法院 | 1. 全面调查债务人的基本情况、财产状况、涉诉涉执情况；2. 向已知债权人发出债权登记通知，对债权进行登记，审查，核实债务人的负债情况；3. 监督债务人履行指引的第17条规定，监督债务人是否有违反预重整承诺、逃废债务、个别清偿等损害债权人利益的行为，并及时向法院报告；4. 经法院许可后选聘中介机构进行审计、评估；5. 帮助、指导债务人协调处理涉诉、涉仲、涉执案件，但不得以管理人名义代表诉讼；6. 指导和辅助债务人引进意向投资人，推动债务人与出资人、债权人、意向投资人等利害关系人协商，拟定预重整方案并通过召集上述人员参加会议或通过书面方式征集预重整方案意见；7. 调查债务人陷入财务困境的原因以及分析是否具有重整价值和重整可能性；8. 定期向法院报告预重整工作进展，及时向法院提交终结预重整程序的申请或预重整工作报告[2] |

续表

| 法院 | 管理人的职责 |
| --- | --- |
| 威海市中级人民法院 | 1. 全面调查债务人的基本情况、资产负债情况、涉诉涉执情况；2. 调查债务人是否具有重整价值和重整可能；3. 监督债务人履行相关义务；4. 明确重整工作的整体方向，组织债务人与其出资人、债权人、意向投资人等利害关系人协商拟定预重整方案；5. 根据需要指导和辅助债务人引进意向投资人；6. 根据情况向人民法院提交终结预重整程序的申请或预重整工作报告；7. 其他[3] |
| 诸暨市人民法院 | 1. 全面调查债务人的财产状况，制作财产状况报告；2. 发布债权登记公告，核实债务人的负债情况；3. 债务人继续营业的，监督债务人的营业情况；4. 查明债务人是否具有重整价值和重整可能；5. 明确重整工作的整体方向，组织债务人与其出资人、债权人、(意向)重整投资人等利害关系人协商拟定重整方案；6. 指导和辅助债务人引进重整投资人；7. 向人民法院提交终止预重整程序的申请或预重整工作报告；8. 其他[4] |
| 成都市中级人民法院 | 1. 调查债务人的财产状况，制作财产状况报告；2. 发布债权登记公告，核实债务人的负债情况；3. 监督债务人的财产保管和企业运营，监督债务人是否有违反预重整承诺、逃废债务、个别清偿等减损财产价值损害债权人利益的行为，并及时向法院报告；4. 召集债权人会议、投资人与债务人会议等；5. 协调中止执行事宜；6. 经法院许可后公开遴选审计、评估、造价等中介机构协助工作；7. 在债务人的财产价值可能发生减损时，向法院申请对债务人的全部或部分财产采取保全措施；8. 向已知债权人和社会公众征集对债务人的重整及和解意向信息，开展意向投资人的招募工作；9. 与意向投资人、出资人、主要债权人等利害关系人拟订重组方案；10. 及时掌握与债务人申请重整相关的重大信息，定期及时向法院书面报告工作进展，配合债务人客观全面地就有关舆情做好释明、澄清工作；11. 审查债务人是否具有重整价值以及重整可行性，并向法院提交预重整工作报告，根据案件情况可向法院提请延长预重整期间的申请；12. 其他 |
| 郑州市中级人民法院 | 1. 调查债务人的财产状况，制作财产状况报告；2. 发布债权申报登记公告，核实债务人的负债情况；3. 监督债务人的财产保管和企业运营，监督债务人是否有违反预重整承诺、逃废债务、个别清偿等；4. 及时向预重整管理人报告对财产有重大影响的行为和事项，接受预重整管理人的监督；5. 全面如实向出资人、债权人、意向投资人等利益相关方披露与重整有关的信息，包括经营状况、财务状况、履约能力、可分配财产、负债明细、模拟清算状态下的清偿率、重整中的重大风险、其他重大事项等内容，并就预重整方案做出说明，回答有关询问；6. 不得对外清偿债务，但经预重整管理人同意为企业继续营业以维持其营运价值所必要的支出除外；7. 未经预重整管理人允许，不得对外提供担保；8. 向已知债权人和社会公众征集对债务人的重整及和解意向信息，开展意向投资人的招募工作；9. 其他[5] |

续表

| 法院 | 管理人的职责 |
|---|---|
| 南京市中级人民法院 | 1. 调查债务人的基本情况、资产及负债情况；2. 监督债务人自行管理财产和营业事务；3. 监督债务人充分披露重整信息；4. 推动债务人与相关利害关系人进行协商，协助拟定预重整方案；5. 通过召开债务人及其出资人、债权人、意向投资人、有关主管部门等利害关系人参加的会议，或者书面方式征求对预重整方案的意见；6. 定期向法院报告预重整工作进展，遇到有对各方主体利益影响重大的事项，应当及时向法院报告；7. 其他〔6〕 |
| 苏州工业园区人民法院 | 1. 调查债务人的基本情况、资产及负债情况以及涉及诉讼、执行情况；2. 根据债务人的资产状况参照《企业破产法》的相关规定选聘审计、评估机构分别进行审计、评估；3. 监督债务人自行管理财产和营业事务；4. 监督债务人充分披露及重整的信息；5. 协助债务人引入意向投资人；6. 推动债务人与其出资人、债权人、意向投资人等利害关系人进行协商，协助债务人制作重整方案；7. 通过召开债务人与其出资人、债权人、意向投资人等利害关系人参加的会议，或者书面方式征集对预重整草案的意见；8. 定期向法院报告预重整工作进展，遇到有对各方主体利益影响重大的事项，应当及时向法院报告；9. 其他〔7〕 |

〔1〕参见苏州市吴中区人民法院《关于审理预重整案件的实施意见（试行）》第11条。

〔2〕参见江西省高级人民法院《关于审理企业破产预重整案件工作指引》第14条。

〔3〕参见威海市中级人民法院《关于审理与重整案件的操作指引（试行）》第8条。

〔4〕参见诸暨市人民法院《关于审理预重整案件的操作指引（试行）》第8条。

〔5〕参见《郑州市中级人民法院审理预重整案件工作规程（试行）的通知》第9条。

〔6〕参见《南京市中级人民法院关于规范重整程序适用提升企业挽救效能的审判指引》第24条。

〔7〕参见《苏州工业园区人民法院审理破产预重整案件的工作指引（试行）》第7条。

从上述规定可以看出，临时管理人的职责主要可分为尽职调查、经营监督、制定预重整方案、提交预重整工作报告4个部分，以下分述之。

第一，履行对债务人进行调查评估的职责。临时管理人一般应做好尽职调查工作，厘清债务人资产和债权债务等基本情况，并根据预重整工作的需要，委托审计、资产评估机构对债务人企业的资产情况进行核查，并组织债权人申报债权。

第二，履行对债务人的经营活动进行监督的职责。预重整中，债务人企业不停止经营，这期间极有可能发生“逃废债”等不诚信行为。从学理上来看，预重整程序不会产生正式重整的法律效力,[①] 这就导致破产重整程序中的破产撤销、自动冻结、诉讼中止等效力无法发挥作用。所以临时管理人对债务人经营行为的监督显得非常必要，临时管理人的存在能够保障预重整期间债务人的一切行为结果符合程序目的。同时，临时管理人的监督也有助于对债务人企业进行信息披露，可以帮助债权人充分了解债务人的现状。

第三，履行制定预重整方案的职责。预重整中，临时管理人应积极协调组织各利害关系人进行谈判，同时发布招募意向投资人公告，收集、整合债务人与债权人、原出资人、意向投资人等利害关系人之间的意见和诉求，并根据谈判结果拟定预重整方案，提交给债权人会议投票表决。

第四，履行向法院提交预重整工作报告的职责。《企业破产法》第 91 条规定："监督期届满时，管理人应当向人民法院提交监督报告……"。这是破产立法规定的管理人应当向法院提交工作报告的情形。工作报告可以方便法院获知管理人的具体履职情况及债务人的重整进度，故各地法院也均借鉴《企业破产法》第 19 条的规定，在其出台的预重整规范指引中规定临时管理人应履行向法院提交工作报告的职责。在预重整工作已经完成或者预重整期间届满时，临时管理人应当向法院提交预重整工作报告并附各项工作成果，以便法院决定是否转入重整程序。这种工作报告制度也有助于促进预重整与正式重整的顺利衔接。

## 四、债务人、债权人在预重整程序中的权责范围

预重整程序中债务人需严格遵循法院确定的权责范围开展企业经营活动并接受临时管理人的监督，债权人也要充分行使相关权利以便预重整程序的顺利推进。经梳理，各地法院关于"预重整程序中债务人和债权人权责范围"的有关规定如下，见表 2－7。

① 参见韩长印主编:《破产疑难案例研习报告（2021 年卷)》，法律出版社 2022 年版，第 26～28 页。

**表 2－7 预重整中各主体的权责**

| 法院 | 债务人权责 | 债权人权责 |
|---|---|---|
| 淮安市清江浦区人民法院 | 1. 妥善保管其占有和管理的财产、印章和账簿、文书等资料；2. 配合临时管理人调查，配合审计评估，如实回答有关询问并提交相关材料；3. 勤勉经营管理，妥善维护企业的资产价值；4. 及时向临时管理人报告对财产有重大影响的行为和事项，接受临时管理人的监督；5. 不得对外清偿债务，但清偿行为使债务人资产受益的、维持基本生产、继续经营并维持营运价值或作为预重整基本需求的必要支出除外；6. 未经允许，不得对外提供担保；7. 积极与出资人、债权人、意向投资人等利害关系人协商，制作预重整草案；8. 将与重整有关的所有信息如实披露给债权人、出资人、意向投资人等利害关系人，就预重整草案做出说明并回答有关询问；9. 其他 | 对预重整草案表决 |
| 苏州市吴中区人民法院 | 1. 配合管理人的调查，如实回答有关询问并提交相关材料；2. 勤勉经营管理，妥善维护企业的资产价值；3. 及时向管理人报告经营中的重大事项；4. 不得对外清偿债务，但人民法院强制执行及维系基本生产的必要支出除外；5. 未经允许，不得对外提供担保；6. 积极与出资人、债权人、意向投资人协商，制作重整方案；7. 其他 | 对预重整草案表决 |
| 江西省高级人民法院 | 1. 妥善保管财产、印章和账簿、文书等资料；2. 继续经营的，妥善决定经营事务，勤勉经营管理，妥善维护资产价值；3. 配合临时管理人的调查，如实回答询问并提交相关材料，及时向临时管理人报告对财产可能产生重大影响的行为和事项，接受临时管理人的监督；4. 披露可能影响利害关系人就预重整方案作出决策的信息，就预重整方案作出说明并回答有关询问；5. 停止清偿债务，但经临时管理人审查为维持继续生产必要的开支和清偿行为使债务人财产受益的除外；6. 与出资人、债权人、意向投资人等利害关系人进行协商并拟定预重整方案；7. 未经临时管理人允许，不得对外提供担保或者加入第三人债务；8. 其他[1] | 债权经临时管理人审查确认及待确认的债权人为临时债权人会议成员，行使下列职权：1. 监督临时管理人；2. 要求债务人或临时管理人披露预重整期间可能对全体债权人利益造成重大影响的相关信息；3. 决定是否参照破产法的规定成立临时债权人委员会并选任和更换临时债权人委员会成员；4. 决定是否在预重整期间为债务人营业而借款以及借款数额限额；5. 对预重整方案进行表决；6. 其他 |

续表

| 法院 | 债务人权责 | 债权人权责 |
| --- | --- | --- |
| 威海市中级人民法院 | 1. 妥善保管其占有和管理的财产、印章和账簿、文书等资料；2. 配合临时管理人的调查，如实回答有关询问并提交相关材料；3. 勤勉经营管理，妥善维护企业的资产价值；4. 及时向临时管理人报告对财产有重大影响的行为和事项，接受临时管理人的监督；5. 如实向出资人、债权人、意向投资人等利害关系人披露与预重整有关的信息，就预重整方案做出说明并回答有关询问；6. 不得对外清偿债务，但为企业继续营业、维持其营运价值所必要的支出除外；7. 未经允许，不得对外提供担保；8. 积极与出资人、债权人、意向投资人等利害关系人协商，制作预重整方案；9. 其他[2] | 1. 临时债权人委员会参与选定审计、评估机构；2. 对预重整草案表决 |
| 诸暨市人民法院 | 1. 向管理人提交财产状况报告、债权清册、债务清册，有关财产会计报告以及职工工资的支付和社会保险费用的缴纳情况；2. 停止清偿债务，但维系基本生产必要的开支和清偿行为使债务人财产受益的除外；3. 继续经营的，妥善决定经营事务和内部管理事务；4. 配合管理人的调查，及时向管理人报告对财产可能产生重大影响的行为和事项，接受管理人的监督；5. 如实披露可能影响利害关系人就预重整方案做出决策的信息，就预重整方案做出说明并回答有关询问；6. 与出资人、债权人、重整投资人等利害关系人协商拟定预重整方案；7. 其他[3] | 对预重整草案表决 |
| 成都市中级人民法院 | 1. 妥善保管债务人的财产、印章和账簿、文书等资料；2. 配合预重整管理人的调查，如实回答有关询问并提交相关材料；3. 勤勉经营管理，妥善维护企业的资产价值，不得作出使债务人财产和经营价值发生贬损的行为；4. 及时向预重整管理人报告对财产有重大影响的行为和事项，接受预重整管理人的监督；5. 全面如实向出资人、债权人、意向投资人等利害关系人披露与重组有关的信息，包括经营状况、财务状况、履约能力、可分配财产、负债明细、模拟清算状态下的清偿率、重组中的重大风险、其他重大事项等内容，并就预重整方案做出说明，回答有关询问；6. 不得对外清偿债务，但经预重整管理人同意为企业继续营业以维持其营运价值所必要的支出除外；7. 未经预重整管理人允许，不得对外提供担保；8. 积极与出资人、债权人、意向投资人等利害关系人协商，制作预重整方案；9. 其他[4] | 对预重整草案表决 |

续表

| 法院 | 债务人权责 | 债权人权责 |
|---|---|---|
| 郑州市中级人民法院 | 1. 妥善保管债务人的财产、印章和账簿、文书等资料；2. 配合预重整管理人的调查，配合审计评估，如实回答有关询问并提交相关材料；3. 勤勉经营管理，妥善维护企业的资产价值，不得作出使债务人财产和经营价值发生贬损的行为；4. 及时向预重整管理人报告对财产有重大影响的行为和事项，接受预重整管理人的监督；5. 全面如实向出资人、债权人、意向投资人等利益相关方披露与重整有关的信息，包括经营状况、财务状况、履约能力、可分配财产、负债明细、模拟清算状态下的清偿率、重整中的重大风险、其他重大事项等内容，并就预重整方案做出说明，回答有关询问；6. 不得对外清偿债务，但经预重整管理人同意为企业继续营业以维持其营运价值所必要的支出除外；7. 未经预重整管理人允许，不得对外提供担保；8. 积极与出资人、债权人、意向投资人等利益相关方协商，制作预重整方案；9. 其他[5] | 预重整草案经债权人、出资人等利益相关方表决通过后形成预重整方案 |
| 南京市中级人民法院 | 1. 妥善保管其占有和管理的财产、印章和账簿、文书等资料；2. 配合管理人调查，配合审计评估，如实回答询问并提交材料；3. 勤勉经营管理，妥善维护资产价值；4. 及时向管理人报告经营中的重大事项；5. 不得对外清偿债务，但为企业继续营业、维持其营运价值所必要的支出除外；6. 未经允许，不得对外提供担保；7. 积极与出资人、主要债权人、意向投资人等利害关系人协商，制作预重整方案；8. 其他工作[6] | 对预重整草案表决 |
| 苏州工业园区人民法院 | 1. 妥善保管财产、印章和账簿、文书等资料；2. 配合临时管理人的调查，配合审计评估，如实回答有关询问并提交相关材料；3. 勤勉经营管理，妥善维护企业的资产价值；4. 如实披露资产抵押、质押担保情况、资产保全情况，对外保证担保等或有债务情况；5. 及时向临时管理人报告对财产有重大影响的行为和事项，接受临时管理人的监督；6. 如实向出资人、债权人、意向投资人等利害关系人披露与重整有关的信息，就预重整草案做出说明并回答有关询问；7. 不得对外清偿债务，但为企业继续营业、维持其营运价值所必要的支出除外；8. 未经同意，不得对外提供担保；9. 积极与出资人、债权人、意向投资人等利害关系人协商；10. 其他工作[7] | 对预重整草案进行表决 |

〔1〕参见江西省高级人民法院《关于审理企业破产预重整案件工作指引》第17条。

〔2〕参见威海市中级人民法院《关于审理与重整案件的操作指引（试行)》第11条。
〔3〕参见诸暨市人民法院《关于审理预重整案件的操作指引（试行)》第6条。
〔4〕参见成都市中级人民法院《破产案件预重整操作指引（试行)》第7条。
〔5〕参见《郑州市中级人民法院审理预重整案件工作规程（试行）的通知》第9条。
〔6〕参见《南京市中级人民法院关于规范重整程序适用提升企业挽救效能的审判指引》第25条。
〔7〕参见《苏州工业园区人民法院审理破产预重整案件的工作指引（试行)》第8条。

通过以上规定可以看出，债务人和债权人都可以在预重整阶段行使相应的权利，但也应履行相应的职责。

债务人的主要职责是在临时管理人的监督下，认真履行与预重整有关的职责。主要包括以下内容：(1) 勤勉经营，妥善保管处置企业资产、财产、印章等材料；(2) 积极配合临时管理人调查，如实向各利害关系人披露有关信息，包括经营状况、负债明细、财务状况、履约能力、可分配财产、模拟清算状态下的清偿率、重组中的重大风险等内容；(3) 预重整期间不得对外出借资金、不得对自身债务或第三人债务设定担保；(4) 接受临时管理人、法院和债权人的监督，并积极协助管理人制作预重整方案。

债权人的主要职责是对债务人和管理人的履职情况进行监督，并积极配合预重整草案的表决。具体来看，债权人一方面应监督管理人是否勤勉履职，另一方面也需与相关主体协商谈判制定预重整方案，并对预重整方案进行表决等。在部分情况下债权人有权决定公司的重大经营事项，同时要求债务人作出一定的信息披露等。

## 五、预重整与重整程序的衔接与转换

预重整与重整程序之间进行顺利转换，是债务人企业实现“起死回生”的重要转折点，也是预重整程序设立的根本目的。综合分析各地法院的规范性文件可知，预重整工作完成后或者规定的预重整期间届满后，临时管理人应当向法院提交预重整工作报告，并附相关工作成果尤其是预重整方案，并就债务人企业是否具有重整价值和重整可行性、是否形成预重整方案以及预重整方案的协商表决情况、是否申请进入重整程序等方面提出专业意见。此外，申请人还需要向法院提交转入重整程序的申请，对申请人的主体范围，各地规定不同，基本上规定为管理人、债务人、债权人均有权提出申请，但在具体操作时，还应以属地规范性文件的规定为准。此后，人民法院可根据利害关系人提交的申请，对预重整工作报告的内容及申请材料进行审查，或采取听证形式决定是否转入重整程序。在此审查过程中，法院应着重审查预重整方案的合法性、合理性、可行性，此外，预重整方案的表决结果也是法院裁定是否受理重整的重要考量因素。各地法院关于预重整与重整相衔接的相关规定见表2－8。

**表2－8 预重整与重整相衔接的相关规定**

| 法院 | 预重整工作报告内容 | 与重整的衔接 |
|---|---|---|
| 淮安市清江浦区人民法院 | 1. 债务人的基本情况、资产及负债情况；2. 债务人出现困境的原因；3. 债务人的生产经营状况；4. 债务人是否具有重整价值及重整可行性的分析意见；5. 是否形成预重整草案，预重整草案的相关内容及协商和预表决情况，未形成预重整草案应说明原因；6. 是否申请转入重整程序，进行重整的潜在风险及相关建议；7. 其他 | 1. 重整申请受理后，无特别情形，债务人或者管理人应当以预重整草案为依据拟定重整计划草案提交法院及债权人会议<br>2. 受理重整申请后，法院根据临时管理人履职表现及是否出现回避情形等客观原因决定是否转为重整案件管理人 |
| 苏州市吴中区人民法院 | 1. 债务人的基本情况；2. 债务人出现困境的原因；3. 债务人的资产及负债情况；4. 债务人的生产经营状况；5. 债务人的重整价值；6. 债务人的重整可行性；7. 债务人的重整方案及预表决情况；8. 债务人重整的潜在风险及分析建议 | 1. 重整申请正式裁定受理后，预重整管理人一般即被指定为债务人管理人；2. 预重整工作报告、重整计划草案经审查符合要求的，法院于收到报告、草案之日起10日内裁定受理重整，编立“破”案号[1] |

续表

| 法院 | 预重整工作报告内容 | 与重整的衔接 |
| --- | --- | --- |
| 江西省高级人民法院 | 1. 预重整方案应当包括《企业破产法》第81条规定的内容。2. 预重整报告应包含：(1) 债务人的基本信息、资产及负债情况；(2) 债务人的生产经营状况；(3) 债务人出现困境原因的分析；(4) 债务人预重整情况，是否形成预重整方案以及预重整方案的表决情况；(5) 债务人重整价值及重整可行性的分析意见；(6) 进行重整的潜在风险及相关建议；(7) 临时管理人的履职及费用支出情况 | 1. 人民法院在收到临时管理人提交的预重整工作报告之日起15日内，裁定是否受理重整申请。2. 人民法院裁定受理重整申请后，债务人、主要债权人没有提出异议的或经法院审查异议不成立的，可以指定临时管理人为重整案件管理人。3. 预重整期间的债权登记视为重整期间的债权申报。预重整期间，债权经临时债权人会议核查无异议的，可作为重整期间无异议债权；预重整期间待确认债权、不予确认债权在重整期间按照《企业破产法》的规定处理。4. 债权人、出资人在预重整表决中的表决意见、对重整计划草案出具的书面意见和纳入重整计划草案的协议，在人民法院依法受理债务人的重整申请后，对其具有拘束力[2] |
| 威海市中级人民法院 | 预重整工作报告一般应包括下列内容：(1) 债务人的基本情况、资产及负债状况；(2) 债务人出现经营或财务困境的原因；(3) 债务人的生产经营状况；(4) 债务人的重整价值和重整可行性的分析意见；(5) 预重整方案的相关内容和协商情况，或未形成预重整方案的原因；(6) 进行重整的潜在风险及相关建议；(7) 其他与债务人进行重整有关的内容 | 1. 预重整方案与重整程序中制作的重整计划草案内容一致的，有关出资人、债权人对预重整方案的同意视为对该重整计划草案表决同意；2. 债务人应在通过自主谈判达成预重整方案后，向人民法院申请破产重整，并同时请求裁定批准根据该预重整方案形成的重整计划草案[3] |

续表

| 法院 | 预重整工作报告内容 | 与重整的衔接 |
|---|---|---|
| 诸暨市人民法院 | 预重整工作报告一般包括下列内容：(1) 债务人的基本情况；(2) 债务人出现经营或财务困境的原因；(3) 债务人的资产、负债状况；(4) 债务人的生产经营状况；(5) 债务人重整价值的分析意见；(6) 债务人重整可行性的分析意见；(7) 是否形成预重整方案以及预重整方案的协商情况；(8) 进行重整的潜在风险及相关建议 | 1. 债权人、债务人在预重整期间提出重整申请的，法院应当结合管理人提交的预重整工作报告，在作出终止预重整程序决定的同时裁定是否受理重整申请；2. 进入重整程序后，预重整方案与重整计划草案内容一致或者有关出资人、债权人权益在预重整方案的基础上更加优化的，有关出资人、债权人对预重整方案表决的同意视为对重整计划草案表决的同意[4] |
| 成都市中级人民法院 | 预重整工作报告应包括以下内容：(1) 债务人的基本信息、预重整情况；(2) 债务人的资产及负债情况；(3) 债务人经营或财务困境形成的原因；(4) 债务人重整价值及可行性；(5) 重组方案以及债权人意见；(6) 预重整管理人已完成的工作摘要；(7) 预重整期间的收支情况；(8) 应当披露、报告的其他情况[5] | 1. 法院裁定受理重整申请时，应当征询债权人对预重整管理人是否适合担任重整案件管理人的意见，在同时具备下列条件时，可以指定预重整管理人为重整案件管理人：(1) 享有普通债权的已知债权人过半数同意且其所代表的债权额占普通债权总额 2/3 以上；(2) 对债务人特定财产享有担保权的已知债权人未提出异议；<br>2. 法院裁定受理重整申请的，管理人可以以预重整期间达成的重组方案为依据拟定重整计划草案提交法院审查批准；<br>3. 法院应及时审查预重整管理人提出的终止预重整申请，并根据案件情况作出是否受理重整申请的裁定[6] |

续表

| 法院 | 预重整工作报告内容 | 与重整的衔接 |
| --- | --- | --- |
| 郑州市中级人民法院 | 预重整工作报告应包括以下内容：(1) 债务人的基本信息、预重整情况；(2) 债务人的资产及负债情况；(3) 债务人经营或财务困境形成的原因；(4) 债务人的重整价值及可行性；(5) 重整计划草案以及债权人意见；(6) 预重整管理人已完成工作的摘要；(7) 预重整期间的收支情况；(8) 人民法院认为应当披露、报告的其他情况[7] | 1. 法院应当及时审查预重整管理人提出的终止预重整申请，并根据案件情况作出是否受理重整申请的裁定；2. 出资人与债务人达成的协议，以及债权人、出资人作出的同意意见，在重整申请受理后继续有效，视同对重整计划草案的表决意见；3. 人民法院裁定受理重整申请的，管理人可以以预重整期间达成的预重整方案为依据拟定重整计划草案提交人民法院审查批准；4. 人民法院裁定受理重整申请时，直接指定预重整管理人为重整管理人，确保重整工作的有效衔接 |
| 南京市中级人民法院 | 1. 债务人应当在预重整期间制作预重整方案，预重整方案应当包括《企业破产法》第81条规定的主要内容；2. 预重整工作完成或者预重整期间届满，管理人应当提交预重整工作报告，并就债务人是否具有重整价值和重整可行性、是否形成预重整方案以及预重整方案的协商表决情况、是否申请进入重整程序等方面提出意见 | 1. 管理人申请转入重整程序的，应当向法院提交预重整工作报告、书面申请、预重整方案及表决结果、证据等材料。法院自收到预重整工作报告和书面申请等材料之日起10日内组织听证，经听证审查后，裁定进入重整程序，并发布公告。预重整方案应当合法、合理、可行，方案表决结果也是法院裁定是否转入重整的重要考量因素。2. 裁定受理重整申请前，债务人和部分债权人、出资人已经达成的有关协议或者预重整程序中已经拟定的预重整方案与重整程序中制作的重整计划草案内容一致的，有关债权人、出资人对该协议或方案的同意视为对该重整计划草案表决的同意[8] |

续表

| 法院 | 预重整工作报告内容 | 与重整的衔接 |
| --- | --- | --- |
| 苏州工业园区人民法院 | 预重整工作报告应当载明预重整期间临时管理人的履职情况，并且至少应当包括下列内容：（1）债务人的基本情况；（2）债务人出现困境的原因；（3）债务人的资产和债务情况；（4）债务人的生产经营状况；（5）债务人的重整价值；（6）债务人的重整可行性；（7）债务人的预重整草案及表决情况；（8）债务人重整的潜在风险及分析建议；（9）其他与债务人进行重整有关的内容 | 1. 债务人、债权人或者临时管理人申请转入重整程序的，应当向法院提交预重整工作报告、转入重整书面申请、预重整方案及债权人、出资人等利害关系人对重整方案的意见等材料。法院自收到预重整工作报告和书面申请等材料之日起在法定期限内作出是否受理破产重整申请的裁定。2. 受理破产重整申请后，债务人或者管理人可直接以预重整方案为依据制作重整计划草案提交法院和债权人会议。3. 重整计划草案的内容与预重整方案内容一致或有关权利人的权益更趋优化的，有关出资人、债权人对预重整方案的同意视为对该重整计划草案表决的同意[9] |

〔1〕参见苏州市吴中区人民法院《关于审理预重整案件的实施意见（试行）》第 24 条、第 25 条。

〔2〕参见江西省高级人民法院《关于审理企业破产预重整案件工作指引》第 30 条。

〔3〕参见威海市中级人民法院《关于审理与重整案件的操作指引（试行）》第 17 条。

〔4〕参见诸暨市人民法院《关于审理预重整案件的操作指引（试行）》第 11 条。

〔5〕参见成都市中级人民法院《破产案件预重整操作指引（试行）》第 13 条。

〔6〕参见成都市中级人民法院《破产案件预重整操作指引（试行）》第 17 条。

〔7〕参见《郑州市中级人民法院审理预重整案件工作规程（试行）的通知》第 22 条。

〔8〕参见《南京市中级人民法院关于规范重整程序适用提升企业挽救效能的审判指引》第 30 条。

〔9〕参见《苏州工业园区人民法院审理破产预重整案件的工作指引（试行）》第 21 条。

法院裁定受理重整申请后，预重整程序结束，债务人企业成功过渡至重整程序。此时预重整阶段的部分工作可延伸至重整程序中，具体将引发如下效力。

第一，债权申报效力延伸问题。债权人在预重整阶段申报债权的，进入重整程序后视为已申报债权，无须再重复申报。

第二，临时管理人的续任问题。一般而言，根据临时管理人的工作表现，转入重整程序后，法院及债权人将不再另行选任管理人，而是由临时管理人继续担任重整中的正式管理人。但是，临时管理人存在《指定管理人的规定》第 33、34 条规定的情况，或者存在临时管理人不能依法、公正执行职务或其他情形的，法院应当重新指定管理人。①

第三，预重整方案的效力问题。法院受理重整申请后，管理人或者债务人有权以表决通过的预重整方案或者债务人、出资人与债权人达成的协议为依据，制作正式的重整计划草案。正式重整计划草案没有对债权人或出资人的利益造成实质影响的，有关债权人、出资人已经在预重整中投赞成票的，便视为同意正式重整计划草案，无须再次表决。但是，若正式重整计划对预重整方案做了实质变更，或隐瞒了重要信息、披露了虚假信息，导致预重整方案表决后发生重大变化造成实质影响的，② 有关主体应当重新对重整方案进行表决。

## 参考案例

### 案例一：南京爱德置业有限公司破产重整案③

南京爱德置业有限公司设立登记于2012年，主要经营范围为房地产开发和销售。2020年8月，债权人以南京爱德置业有限公司不能清偿到期债务为由向南京市溧水区人民法院（以下简称溧水法院）申请对南京爱德置业有限公司进行破产重整。法院在对南京爱德置业有限公司的材料进行审核时发现，该公司开发的楼盘项目主体部分已建设完成，只是因短期债务困境而无法推向市场销售。如直接适用重整程序，一旦重整不成功则会引发债权人、施工方、农民工、购房人等利害关系主体与债务人之间的矛盾，社会风险和舆情风险极高。但如果能先适用预重整程序，在地方政府的支持和协调下吸引新的投资方注资，待项目配套工程完成后再推向市场销售，既能保障债权人和购房消费者的权益，也能让债务人企业有继续生存发展的机会。

溧水法院根据《南京市中级人民法院关于规范重整程序适用提升

① 参见江西省高级人民法院《关于审理企业破产预重整案件工作指引》第28条。
② 参见江西省高级人民法院《关于审理企业破产预重整案件工作指引》第31条。
③ 参见南京市溧水区人民法院民事裁定书，（2020）苏0117破5号之三号。

企业挽救效能的审判指引》的规定，在听取辖区街道、金融债权人、建设工程债权人、破产申请人等各方主体意见的基础上，根据债务人的申请，于2020年9月3日决定对南京爱德置业有限公司进行预重整，并依法指定江苏法德东恒律师事务所担任临时管理人。2020年10月15日，临时管理人向法院提交了预重整工作报告及转入重整程序的申请。2020年10月22日，溧水法院召集债务人、建设单位、金融债权人、普通债权人代表、购房人代表、职工代表、辖区街道、区房管局、区税务局、管理人等相关方进行听证。与会各方均认为南京爱德置业有限公司符合重整条件，希望尽快转为正式重整程序。2020年11月16日，溧水法院裁定南京爱德置业有限公司正式进入破产重整程序。现该案已重整成功，重整计划即将执行完毕。

**案例二：南京金盛置业投资集团有限公司等28家公司合并重整案**

南京金盛置业投资集团有限公司（以下简称金盛集团）设立登记于1996年2月，主要经营范围为房地产开发、商业运营管理、建筑装饰设计等，旗下的金盛国际家居在全国多个大中城市设有经营门店。2020年以来集团及各关联企业因多种因素影响陷入流动性困境，至2021年底总负债近300亿元。2022年1月13日，南京市中级人民法院（以下简称南京中院）作出（2021）苏01破申122号决定书，决定对金盛集团及相关联企业启动预重整，并指定江苏法德东恒律师事务所、江苏三法律师事务所共同担任预重整期间的管理人（以下简称管理人）。预重整期间，管理人在南京中院的监督指导和帮助下、在金融债委会、相关政府部门的支持和关心下，依法、有序开展了各项预重整工作，并完成了预重整阶段的工作任务，具体包括以下内容。

第一，管理人组建工作团队、选聘相关中介机构并制定管理人工作方案及工作计划。管理人接受指定后，于2022年1月14日开始驻场办公并迅速完成团队组建，制定了《金盛集团预重整联合团队工作方案》，于2022年1月25日公开选聘并确定了财务审计机构、资产评估机构。为充分了解金盛集团及其关联企业的内控模式，管理人于2022年2月28日、3月2日约谈了金盛集团各主要部门的负责人，并从合同签订、财务收支、印章管控、人事管理、纠纷处理等方面对金盛集团和关联企业进行双向调查，初步了解了金盛集团对各关联企业的管控模式。

第二，对金盛集团及其关联企业基本情况、资产及负债情况的调查工作。管理人接受指定后，参照《企业破产法》及相关司法解释，依据《南京市中级人民法院关于规范重整程序适用提升企业挽救效能的审判指引》的相关规定，在南京中院的监督指导下，有序开展了金盛置业及其关联企业的主体情况、资产及负债情况的调查工作，通知债权人申报债权并进行预审查，对金盛集团及其关联企业的财务状况进行审计并进行了资产价值评估。

第三，结合案件实际，管理人将预重整工作的范围与内容调整至28家公司。通过对金盛集团及其关联公司的初步分析，管理人认为，金盛集团及其关联公司中金盛置业、金盛国际家居等28家公司存在人格高度混同、区分各关联企业财产的成本过高、严重损害债权人公平清偿利益等符合实质合并审理条件等情形，所以，在预重整期间管理人对金盛集团及其关联企业的主体情况进行调查并据此确定了预重整调查工作的基本范围为28家公司，开展了28家公司的债权调查及资产清查工作，并委托审计机构、评估机构对28家公司进行了财务审计、资产评估，并且在前述工作成果的基础上完成了金盛集团及其关联企业破产清算条件下的偿债能力分析，同时亦完成28家公司实质合并重整的法律论证工作。2022年1月25日，管理人发布公告，开展债权申报工作。并且，管理人结合审计机构提供的28家公司的债务明细表、金盛集团及其关联企业提交的相关材料，以28家公司实质合并重整为前提，初步完成对28家公司的债权调查工作。

第四，制作完善预重整方案、招募重整意向投资人。金盛集团及其关联企业进入预重整以来，管理人高度重视重整方案的制订工作，经与债务人、金融债委会多次研究认为金盛集团及其关联企业具有重整价值和重整可行性，故严格按照“市场化、法治化”的原则，制作了预重整方案并逐步完善。目前形成的预重整方案思路比较清晰、方案比较可行、操作比较简便，有关意向投资初步得到落实，可以作为后续正式重整方案制定的基础。28 家公司负债金额巨大、债务结构复杂，历史遗留问题众多，难以在短期内完全化解，也无法通过引入单一投资人进行整体重整投资。对保留资产的运营和续建投资安排，管理人结合前期工作情况，有重点、针对性地与潜在投资人保持密切沟通和磋商，争取重整投资人的资金投入，盘活存量资源，形成增量资产。

为确保预重整方案得到债权人和有关各方的支持，不断优化重整方案，在方案制定过程中，管理人通过多种形式与债权人、债务人和有关方面进行多轮沟通，充分听取债权人、债务人和有关各方的意见、建议，对主要问题进行了多轮专项论证，使预重整方案整体框架得到主要债权人的基本认同，并一致希望尽快转入重整程序。在听证过程中，参与听证的债权人、职工代表等支持债务人转入重整程序。

2022 年 7 月 14 日，南京中院根据金盛集团的申请，依法裁定对金盛集团等 28 家公司进行实质合并重整。2023 年 5 月 12 日，金盛集团等 28 家公司第二次债权人会议成功召开，分组对重整计划草案进行表决，高票通过了重整计划草案。其中，税款债权组债权金额的同意率为 100%，有财产担保债权组债权金额的同意率为 89.98%，普通债权组债权金额的同意率为 87.44%，出资人组的同意率为 98.82%。总体来说，完善的预重整工作是金盛集团等 28 家公司得以顺利启动实质合并重整程序的前提。管理人在南京中院的指导下，勤勉履职、高效、圆满地完成了重整程序中的各项工作，为金盛系债务风险依法化解奠定了坚实基础。

# 第三章

# 房地产企业破产重整的具体流程

# 第一节　房地产企业进入破产重整程序的路径

债务人或债权人均可按照《企业破产法》的规定，向人民法院申请对房地产企业债务人进行重整。当然，随着执行移送破产审查工作的开展，执转破、立转破、审转破等方式都进一步拓宽了破产重整案件的启动路径，甚至在部分情况下，法院可以直接依职权将执行案件移送至被告住所地法院。① 本节将根据申请主体的不同，重点论述“债权人提出重整申请”“债务人提出重整申请”“执行转破产重整”这三种房地产企业重整路径。

## 一、债权人提出重整申请的路径

### （一）债权人提出重整申请的原因

实务中，申请重整的债权人一般是无财产担保债权人，申请的主要原因是希望获得公平清偿，实现自身利益的最大化。房地产企业出现危机后，基于执行竞争等情形，其有效资产会出现被大面积查封保全的情况，甚至进入司法拍卖程序。对于无财产担保的债权人而言，资产通过执行程序进行司法拍卖只能

---

① 《民事强制执行法（草案）》第82条规定：“在金钱执行中，被执行人符合本法第八十条规定情形和破产法规定的清理债务情形的，人民法院应当裁定终结本次执行程序，将执行案件相关材料移送被执行人住所地人民法院。被执行人住所地人民法院应当自收到执行案件相关材料之日起三十日内审查，一般应当裁定受理破产申请；特殊情况不予受理的，应当将相关案件材料退回执行法院并书面说明原因。”

个别清偿，拍卖程序一般都会出现打折和流拍的情形，导致最终可用于向普通债权分配的资金极为有限，甚至部分情况下普通债权人无法得到任何清偿。

相较而言，民事执行程序是债权人申请人民法院按法定程序实现债权人权利的程序；而重整程序是对资不抵债或到期不能清偿债务的困境企业的所有债务、资产依法统一处理的司法程序。整体来说，执行程序的特点在于单独地对个别债权人进行清偿，而重整程序的独特优势是对全体债权人的概括清偿。因此，重整程序为普通债权人提供了获得公平清偿的平台，至少在一定程度上为普通债权人提供了获得更高清偿率的机会。

相较于普通债权人积极申请重整的可能性而言，有财产担保的债权人对重整的参与积极性并不高，其更倾向于在个别执行程序或破产清算程序中直接拍卖受偿，不愿意被带入重整程序。因为房地产企业的抵押物通常是土地和在建工程，进入重整程序后又会因《企业破产法》的规定而产生限制担保权利行使的效果。因此可以认为，一般而言，普通债权人对重整程序的积极性要高于有财产担保的债权人。

### （二）债权人提出重整申请的程序要求

债权人向法院提出重整申请，需要按照《企业破产法》及有关司法解释的规定，提交初步的证据材料。一般来说，债权人应遵循以下流程向法院提出破产重整申请。

1. 债权人向债务人住所地人民法院立案庭提交申请材料，立案庭首先会对材料进行形式审查，包括材料是否齐全、是否符合立案条件等。

2. 形式审查结束后，法院将按照法律规定对破产重整申请进行实质审查，包括主体资格、破产原因、案件管辖等。审查期间，法院可能会召开听证会，由申请人阐述事实及理由并提交相应的证据材料，询问债务人的清偿能力等。[①] 从实践角度看，债权人向法院提出破产重整申请的，一般需要提交如下材料：

① 《企业破产法》本身并未规定听证程序，实践中为了提高利益相关方的参与度，部分法院会召开听证会。例如，《南京市中级人民法院关于破产案件立案审查指导意见》第 3 条规定，对于破产申请的实质审查，合议庭一般应召开听证会，债权人或债务人等应就破产申请向法庭做陈述和举证。

书面的破产申请书，债权发生的事实与证据，债权性质、数额、有无担保等（应附证据材料），债务人不能清偿到期债务的证据材料等。

## 二、债务人提出重整申请的路径

### （一）债务人提出重整申请的原因

近几年来，随着破产重整制度的拯救和保护功能逐渐被认识和接受，房地产企业陷入危机后，债务人申请重整的积极性比债权人更高。如果通过执行程序处置资产，只能实现对个别债权人的清偿，对陷入困境的债务企业而言，资产的快速变现会导致企业价值严重受损且无法清理全部债权债务，使债务人企业陷入债务清偿的泥潭。而破产重整程序是对所有债务进行集中统一清偿的制度，有利于一揽子解决债务问题并使企业获得新生。破产重整程序中，就破产财产的变价分配款或者重整资金对全体债权人按照法定顺序进行公平分配，相对于执行程序中的个别清偿，并不会产生更大困难和更恶劣的社会影响，而恰恰是给予了陷入危机的企业纾困的机会，不失为一种在破产法规制下形成的合法有序的利益平衡。此外，重整程序作为破产程序的一种，其当然具有自动冻结、诉讼中止、集中管辖、中止个别执行等程序保护效力，困境房企能通过这一程序获得短暂喘息的机会，也间接为其赢得了整合优势资源继续经营的时间。因此，在债务人企业具备破产原因的情况下，如果债务人自身没有及时申请进入重整程序，一旦债权人抢先申请对债务人企业进行破产清算，债务人企业将在无任何准备的情况下变得更加被动。

### （二）债务人提出重整申请的程序要求

相对于债权人的申请，债务人申请重整的条件和程序更加严格，这种制度安排主要是出于防止债务人企业借重整程序进行各种“逃废债”行为。根据《企业破产法》及其司法解释的规定，债务人申请重整时，需要提交的材料如下：书面的破产申请书，企业主体资格证明，企业法定代表人与主要负责人名单，企业职工情况和安置预案，企业亏损情况的书面说明（附审计报告），企业至破产申请日的资产状况明细表（包括有形资产、无形资产和企业投资情况等），企业在金融机构开设账户的详细情况（包括开户审批材料、账号、资金等），企业债权情况表（需要列明企业的债务人名称、住所、债务数额、发生时间和催讨偿还情况），企业债务情况表（需列明企业的债权人名称、住所、债权数额、发生时间），企业涉及的担保情况，企业已发生的诉讼情况，人民法院认为应当提交的其他材料。

法院收到债务人提交的上述材料后，同样会对相关材料进行形式和实质审查，部分法院可能还会对债务人企业是否具有重整价值等问题进行判断。但整体来说，困境房地产企业有重资产的特性，一般均具有极大的重整价值。

## 三、执行转破产重整的路径

2018 年最高人民法院在《破产审判会议纪要》中指出，执行部门要高度重视执行与破产的衔接工作，以推动符合条件的执行案件向破产程序移转。执行法院发现作为被执行人的企业法人符合《企业破产法》第 2 条之规定的，应当及时询问当事人是否同意将案件移送破产审查并释明法律后果。目前，从各地法院发布的破产审判工作报告来看，不同地区“执转破”的效果并不相同。如浙江省高级人民法院发布的《2021 年浙江法院破产审判工作报告暨典型案例》中显示，浙江全省法院执行移送破产审查案件 3818 件，通过执行移送受理破产案件 3063 件，占破产案件受理数量的 82.94%，化解执行案件 27,771 件。从数据上看，“执转破”已成为浙江省法院破产案件的主要来源，但该类案件大部分属于“无产可破”的情况。[①]

司法实践中，执行程序的参与分配制度为债权人提供了破产程序的替代性选择。由此，申请执行的债权人，尤其是在破产程序中享有优先权的债权人，

---

① 2016 年以来，浙江省高级人民法院下发了多个部署执行移送破产审查工作的文件。如 2019 年《关于深化执行与破产程序衔接推进破产清算案件简易审理若干问题的会议纪要（二）》，2021 年《关于继续推进执行与破产程序衔接构建“立审执破”一体化工作格局的通知》，这为执转破案件创造了良好的规范基础。

更希望通过执行程序变现受偿，而不愿意等待漫长的破产程序。根据《民事诉讼法》及其司法解释的有关规定，法院将执行案件转为破产的，必须经被执行人或申请执行人一方的同意，[①] 这也是贯彻破产案件“依申请主义”的主要表现。但随着无产可破案件的逐渐增多，为提高“执转破”的效率和“去产能”，根据2022年出台的《民事强制执行法（草案）》的相关规定，执行法院发现符合破产条件的企业，法院应当将案件材料移送至被执行人住所地人民法院进行破产审查，该法院应当自收到执行案件相关材料之日起30日内审查，一般应当裁定受理破产申请。这一规定改变了以往诉讼法及破产法理论中破产程序依申请启动的模式，反映了立法机关对“执转破”的强化与支持。

① 《最高人民法院关于适用〈中华人民共和国民事诉讼法〉的解释》（法释〔2022〕11号）第511条规定：“在执行中，作为被执行人的企业法人符合企业破产法第二条第一款规定情形的，执行法院经申请执行人之一或者被执行人同意，应当裁定中止对该被执行人的执行，将执行案件相关材料移送被执行人住所地人民法院。”《最高人民法院关于执行案件移送破产审查若干问题的指导意见》（法发〔2017〕2号）第4条规定：“执行法院在执行程序中应加强对执行案件移送破产审查有关事宜的告知和征询工作。执行法院采取财产调查措施后，发现作为被执行人的企业法人符合破产法第二条规定的，应当及时询问申请执行人、被执行人是否同意将案件移送破产审查……”

# 第二节　房地产企业破产重整案件的基础工作

调查债务人企业的资产和负债是房地产企业破产重整案件中的基本工作，亦是后续重整方案制定的前提基础。准确获知债务人企业当前的财务状况，不仅是解决房地产企业危机的首要任务，也是房地产企业破产管理人的主要职责。此外，破产管理人在厘清公司的经营模式、资产负债情况后，应当梳理出具有价值提升空间的产业或资产，为准确研判企业重整价值以及后续的重整方案设计等提供充分的依据。本节将从资产调查与经营维持的角度论述房地产企业破产重整案件的基础工作。

## 一、房地产企业在重整期间的资产调查

在破产重整程序中，资产调查主要包括资产现状、经营状况、出资情况、正在履行的合同（含待履行合同）、应收债权、占有和被他人占有的财产等，破产管理人需要以上述调查结果为基础，结合审计工作完成《公司财产状况报告》。房地产企业重整初期阶段的最大工作量在于理清企业的现金资产、房屋销售、网签情况以及在建工程施工造价、抵押、工程款优先权等问题，并在此基础上梳理出“以房抵债”“名为买卖实为借贷”等复杂交易模式的具体类型和数量。上述调查工作需要根据房地产企业的资产类型和特点，制作妥当的调查方案。以下分别讨论重整程序中的资产调查问题。

首先，破产管理人的规范进场是后续资产调查工作顺利展开的前提。破产

管理人获得管理人资格接管企业后，应立即进场完成交接工作。这一过程中，破产管理人要力求做到对债务人企业材料的全面和有效接收，保证其已较为全面地掌握和了解破产企业的整体情况。这种对债务人企业的熟悉程度，有利于完成对后续债权债务关系的高效清理。破产管理人在接管债务人财产、证照印章、财务资料、业务文件、人事档案资料等材料时，应规范制作移交清单、接管笔录，告知相关利害关系主体其所承担的法律责任。接管工作完成后，由破产管理人和债务人企业有关人员共同签名确认。此外，破产管理人应制作详细的工作规程、议事规则、财务制度、印章管理办法、档案管理办法、保密制度、应急预案等一系列规范性文件，建立起一套规范的管理和运作制度，保障重整程序的规范推进。

其次，破产管理人应着重关注困境房地产企业的核心资产。一般来说，房地产企业破产重整案件的核心资产是企业的在建工程、土地等不动产。因此，破产管理人接管债务人企业后，应着重了解不动产的实际用途以及不动产之上设有的他物权问题。若涉及在建工程，破产管理人需调取在建工程的立项文件、相关许可、工程进度、施工状况及相关技术资料。调查工作涉及已售房产的，破产管理人对照重整企业的记账凭证、销售合同、销售台账等，进行对面积、销售、抵押、查封、裁定等情况的核实和分类工作。从法律角度来看，房地产企业重整中涉及的权益主体十分复杂，包括购房者、建设工程承包人、民间借贷出借方、担保方等利益主体。这导致破产重整中所适用的法律法规也较为复杂，除《企业破产法》之外，还涉及《民法典》以及与物权、合同、担保等相关的司法解释、会议纪要等法律规范，需要系统性地综合运用。

最后，破产管理人应当全面划定核心资产并勤勉尽责地维持其资产价值，同时研究重整事务的处理方案。破产管理人需对已查清的财产制作初步处理意见，具体包括易耗品的紧急处理方案、不动产处理方案、机器设备处理方案、对外投资处理方案、未履行完毕合同处理方案，以及可撤销、无效行为的审查和处理方案、出资义务瑕疵处理和抵押物处理方案等。

## 二、房地产企业在重整期间的债权申报与核查

我国《企业破产法》以专章的形式对债权申报事项作出了规定，这也反映出债权申报事项对于破产案件办理的重要性。从程序意义上看，债权申报是债权人行使请求权的一种方式，可以发生诉讼时效中断的效果，其目的是将相关权利纳入破产程序一并受偿。从管理人履职角度来看，债权申报与核查主要有以下几个方面。

第一，破产管理人应向全体已知债权人发出书面的债权申报通知。管理人接管债务人企业后，需要书面通知全体已知债权人进行债权申报，并配合人民法院发布相应的债权申报公告。我国《企业破产法》第45条规定债权申报期限自人民法院发布受理破产申请公告之日起计算，这一规定指明了债权申报期的起算日与期限。客观来说，法院进行公告通知的程序意义远大于实体意义，而管理人的申报债权书面通知，恰恰建立起了与债权人的第一次互动，为后续整个重整程序中与债权人建立常态化的沟通机制奠定基础。另外，向债权人发出的债权申报通知义务履行到什么程度，客观上比较依赖管理人的勤勉尽责程度。综观整个重整程序，法院的债权申报公告与破产管理人的书面申报通知文件同样重要。

可能存在的问题是，应当如何确定已知债权人的范围。一般情况下，人民法院及破产管理人将债务人企业提交的债务清册作为已知债权人的确定依据。为准确向已知债权人送达债权申报通知，破产管理人需要在债务人企业财务人员的配合下，获取会计账册、债务清册、财务报告、清算报告、审计报告以及相关生效裁判文书（公开信息查询获知）中载明的已知债权人（预收款、其他应付款、应付账款）的联系方式、联系地址等必要信息，并通过短信、电话或邮寄（法律文书、债权申报须知、债权申报表等）等方式通知债权人申报债权。实践中，破产管理人采取电话通知或网络通知的，往往可能会遇到债权人口头放弃申报等难以预测的情形。鉴于此，由管理人以书面邮寄方式通知已知

债权人的做法，似乎更为妥当。①

第二，已知债权人应按要求提交债权申报材料。法院和破产管理人在向债权人发送债权申报通知时，应一并告知债权人申报债权时所需要的材料。在实践中，债权人若要证明自己的适格身份，应当提交如下材料：（1）债权发生的相关证据材料；（2）债权人是法人的，应提交法定代表人身份证明；（3）代表债权人进行申报的，应提交合法的授权委托书和受托人的有效身份证明；（4）提交债权人基本信息确认书（自然人提交身份证或护照等，法人提交企业法人营业执照、法定代表人或负责人的有效身份证明等，并填写联系地址、联系方式及收款银行、账号、户名等确认信息）；（5）提交债权申报表（载明欠付的本金、利息、有无财产担保或优先权、债权性质、债权种类、债权发生时间、债权到期日、有无连带债务人等）；（6）附上申报债权的相关证据清单；（7）如债权有利息的，应附上利息计算标准；（8）债权人对债权形成的基本事实作出书面说明。

第三，破产管理人接受债权人的申报。破产管理人应当依据法院公告确定的债权申报日期和地点，指定专门人员定时定点接受债权人申报债权。破产管理人在收到债权申报材料后，应当登记造册，并对已申报的债权进行审查核定，同时编制债权表提请债权人会议核查。此外，债权表和债权申报材料由破产管理人负责保存，供利害关系人查阅。

第四，破产管理人对债权进行审核。债权审核确认是一项极其复杂的工作，破产管理人在某种程度上甚至扮演着法官的角色。结合司法实践经验来看，债权审核可参照以下标准：（1）对已经生效的法律文书（如法院生效判决书、裁定书、调解书，仲裁机构、劳动仲裁机关生效裁决书、调解书等）确定的债权，应当按照法律文书主文部分予以确认。（2）从各证据材料与申报事实的关联性、各证据材料之间的联系、证据的真实性、合法性等方面进行综合审查判断，

① 随着实践中互联网科技的快速发展，网上发送通知的方式是多种多样的，有破产管理人便在官方微信公众号上发布了债权申报公告，并且这种方式正在被广泛使用。然而，考虑到债权人自身条件的差异，仅以微信公众号通知的方式进行公告，可能存在受众有限的问题，部分偏远地区或疏于关注网络的债权人可能无法及时获知债权申报情况。所以，微信公众号可作为公开重整进程的信息平台，作为与债权人沟通的手段，但不宜用于通知的送达。

对证据确实充分的债权，可以按照债权人提供的证据加以确认。（3）若债权人未提供充分的证据材料，但债务人账面（审计后）的债务金额与申报金额相符的，须对债务人的法定代表人、企业管理人员、财务人员进行必要的询问，制作详细的询问笔录，并通知债权人补足相应的证据材料，需要债务人配合的，债务人应给予必要的协助。（4）对存在重大异议、暂时无法认定的债权，债权人又无法进一步提交补充材料的，破产管理人应暂不予认定。破产管理人按照以上 4 项方法对债权进行审核后，应当将债权审核结果及时通知相关债权人、债务人及其股东，债权人、债务人或公司股东对破产管理人核定债权有异议的，可通过异议或诉讼的方式解决。

第五，着重核实职工债权。破产管理人对重整房地产企业所欠的职工工资和医疗、伤残补助、抚恤金、应当划入职工个人账户的基本养老保险、基本医疗保险费用，以及法律、行政法规规定应当支付给职工的补偿金等，应当列出详细清单并向全体利害关系人公示。公示期间，部分职工提出异议的，管理人应及时核实，对查证属实的，应当及时更正。

## 三、房地产企业在重整期间的经营维持

困境房地产企业选择重整程序的一个重要考量是，房地产企业的存续价值大于清算价值。故此，重整程序不仅是对破产债权的“减”和“免”，更在于业务开展和营运价值维持等多个方面。考虑到重整期间的财产处置和分配任务具有紧迫性，重整期间的经营并不是必需的，故应首先对重整期间是否继续经营的问题作出必要性判断。如果继续经营无法使债务人的财产价值得到有效增长，反而会增加债务规模的，那么重整期间便无继续经营的必要；反之，如果继续经营有利于最大限度地维护各利益相关方的合法权益，则困境房地产企业可以选择继续经营。就重整期间的经营主体而言，如果房地产企业自身管理层稳定、管理能力优秀，在重整期间可申请自行管理财产和营业事务。[①] 反之，

① 《企业破产法》第 73 条第 1 款规定，在重整期间，经债务人申请，人民法院批准，债务人可以在管理人的监督下自行管理财产和营业事务。

破产管理人需要重新确定经营主体，甚至由自己接管企业的经营事项，以维持秩序。下文就管理模式的不同，逐一分析债务人企业重整期间的经营主体。

### （一）破产管理人管理模式

破产管理人管理模式是破产案件中更为常见的管理模式，这也意味着，重整期间的破产事务管理责任原则上归属于破产管理人。房地产企业进入破产重整程序后，一般都存在停工烂尾的情况，已有大量员工离职，仅依靠留用人员无法满足重整续建的要求。更重要的是，债权人对债务人及出资人的经营管理能力和水平往往缺乏信心。在以上因素均符合时，可认为债务人企业已很难靠自身力量进行自救了。

破产管理人接管债务人企业以后，凭借自身的管理能力和专业素养，可以胜任大部分法律和财务工作。但破产管理人如需依据《企业破产法》第28条的规定聘用必要的工作人员，应出于维护企业平稳经营的考量，聘请熟知重整现状的债务人企业经营管理人员，以提升工作效率。整体上来说，在破产管理人管理模式下，破产管理人取代债务人董事会成为经营权主体，其可根据需要聘任其他中介机构和债务人企业的原管理层协助完成房地产企业的经营事项。

### （二）债务人自行管理模式

在重整期间，债务人可以向人民法院申请自行管理财产和营业事务，即债务人自行管理模式。债务人管理模式具有下列特点。

第一，申请主体是债务人。对债务人提出自行管理申请的，法院需要判断债务人是否具备自行管理的能力，如企业基本管理体系是否完善，在合同管理、项目管理、资产管理、资金管理、人员管理等方面是否具备完善的制度，并判断现有管理力量是否能够支撑债务人企业的经营。此外，法院还应当对自行管理是否能更有利于公司的生产经营与稳定这一要素进行判断。一般情况下，债务人企业陷入危机后可能存在人员离职、人才流失等情况，但如果员工队伍基本稳定，能够维持债务人企业的正常运转，则自行管理模式可能更有利于其延续生产经营。

第二，自行管理的批准主体是人民法院。“债务人管理模式”只能由债务人根据“申请主义”向法院主动提出，法院不能根据“职权主义”直接决定债务人企业采用自行管理模式。对债务人提出自行管理申请的，人民法院需要综合考量债务人的管理能力及其他因素，对符合自行管理要求的重整企业，应以决定书的方式予以批准。

第三，债务人自行管理的法律后果与责任承担。债务人自行管理模式下，已接管债务人财产和营业事务的破产管理人应当向债务人移交财产和营业事务。从法理上来说，经营控制权由债务人掌握，意味着经营管理的责任亦从破产管理人转移至债务人。对于此模式下的破产管理人而言，其主要精力和任务是负责对债务人自行管理过程进行监督，防止债务人从事隐匿、转移财产及其他损害债权人利益的行为。在实践中，破产管理人履行监督职能可以采取债务人向其提供月度经营报告、月度资金计划等方式。在破产管理人并不掌握财产和营业事务的情况下，这种监督职责的履行往往流于形式。应加强对债务人管理能力的判断，科学提升界定标准。在法院审查决定采用自行管理模式之前，破产管理人应当通过接管工作、日常经营工作等方面的接触，考量债务人的管理水平和管理能力，避免加重自身的监督负担。

第四，经营方式的选择。房地产企业在破产重整中的资产经营可按照资产类别分为开发、销售和运营。所谓“开发”，指的是有些重整案件的资产是待建土地，其经营价值便是开发收益。所谓“销售”，指的是如果房地产企业的存量房产因保全措施无法变现，那么在债务人企业进入重整程序、法院解除保全措施以后，即可快速销售变现。此时，重整企业可按照既定的销售规则继续销售，以免错过最佳销售时点。所谓“运营”，指的是房地产企业拥有的商业地产，实践中已经开业的商业地产进入重整程序时往往处于正常经营状态，其运营模式的选择不仅涉及债权人的清偿利益，更影响整体商业生态。一般来说，如果在重整期间通过经验丰富的商业运营团队统一经营，将有助于形成规范化、系统化的商业整体业态，提高困境房地产企业的运营收益，提升财产价值。

# 第三节　重整投资人的选定及重整投资协议的签订

房地产企业陷入财务困境往往是资金链断裂导致的。此时债务人企业已无法借助自身力量进行债务清理和资源整合，故重整过程中往往需要借助外部力量，这就涉及重整投资人的招募和选任程序。房地产企业能否重整成功，实际上与投资人的招募结果密切相关。破产管理人在进行投资人招募时，应按照债务人企业资产的特点和实际需求招募意向投资人，既可以定向磋商也可以公开招募。在建项目较多的房地产企业，也可对不同的项目分别遴选重整投资人或者一并遴选“打包投资人”。

## 一、重整投资人的产生方式

### （一）公开招募

2016 年 8 月，全国企业破产重整案件信息网正式开通，这一信息渠道的公布，有助于潜在投资人了解破产企业的重整信息，实现债权人、债务人、意向投资人之间的有效对接。在破产重整案件中，破产管理人一般会借助网站中的管理人平台发布投资人招募公告，主要内容包括债务人企业的资产和负债情况、投资人报名条件、保证金数额等，该种招募方式的公开范围最广。作为一种便利化手段，破产管理人通常也会通过微信公众号、抖音等自媒体方式发布投资人招募公告，并借助破产管理人、债务人、部分主要债权人等利害关系主体的转发传播，以达到更为集中的传播效果。目前，不少关注度较高的破产领域相关的微信公众号平台可以免费发布招募公告，这为公开发布相关投资信息提供了较好的平台支持。但是，公开招募本质上仅属于一种公开式的“要约邀请”，重整债务人和破产管理人只能被动地等待潜在重整投资人主动接洽。因破产重整案件的周期有限，招募公告中通常也会写明投资报名的截止时间。这种缺乏充分了解下的投资人招募方式，客观上存在较难帮助重整企业快速筛选和匹配出最佳投资对象的缺陷。

### （二）定向邀请

公开招募重整投资人的受众面虽然较广，但与重整企业的匹配度不高，从招募效率和成功率上看，并不十分理想。而且，陷入困境的房地产企业在重整过程中面临着债权债务关系复杂、内部管理混乱、群体性事件多发等问题，如果不能快速找到理想的重整投资人，很可能会进一步恶化房地产企业的处境。从另一个角度来看，房地产企业的重整模式和投资方式息息相关，比如，续建式重整中涉及的融资主体、建设主体等多种投资人，因其各自的业务范围不同，参与投资的方式也不同，对于资源丰富的破产管理人来说，如果能够针对每一主体的特殊性采用定向邀请的方式确定重整投资人，将极大地提高资源的有效整合和匹配效率。

### （三）区域性投资人库

区域性投资人库，主要是指在某一区域内遴选一批资质较好、管理能力较强、业务资源较广的投资人进入备选投资人库，帮助重整企业及破产管理人缩小招募范围，促进债务人与投资人之间的信息交换。如广西破产管理人协会于2020 年 12 月发布了《破产案件投资人招募及资产处置之“南宁倡议”》，号召全省内的资管机构等关注危困企业；2021 年 3 月广西破产管理人协会又发布了《关于筹建广西危困企业挽救和破产财产投资人库的公告》，意在号召资产管理公司、投资公司加入投资人库。此外，南京市破产管理人协会于 2022 年 6 月发起设立了“破产管理人协会投资人库”，78 家投资人成为首批入库单位。上述举措极大地改善了传统公开招募方式的局限性，为破产企业、投资人搭建了区域平台，聚集了有意向投资破产项目的投资主体，有利于提高投资人招募的链接效率和成功率。

鉴于投资人库的构建正处于试点阶段，全国范围内尚未普遍建立妥适的投资人库，建议先行在省、市这两级层面探索建设投资人库。在具体措施上，可以利用破产管理人协会这一纽带，按照破产企业所属的行业分类，统一发布投融资信息，这种方法或许有助于化解投资人招募难的问题。

## 二、投资类型的选择

### （一）产业投资模式

房地产企业破产重整案中，管理人通常首选股权转让式重整方案，并据此发布招募公告。通过股权转让的形式，由投资人整体收购破产企业，并提供偿债资金清偿债务，免去了融资、续建、销售偿债漫长的执行过程。因此，该种投资模式可被称为产业投资模式，即股权转让后由投资人自行完成开发建设工作。

但是，受房地产市场环境影响，房地产行业破产案件数量不断增加，愿意在重整程序中进行整体收购的产业投资人越来越少。究其原因，主要有以下两点。

第一，资金缺口较大。如果在确保工程价款优先权、抵押优先权和职工债权等优先债权获得较高清偿的同时，也要保证普通债权获得一定的清偿率，此时，重整所需的清偿资金数额巨大，对于投资人而言，整体收购以及清偿各种债权所带来的压力亦较大。实践中，投资人投入重整资金，一般是采用分期付款的方式，一旦投资人的资金链出现问题，将会导致整个重整计划陷入执行困境，甚至出现二次烂尾、二次重整、重整转清算等情形。

第二，经济下行导致的投资收益降低。目前，房地产市场持续低迷，房地产项目的未来经济效益并不乐观，市场前景很不明朗，投资人在进行投资时往往会因整体接盘的风险较大而有所顾虑。

### （二）财务投资模式

房地产企业破产重整案件如果采用续建式重整模式，通常涉及烂尾楼的续建和交付问题，解决这些问题的前提条件是债务人企业能够不断地获得续建资金。此时，财务投资方式的优势便凸显出来。所谓财务投资，是指投资人投入一定数额的重整资金，并与债务人企业约定收益率，待房屋建成销售后优先清偿投资人。

具体而言，在财务投资的模式中，财务投资方通过出借的方式向债务人企业提供开发建设资金，该借款性质一般由投资协议及重整计划确定，在开发建成后优先清偿。这种投资金额一般以满足开发建设为目的，根据烂尾项目的整体开发进度调整拨款时间，由投资人分时分阶段地投入资金。

从法理上看，房地产企业重整后，续建的工程是新增或添附的资产，需要给予该部分债权优先清偿权以吸引投资人进入。实践中，因续建债务的优先地位往往涉及与抵押权人的权利冲突的问题，如何进行利益平衡则非常关键。财务投资人通常要求在重整计划中明确其优先清偿的地位，并将此方案提交债权人会议表决。重整计划草案经债权人会议表决通过，法院裁定批准后即对债务人和全体债权人均有约束力，如此才有可能保障资金的安全。

此外，财务投资人的退出路径亦与房地产企业重整后的偿债资金来源息息相关。常见的偿债资金来源包括开发建设收益、经营收益等，若困境房企的资产为可售房屋，财务投资人可通过房屋的销售回款实现退出。当房地产企业的资产还包括商业地产时，财务投资人也可通过租金收益等方式实现退出。实践中，以销售回款退出的方式较为常见，这是因为租金收益的方式周期较长，需要依赖商业项目持续产生经营收益的能力，具有不确定性，故采用此种方式的重整投资方案较少。

## 讨　论

**财务投资人优先受偿模式的发展和演变**

《企业破产法司法解释三》出台之前，房地产企业重整通常采用共益债务融资的方式复工建设，即投资方向债务人企业提供借款支持，与自行管理的债务人或管理人签订《融资协议》，并通过重整计划将该融资确定为共益债务，待续建工程销售后，就续建后房屋的销售款优先受偿，以此保障财务投资人优先受偿的权利。融资所得的资金全部进入管理人账户后，投资方有权查询和监督资金支付情况。

管理人与投资人谈判磋商以后，应着手制作重整计划草案，将融资及优先受偿方案写入草案中，并提交债权人会议表决。该重整计划草案经债权人会议表决通过，并由法院裁定批准后，即对债务人和全体债权人产生约束力，重整财务投资人也将因此获得优先清偿的法律地位。《企业破产法司法解释三》出台以后，就债务人重整的新生借款与已有抵押权之间的清偿顺位问题，实践中争议越来越大，甚至有观点认为共益债务不能优先于抵押权。由此产生的问题是，应当如何处理财务投资人的优先权与担保权之间的冲突。

《企业破产法司法解释三》第2条第1款规定："破产申请受理后，经债权人会议决议通过，或者第一次债权人会议召开前经人民法院许可，管理人或者自行管理的债务人可以为债务人继续营业而借款。提供借款的债权人主张参照企业破产法第四十二条第四项的规定优先于普通破产债权清偿的，人民法院应予支持，但其主张优先于此前已就债务人特定财产享有担保的债权清偿的，人民法院不予支持。"对于该条规定，实践中常见的解读认为，本解释是指共益债务不得优先于担保权清偿。但是，《企业破产法》第42条对共益债务作出了"由破产财产随时清偿"的规定，似乎并不存在共益债务和担保权的清偿顺位冲突问题。

一种可能的解释是，《企业破产法司法解释三》的规定针对的是破产法的现有规定对共益债务的列举无法满足破产实务的需要，考虑到实践中债务人通常需要为其"继续营业"而借款，该条规定将经营性借款"参照"共益债务处理，目的在于赋予这种重整借款至少优于普通债权的清偿顺位。换言之，《企业破产法司法解释三》的规定并不是约束重整财务投资人的，而是调整重整中随时可能发生的各类借款。

从法解释学角度来看，《企业破产法司法解释三》第2条的规定亦无法适用于重整财务投资人这一情况。“为债务人继续营业而借款”中，“营业”的准确含义是“经营业务”，其更多强调的是经营，这和房地产企业的续建是有很大区别的。大部分房地产企业进入破产重整程序时，在建工程处于烂尾状态，与“经营”这一概念所描述的状态有很大差异。一般来说，借款的目的在于恢复烂尾工程的建设进度，使待建工程完工，并最大可能地满足全体债权人的利益。因此，该用途下产生的融资客观上具有“共益”属性，但是与共益债务关于“为债务人继续营业”的规定存在较大差异。

从尊重当事人意思自治的角度，法院应当依法支持当事人对清偿顺位的自愿安排。《企业破产法司法解释三》最初的征求意见稿中的“按照”和“作为共益债务优先清偿”的表达，在正式出台版本中最终被改为“参照”一词，其目的就在于，将融资这一市场化行为留给破产参与人自行谈判协商。如果债权人会议能够给予投资方以更优先的地位，以此消除财务投资人的顾虑，自然更有利于重整债务人获得新的重整融资。按照这一逻辑，只有债权人会议未明确重整借款的优先地位时，投资方才有权向人民法院主张适用《企业破产法司法解释三》的规定。

基于以上考虑，管理人在实践中可将融资方案以及清偿顺位等一并放入重整计划草案中，交由债权人会议进行表决。至于是否赋予重整投资人优先地位，应当由债权人会议决定，如果债权人会议在法律范围内同意给予投资方优先权，那么在不违背法律强制性规定的前提下，似乎并无干预的必要。

## 参考案例

### 案例一：南京爱德置业有限公司破产重整案①

2020年11月16日，南京市溧水区人民法院（以下简称溧水法院）作出（2020）苏0117破5号《民事裁定书》，裁定受理南京爱德置业有限公司破产重整一案，并于同日作出（2020）苏0117破5号《决定书》，指定江苏法德东恒律师事务所担任管理人。在本案中，溧水法院积极探索房地产企业破产重整融资的新思路，在破产审判实践中，将新融资债权作为共益债务优先清偿，保证了新融资债权的受偿顺位能够优先于抵押权和破产费用，以此增强重整投资人的投资信心。基于这一考虑，江苏法德东恒律师事务所积极履职，帮助债务人企业成功筹集“烂尾楼”复工建设启动资金5000余万元，顺利完成复工续建。本案中，溧水法院树立了破产案件审理的“整体主义”思维，最大可能地平衡破产案件中各方当事人的合法权益，在保证抵押权优先受偿顺位的前提下，依职权解除土地使用权抵押登记，为项目取得预售许可证和推动销售工作提供支持。

### 案例二：常州市美林江南置业有限公司破产重整案②

常州市美林江南置业有限公司（以下简称美林公司）预估的共益债务合计金额为63,865.64万元，其中因收回房屋需解除合同所支付的共益债务共计18,417.26万元；为支持复工续建，由管理人借入的融资共益债务本息（截至2021年3月31日）约为42,770万元，其中本金35,770万元，分别为：向常州市新北区龙虎塘街道办事处借款50

---

① 参见南京市溧水区人民法院民事裁定书，（2020）苏0117破5号之三号。

② 参见《美林破产清算转重整案入选江苏法院破产审判典型案例》，载https://www.xbfy.gov.cn/byyw/3599.html，最后访问日期：2023年6月29日。需要说明的是，案例事实描述的部分内容来源于重整计划原文。

万元，向常州市新北区新农村建设发展有限公司借款35,720万元。因继续履行或新签合同发生的复工续建共益债务约2678.38万元。

在该案中，美林公司通过重整经营的资产变现所得款，在扣除销售各类税费、营销费用及管理费用后，依次支付了地块上的共益债务、建设工程价款优先债权、抵押债权等，并就剩余所得款依次偿还了职工债权、税收债权、抵押担保债权在特定财产上未受清偿部分的债权，以及普通债权。美林公司地产项目自2021年年底再次开盘后，重整计划执行监管成效显著、债务人经营状况向好，无任何债权人提出异议。

## 三、投资风险的评估与控制

### （一）投资前的尽职调查

虽然破产管理人在重整程序中的调查工作无法代替投资人的尽职调查，但破产管理人作为中介机构，其调查内容和调查结果相对来说比较客观，能够为债务人企业投资前的决策提供一定的参考。因此，重整投资人的尽职调查可以围绕管理人的调查结果展开，这种途径有利于明确重整投资人的投资意向和投资方式，帮助判断投资风险。

在调查内容方面，重整投资人应当着重关注债务人的资产和负债两大要素。就资产要素而言，房地产企业进入重整程序且由管理人接管了债务人的财产、印章和账簿、文书等资料后，就应当着手调查债务人的财产状况，同时制作财产状况报告并告知全体债权人。就负债要素而言，破产管理人通过债权申报和审核程序对债权进行清理，形成债权核查报告，应同时提交债权人会议核查，对核查通过的债权表应当提交法院进行裁定确认。

因此，在破产管理人审查、债权人会议核查、法院裁定确认的法定程序下，投资人通过债务人企业的债权申报表等事项可以对债务人的资产和负债规模进行初步判断，以最大限度地降低投资风险。此外，如果仅提供续建资金融资，重整投资人在必要时应自行开展造价审计工作，以成本匡算的方式判断项目投资成本，合理评估提供的续建资金是否足以覆盖债务人企业的资金缺口。

### （二）重整投资人投资后的监管

“投资后监管”主要针对的是财务投资。因为房地产企业破产重整案件中的财务投资人不享有对债务人企业的实际控制权，往往需要借助监管制度掌握续建资金的使用情况、续建工作的进度和资金的回收情况等必要信息，以此保障自身资金的使用及收益安全。从实践来看，这些监管措施是以资金和印章为核心展开的。一般来说，资金监管包括开立监管账户、预留监管人员印鉴、进行付款审批支付等；印章监管则包括与债务人共管证照及印章，且印章使用时需要经过重整投资人的先行审核。

司法实践中，投资人的风险控制机制与房地产企业的建设和销售容易存在冲突，房地产企业在建设过程中的资金需求和用印需求都极为频繁，如果都采用层层审批的方法使用印章和资金，难免会影响债务人企业的重整效率，容易造成重整事务久拖不决、程序繁杂的局面。因此，如何平衡投资人的监管权和重整效率目标，是重整计划和投资协议需要重点关注的内容。

### （三）重要权利的保留

投资监管的核心是及时发现投资中存在的风险并加以合理控制。在投资协议中，重整投资人应当重点考虑哪些权利由其自身绝对保留。以续建式重整中的共益债务融资模式为例，逾期归还本息以及未能按约定使用融资款的，投资方可以采用降价销售、拍卖变卖等方式处置债务人的资产，以保障自身的优先受偿地位。

## 第四节　重整计划的制作与表决

随着房地产企业重整案件的增加，重整模式也呈现出多样化特征。选取恰当的重整模式，一方面能够有效保护债务人企业主营业务的存续，使核心资产最大限度地发挥其应有价值；另一方面也有助于消减企业债务，缓解债务压力。重整程序开始后，管理人需要在全面掌握企业情况的基础上，遵循公开、公平、公正的原则，充分调动各方资源来招募重整投资人，并与投资人、债权人等利害关系人就投入资金、运营计划、债权债务清偿等事项进行多方谈判，制定切实可行的重整方案。整体来说，重整计划的制定需要考虑以下几个方面内容。

第一，对重整价值的判断影响着对债务人企业资产的处分措施。房地产企业的资产类型十分多样，诸如土地、在建工程等资产的重整价值主要是其潜在的开发价值，而商业地产的主要重整价值是持续产生租金或其他孳息的能力。对具有巨大价值增益的财产，重整时一般应考虑予以保留；而对于增加重整负担的资产，管理人或债务人往往会采取拍卖或变卖措施，进行资产分离，确保优质资产成为重整资产。

第二，按照资产的盈利模式确定偿债方案。土地、在建工程依赖未来的开发收益实现债务清偿，而商业地产主要依靠“经营收益 + 资产增值”等资金进行偿债，其他边缘性资产则主要靠整体出售所得进行偿债。

第三，搭建妥当的重整框架。以土地、在建工程作为重整核心资产的，应注重引进高质量的重整投资人，通过注入重整资金盘活债务人企业；对核心资产是商业地产的，其增值的核心在于经营模式的转变和优化，对此应设置考核机制，提升企业的偿债能力。[①] 除上述资产外，其他资产可由管理人或债务人进行直接处置，以便债务人企业获取现金流，具体方案可以是资产拍卖，也可以是股权出售等。

结合以上分析，本节拟就房地产企业重整计划草案的制作及表决这一问题进行分析，以便澄清房地产企业重整程序中重整计划的制作方法，以及表决事项的具体安排等。以下就相关问题分述之。

## 一、重整计划的制作

### （一）重整模式的选择及相应的重点事项

重整模式的选定与重整投资人的投资类型密不可分。整体来看，续建式重整模式是实务中房地产企业破产重整的主流模式，选择该模式时要综合考量进行续建是否有助于提升债务人的财产价值、是否有助于化解社会矛盾等多重因素，下文将从续建式重整模式中融资方案的拟定、续建方案的拟定和房产销售方案的拟定这三部分展开介绍。

第一，续建式重整模式中融资方案的拟定。在续建式重整模式中，如何获得融资是重中之重，应以“融资、续建、销售、偿债”为基本思路制作重整计划，并联合融资方、代建方、销售方等主体，整合和配置有效资源，以此为基础搭建续建式重整的基础平台。一般来说，进入破产程序时，房地产企业的在建工程往往已经全部抵押，这导致管理人很难再从投资人处获得融资。对此，投资方的共性顾虑问题包括：能否保证投资资金安全、能否保证给予超级优先权、如何控制偿还风险等。为消除以上疑虑，管理人可以通过对融资协议和重整计划的条文进行设计，在不损害债权人合法权益的基础上，尽可能以意思自治的方式保障融资方利益。

第二，续建式重整模式中续建方案的拟定。房地产企业重整案件的烂尾项

① 商业地产往往存在售后返租的历史遗留问题，固定回报率已经不符合项目的实际情况和目前市场上正常租金收益的现实状态，重整框架中通常涉及业主权益调整，需要变更收益分配方式，停止固定回报。

目一般停工时间较长，续建时需要投入大量的人力物力。所以在续建时人防、电力、建设规划等各部门需相互协调沟通，共同解决遗留问题。但是如果更换原有建设单位，新旧单位出于风险防范目的，常常需明确规范工程质量问题，如划分工程界面、必要时需要进行质量鉴定等。对工程质量问题进行划分的目的在于，若工程质量问题是原施工单位的责任，则由其承担修复义务；若怠于修复的，则由续建主体按照约定责任代为修缮，费用由原施工单位承担。因此，当续建工程达到竣工验收备案状态，在计算工程量和工期时，需要考虑遗留问题的解决和质量问题的修复，以避免出现复工或再次停工的问题。

第三，续建式重整模式中房产销售方案的拟定。续建式重整一般采用建成后的房产销售回款清偿债务和重整融资。因此，销售环节是重整房企能否重整成功的重中之重。实践中，续建后的实际清偿价值和预测价值、评估价值之间可能有差额，管理人需要在重整计划中提示销售市场的潜在风险，并将未达销售预期的房产是否通过降价销售、以物抵债等方式进行处置以清偿债务的决定权交给债权人，充分尊重债权人的意思自治。这种做法能够防止销售过程中因销售定价、销售期间过长等问题而导致资产流失。

### （二）重整计划中偿债方案的设计

房地产企业重整计划中的偿债方案与重整模式息息相关。简单来说，重整模式不同，则偿债来源不同，当前实务中主要有现金偿债、销售回款偿债、以物抵债这几种方式。现金偿债主要存在于出售式重整模式中，该模式一般是依赖投资人投入的重整资金偿债，因此偿债方式为现金偿债，此时需要根据投资人的付款期限确定具体的偿债期限。销售回款偿债主要存在于续建式重整中，但因为可售房产在重整计划的有限执行期限中很有可能无法全部销售完毕，故通常采取现金偿债与以物抵债相结合的方式。实践中，破产案件的债权人更愿意接受现金偿债，而“以物抵债”方案因其涉及税收、过户、变现等问题，一般作为备选的偿债方式。

## 二、重整计划的表决

### （一）债权人会议的召开方式

在以往的破产案件中，债权人会议均为现场会议，随着大型房地产企业破产重整案件数量的增加，债权人的人数往往超过常规会议厅容纳人数的最大上限，尤其是存在大量购房消费者的重整企业。为充分保障所有债权人的权利，基于便捷操作、降低成本，当前的房地产企业破产案件，债权人会议往往采用网络会议和现场会议相结合的方式召开，部分债权人或购房人以网络会议的形式参与会议，实现观看会议现场直播和进行网络投票表决等操作。债权人会议表决采用线下纸质投票和线上网络投票相结合的形式，两者具有同等法律效力。从发展脉络上来看，线上会议原本是现场会议的补充，但受近几年公共卫生事件的影响，以及降低重整成本等方面的考虑，目前已基本上成为较主流的开会方式。

需要注意的是，债权人线上会议在实践中也存在一定的争议，需要进一步完善。例如，《企业破产法》规定，债权人会议的决议应由出席会议的有表决权的债权人过半数通过。那么线上会议如何确定“出席”，债权人用户的登录外观是否算作出席，部分线上平台采取签到制，一经签到即认为出席，而债权人是否全程参与会议则不再考虑。实际上，无论是登录还是签到，都无法准确对应法律规定中的“出席”概念。再如，如何确定是债权人本人参会。虽然平台会向债权人发送线上会议的相关登录信息，但网络的虚拟性将导致真正在线上参会的并不一定是债权人本人。目前，已经有部分线上平台开启了人脸识别的功能，通过技术手段确保债权人本人参会。

此外，与现场债权人会议相比，线上会议在程序性权利的保障方面稍有欠缺，包括发言、提问等。从管理人角度来看，现场召开债权人会议更考验管理人的组织能力、应变能力，也更能体现管理人的履职水平。

### （二）债权人会议的表决规则

重整计划的表决分为线上表决和线下表决两种方式。一般来说，债权人会议通过现场方式召开，采用现场投票的方式表决；通过线上网络方式召开的，可直接在线上表决并统计表决结果。

关于重整计划的表决期限，分为提前表决和延后表决。考虑到部分债权人的表决需要履行审批手续，表决期限一般会适当放宽，一种是提前发放会议资料，开会当天表决；另一种是开会当天不表决，会后履行审批手续再进行表决，确需延后表决的，应当在债权人会议上明确表决时间。

## 三、重整计划的批准

### （一）重整计划的批准程序

根据《企业破产法》第 82 条、第 84 条和第 86 条的规定，各表决组均表决通过重整计划草案后，重整计划即为通过，管理人只需向人民法院提出申请，法院经审查认为符合本法规定的，应当裁定批准，终止重整程序，并予以公告。这是最理想的批准方式，也称为重整计划的批准。在房地产重整案件中，不同主体之间的利益和偏好差异较大，重整计划常常出现无法顺利表决通过的情况，此时便需要通过强裁程序提请法院批准。

### （二）重整计划草案表决未通过后的强制批准

根据《企业破产法》第 87 条的规定，重整计划草案被部分表决组否决时，人民法院可裁定强制批准重整计划草案，以保证重整计划的及时生效实施，该条规定又被称为强裁制度。重整计划草案需要平衡多方主体的利益，强裁制度是法院基于多数债权人或利害关系人的利益因素考虑，在小部分债权人反对的情况下，强制性批准重整计划草案。强裁制度的立法目的是出于防止部分债权人的不理性或滥用表决权的考量，以免因为小部分债权的反对而对合理的计划造成不当的“钳制”。[①] 为使强裁制度具备正当性，立法对公平公正问题予以高度重视，具体表现为《企业破产法》第 87 条中关于保护各表决组权益的特别规

① 参见汪世虎：《重整计划与债权人利益的保护》，载《法学》2007 年第 1 期。

定。总体而言，强裁制度需要符合三个方面的条件：一是最少限度组别同意，即至少应有一个组别表决通过；二是需要贯彻公平原则，即重整计划对各个分组的债权人都给予了公平、公正的保障，没有歧视性对待；三是需要贯彻清算价值保障原则，即利害关系人通过重整计划获得的清偿率应不低于清算程序确定的清偿率。

在房地产重整案件中，尤其在续建式重整中，最容易出现重整计划中的“融资款优先于有财产担保的债权人受偿”条款的影响，有担保债权人反对重整计划的情况。在较为极端的案件中，甚至存在担保债权人享有一票否决重整计划的权利。这种情况下，法院判断重整计划草案是否符合强制批准的条件，就需要从重整计划本身出发，下文将对该问题展开论述。

第一，应考虑担保债权人的权益是否因重整而受到损害。根据《企业破产法》的相关规定，在受理破产申请时，债务人名下的全部财产均被自动冻结，并归入破产财产。设定担保权的在建工程往往处于停工烂尾状态，担保债权人的优先受偿范围只能基于该资产，如果直接作清算处置，其受偿金额也应当基于烂尾在建工程的变现价值。烂尾在建工程续建后的新价值，包括代建方垫资建设的工程、投资方投入的共益债务使在建工程成为可交付的商铺等，都属于重整计划执行期间的新生财产，不属于既有担保债权的担保范围。因此，资产增值后的变现价值理应优先偿还为续建而产生的成本与必要费用，这种清偿行为并不会对担保债权人造成损害。

第二，担保债权人受到损害的判断标准是使其陷入了比清算受偿更坏的境地。如果房地产企业通过续建完成竣工验收后，将取得新的利润，该利润一般均会大于融资成本和既有的担保债权数额等。因此，担保债权人并不会因重整而陷入更坏的境地。此外，一旦采取破产清算，担保债权人几乎很难获得全额清偿，且其受偿日期也并不一定早于重整程序下的清偿期限。所以从财产变现周期和财产价值角度看，担保债权人都是受益者。

## 讨　论

**如何判断担保债权人延期受偿的损失补偿符合合理性标准？**

我国《企业破产法》并没有规定对担保债权人延期清偿所受损失的补偿标准，实践中补偿标准是多样的，包括采用同期存款或者贷款利率等，但这些做法都没有直接的法律依据。从表面上看，重整计划的执行期限较长，这就使担保债权人获得清偿的时间相应顺延，但延期清偿并不必然导致担保债权人遭受新的损失，因为延期清偿所引发的损失是相对于破产清算程序中能立即获得的清偿率而言的。

一般来说，房地产企业破产重整案件的在建工程体量大、矛盾突出，宣告破产后资产拍卖也需要大量的时间，如果两轮拍卖后无法变现，担保债权人的债权就无法全额实现，延期时间也无法预料。因而针对实践中的补偿标准，需要考量是否会造成普通债权清偿率的显著降低，即其他债权人的权利是否会因为对担保权人的补偿而严重受损。

### （三）重整计划强制批准的实践经验①

## 参考案例

**案例1：2016年江西赛维LDK太阳能高科技有限公司破产重整案——江西省新余市中级人民法院**

未通过重整计划的组别：普通债权组与有财产担保债权组。法院对重整计划予以强制批准，理由是：担保债权并未受到实质性损害，普通

① 本节所载案例源于全国破产重整案件信息网（https://pccz. court. gov. cn/pcajxxw/index/xxwsy）。考虑到相关案例都是我国破产案件中较为著名的案例，媒体公布公开的信息亦十分丰富，故在对具体案情介绍时，本书不再一一引用裁判文书全文或案例详细报告。特此说明。

债权的清偿比例不低于按照评估价进行拍卖等处理后变现的清偿比例。

**案例2：2016年大丰南港置业有限公司破产重整案——江苏省盐城市大丰区人民法院**

未通过重整计划的组别：有财产担保债权组。法院对重整计划予以强制批准，理由是：就特定财产获得全额清偿，并能就延期清偿所受损失得到公平补偿，其担保权未受实质性损害。

**案例3：2019年乌拉特后旗瑞峰铅冶炼有限公司破产重整案——内蒙古自治区乌拉特后旗人民法院**

未通过重整计划的组别：出资人组、担保债权组、普通债权组。法院对重整计划予以强制批准，理由是：在债务人社会责任履行完毕前，风险基本可控，理论上不会导致债务人的资产贬值，重整计划没有损害大部分债权人的利益，优先债权按照重整计划确定的清偿方案100%清偿，且能够最大限度提高普通债权的清偿率，并防范潜在的社会风险。

**案例4：2020年重庆大帝重工机械有限公司破产重整案——重庆市江北区人民法院**

未通过重整计划的组别：有财产担保债权组。法院对重整计划予以强制批准，理由是：对担保债权确保其就设立抵押的特定财产获得全额清偿，且整体清偿比例均做了不同幅度的调高，其因延期清偿所受之损失得到公平补偿，职工债权、税款债权能全额清偿，普通债权的清偿比例远高于破产清算程序所能获得的清偿比例。

**案例5：2021年山东安驰轮胎有限公司破产重整案——山东省诸城市人民法院**

未通过重整计划的组别：有财产担保债权组、普通债权组和出资人组。法院对重整计划予以强制批准，理由是：职工债权将获得全额清偿，税款债权组表决通过了重整计划，重整计划草案公平对待同一表决组的成员。

# 第五节 重整计划的执行与监督

重整计划表决通过后，最理想的效果是该计划顺利执行完毕，债务人得以获救、债权人得以受偿。但在实际执行过程中，重整目标的实现通常不是一帆风顺的。在重整计划执行期间，债权人的清偿结果只能依赖于对债务人的执行效果，一旦执行失败，债权人将承担更大的风险。一旦重整计划执行终止，债务人企业仍然处于债务危机中，此前关于重整计划的制定、表决、批准都失去了意义。因此，为实现破产重整程序的制度目的，债务人及管理人都要注意债务人重整计划执行中的风险，并采取合理的控制措施。虽然外部的控制方式不可避免地会增加时间、人力等成本，但相较于重整计划执行失败的后果而言，事先控制措施反而是成本最小的。并且破产重整程序本身就贯穿着各主体之间的利益冲突，关键是如何考量和把握利益的平衡。本节将从重整计划的执行主体与监督主体、重整计划的执行效果、重整计划的执行责任等方面展开论述。

## 一、重整计划的执行主体与监督主体

重整计划的执行，是指重整计划草案经人民法院裁定批准后，具体付诸实施的行为。关于重整计划的执行主体，比较法上有两种模式，第一，由债务人负责执行；第二，由破产管理人负责执行。[①] 我国《企业破产法》中关于重整

① 《美国破产法典》§1141 规定，除非重整计划或者批准计划的裁定另有规定，重整计划应由债务人负责执行。《日本公司更生法》第 209 条第 1 款规定："已有更生计划认可的裁定时，管理人应从速实行该计划。"

计划执行的规定只有6条，具体在第8章“重整”中第3节“重整计划的执行”的第89～94条。

## （一）债务人执行、管理人监督的模式

关于重整计划的执行主体，《企业破产法》第89条规定：“重整计划由债务人负责执行。人民法院裁定批准重整计划后，已接管财产和营业事务的管理人应当向债务人移交财产和营业事务。”有学者指出，我国早在2004年着手制定《企业破产法（草案）》时，就采用了由债务人执行、管理人监督的体制，表明立法者在重整计划的执行问题上采取了对债务人较为信任的立场。[①] 毫无疑问，由债务人担任执行主体，优点是债务人对企业状况最为了解，更便于执行计划。但从权责一致的角度来看，重整计划执行失败的风险实际上将由破产债权人承担，因为在重整计划执行期间，一旦债务人不能执行或不执行重整计划，便可能导致重整计划执行的终止和清算程序的开始。[②] 故此，仅规定采取债务人作为单一执行主体的模式，或许应在法解释学上重新审视，具体理由如下。

第一，该模式可能使债权人对债务人产生信任危机。对债权人而言，债务人不能清偿到期债务的状态，并非因为一时资金周转困难等问题而暂时中止清偿，通常是较长期间内持续不能清偿。进入重整程序的企业，通常已经有了一次经营失败，故进行重整时，债权人对债务人执行重整计划的顾虑是客观存在的。就债务人自身可能存在的不诚信行为而言，即使重整程序的启动者是债权人，由管理人负责管理财产和营业事务并提出重整计划草案，最终的执行权仍由债务人行使，无疑加重了债权人对破产不诚信行为的顾虑。此外，从与债务人的运营和信用情况来看，在重整期间，债务人自行管理的风险可以通过事前审查和事后接管的方法得到控制；而在重整计划通过后，债务人便成为法定的重整计划执行主体，法律对此未规定任何限制条件，既无须债务人主动提出申

---

① 参见邹海林：《破产法——程序理念与制度结构解析》，中国社会科学出版社2016年版，第431页。

② 《企业破产法》第93条第1款规定，债务人不能执行或者不执行重整计划的，人民法院经管理人或者利害关系人请求，应当裁定终止重整计划的执行，并宣告债务人破产。

请，也无须法院对此做出批准。然而，重整计划执行失败的风险是终止重整计划的执行，并宣告债务人企业破产，这种后果原则上是不可逆的。[①] 诚如有学者所言，如果债务人不能执行或不愿执行重整计划，就将导致重整计划中的债权调整承诺失去效力，实际上就意味着债务人可以单方面否定重整计划的效力，这与重整计划批准的约束力是相矛盾的。[②]

第二，在该模式中存在无法判断债务人执行力的不确定性问题。债务人作为企业法人，其执行的主要动力来源是法人组织内部的治理结构，如董事会的执行能力将直接影响重整目标的实现和债权人利益的保护。事实上，债务人企业陷于困境的原因往往与债务人的经营能力和经营理念相关，重整程序虽发挥了破产重整制度的积极拯救功能，但这与债务人经营能力的提升并无必然关系。换言之，如果债务人的内部管理系统无法全面执行重整计划，重整的成功率将大大降低。因此，债权人对债务人执行重整计划的能力是存有一定质疑的。

第三，该模式下存在重整计划制定权和执行权错配的问题。根据《企业破产法》第 80 条的规定，债务人自行管理财产和营业事务的，由债务人制作重整计划草案。管理人负责管理财产和营业事务的，由管理人制作重整计划草案。然而，无论是债务人管理模式还是管理人管理模式，重整计划的执行权都归属于债务人。也就是说，即使重整计划是由管理人制定的，在法院批准之后也要交由债务人负责执行。这种制定权和执行权不匹配的现象，可能会在一定程度上影响重整计划执行的积极性。

### （二）约束债务人执行重整计划的措施

通过上文的论述，债务人企业享有负责执行重整计划的权利，这可能会使债权人对债务人的执行能力产生不信任感。为保护债权人的利益，合理管控其清偿预期，同时最大限度地保障债务人的经营自主权，应当在破产法律制度的设计上适当平衡债务人与债权人之间的权利分配。为此，可从以下几个方面

---

① 实践中，有部分破产案件在破产宣告后又转重整程序，这种做法的合法性暂且不论，仅从法解释学角度来看，重整失败后再清算、再转重整的概率是微乎其微的。

② 参见韩长印主编：《破产法学》（第 2 版），中国政法大学出版社 2016 年版，第 277 页。

展开。

第一，合理约束债务人的执行权。最高人民法院认为，重整计划执行期间是重整企业从重整期间转向完全正常经营的过渡期，也是重整计划可行性的考验期和实践期。[①] 重整程序的挽救功能是否能够实现，很大程度上有赖于重整计划的执行。执行过程中往往会涉及复杂的多方利益，还需要防范债务人利用执行权逃避债务、延迟清偿等不当行为。因此，重整计划的执行权必须得到有效的控制和干预，而不仅仅是采用事后监督的方式进行补救。

第二，合理评价与考量债务人的执行能力。《九民纪要》第111条对重整期间债务人自行管理财产和营业事务设置了限制条件。[②] 管理人发现债务人存在严重损害债权人利益的行为或者有其他不适宜自行管理情形的，可以申请人民法院做出终止债务人自行管理的决定。人民法院决定终止的，应当通知管理人接管债务人财产和营业事务。以上规定是对债务人自行管理模式的申请门槛，但就重整计划执行而言，立法及司法文件均未对债务人的执行权作出任何事先的准入限制或事后的终止要求，而是仅规定了重整失败转破产清算程序这一项不利后果。重整期间也属于破产审理期间，司法权力的介入程度较高，因而此时尚应对债务人的管理权设有一定的准入和退出机制；换言之，考虑到重整计划执行阶段甚至关乎重整案件的整个成败，又随着司法公权力在进入重整计划执行阶段后的迅速退出，理应对债务人的执行能力进行评价和考量。客观上说，管理人在6~9个月的重整期间内，已对债务人开展了大量清产核资工作，这一过程足以对债务人的执行能力作出简要判断。因此，管理人对债务人的执行能力的界定，可以参照债务人自行管理的条件进行评价与考量。

第三，探索由管理人保留部分接管事项的执行模式。《企业破产法》第25条规定，管理人负责接管债务人的财产、印章和账簿、文书等资料；第89条规

① 参见最高人民法院民事审判第二庭编：《〈全国法院民商事审判工作会议纪要〉理解与适用》，人民法院出版社2019年版，第573页。

② 根据该条规定，债务人企业需同时符合以下条件才能申请自行重整：第一，债务人的内部治理机制仍正常运转；第二，债务人自行管理有利于债务人继续经营；第三，债务人不存在隐匿、转移财产的行为；第四，债务人不存在其他严重损害债权人利益的行为。

定，重整计划批准后，已接管财产和营业事务的管理人应当向债务人移交财产和营业事务。从文字和体系解释的角度来看，“接管”和“移交”的概念并不完全一致，这意味着管理人仍然可以对重整程序中已接管的事项，在重整计划执行阶段继续部分地保留接管权限，保留的内容主要是印章和企业网银账户。由于保留事项没有法律强制性条款作出规定，故可通过重整计划特别约定的方式界定管理人的保留事项与权限，并以此作为对重整计划执行进行监管的有效手段。而且，印章和网银的保留并不影响管理人对财产和营业事务的移交，也不会阻碍法律规定中的重整计划执行权。

第四，允许重整计划特别约定其他主体协助执行。随着重整制度的不断发展，不同企业的重整模式各不相同，债务人企业的投资主体、股权结构、公司治理模式、经营方式等都会发生变化。为达到最优执行的目标，重整计划的执行主体应当不限于债务人，而是可以委托给第三人或其他主体协助执行。在传统的存续型重整模式中，债务人的法人资格存续，债务人对企业的状况最为了解，从执行效率、执行的便利性、降低执行成本等角度考虑，债务人执行重整计划确有其优越性，这也是市场经济成熟的标志。但是，为了防止执行权的垄断或是造成执行失灵的后果，“债务人执行”只能作为原则，制度设计上还应安排其他的可替代方案，以防范债务人的“道德风险”。具体而言，可在重整计划中制定相应的条款，以实现在某种条件触发时委托其他主体协助执行的目标，但需注意此时对外部债权人的责任仍由债务人企业承担。因为重整计划作为一种集体契约，自然有权自行确定协助执行的主体，法理构造上可视为重整计划的委托执行。而且，通过重整计划授权的形式确定协助执行人，能够摆脱对债务人单一执行主体的依赖。实际上，《企业破产法（草案）》曾规定，在重整计划执行期间，破产案件仍未终结，重整计划由根据该计划确定的重整执行人负责执行。这一规定实际上暗示了债务人可委托其他主体代为执行重整计划。但可能存在的顾虑是，这种方案对债务人的信任度较低、程序成本较高，产生的制度代理成本可能也较大，故并未被正式立法稿采纳。法律的发展需关注法律制度在当下所面临的问题，同时预测未来一定时期内可能发生的事项，并给出具有一定可行性的制度设计。债务人自己执行重整计划的内在逻辑是自救，如果不能自救，当然应允许其采取授权执行的方式作为补充。重整制度正在不断地发展和进步，重整模式并不局限于使债务人企业继续存续和继续经营这种传统方案。[①] 当然，无论采取何种重整模式，重整制度的最终目标是通过有效的法律手段实现市场主体的有效救治，帮助企业提质增效。因此，从市场激励角度来看，为了最大限度地释放重整制度的价值，应允许重整计划这一集体契约对执行主体作出特别约定。

## 二、重整计划的执行效果

实践中，房地产企业重整计划的"高票通过"往往被认为是重整成功的阶段性标志。各级人民法院也会按年度公布一批破产审判典型案例，其中不乏房地产企业案件。当前，对房地产企业破产重整案件是否成功的评价标准一般是重整程序的结束，而该标准疏于对重整计划执行阶段的必要观察和考量。事实上，法院批准重整计划仅是债务人企业的一个新起点，企业能否真正涅槃重生，关键在于重整计划的执行效果。

### （一）从经济效益角度评估重整计划的执行效果

重整计划执行的经济效益最直接的表现形式是债权清偿率的提高，甚至使债权得到最大化清偿。按照"清算地板规则"原则，重整程序中的利害关系人根据重整计划获得的清偿利益，应当高于其在破产清算程序原可获得的清偿利益。在破产清算程序中，囿于程序效率和市场承接能力的影响，破产财产的变现价格和变现周期受市场因素的影响很大，清算状态下的具体变现价格较难在早期予以确定。这就导致有财产担保的债权人尚且有可能无法获得全额受偿，

① 在房地产企业的重整案件中，无投资方接盘重整的情况下，常常采用委托经营的重整模式，执行主体由债务人转变为托管经营方。例如，根据宣城市中级人民法院发布的《宣城法院房地产企业破产审判白皮书》（2013～2018年）中的经验，宣城市大唐万安置业有限公司重整案件在审理过程中，经公开招募无投资方接盘重整，为保护5200余户拆迁户、2000余购房户的生存权益，宣城市政府专门成立了国有公司，以受托经营的方式进入宣城市大唐万安置业有限公司，托管经营该公司，使项目成功重整。

清偿顺位靠后的债权人的清偿率更是不容乐观。部分案件中，扣除大额交易税收债权后，普通债权人的清偿率甚至为0。但通过重整计划的执行，不仅职工债权、税款债权的清偿率通常可达到100%，普通债权人亦可获得较高比例的清偿，甚至股东也能保留部分股东权益。相较于破产清算程序而言，重整程序可使利害关系人的清偿率获得提升。①

### （二）从社会效果角度评估重整计划的执行效果

近年来，房地产企业进入破产程序的导火索通常是不能按期交房引发的大规模舆情。此时，债务人企业已经预售了大量的房屋，购房债权人也已经向房地产企业支付了购房款，却面临无法交房的境地，大量购房人往往聚集上访，维稳压力巨大。

在此压力下，即使采用最快的破产清算程序解除购房合同，将购房债权全部按照共益债权处理，假使评估价值能够达到100%，在变现并扣除各项费用后，购房人能实际收回的购房款亦十分有限。特别是，出于快速变现的需要，如果在变现过程中再进一步打折资产价格，则可能导致收回的资金进一步减少，这种极低的清偿比例是购房人难以接受的。

相反，重整程序是最能够维持社会稳定的债务清理方式。房地产企业破产时的主要财产一般为在建工程，通过重整续建、改变烂尾状态，这可以使项目竣工验收达到交付条件后向购房人交付房屋，并办理相关权属证书，这是重整制度社会价值的体现，能够有效地化解现存的各类矛盾，尽可能地维护地方社会稳定。

## 三、重整计划的执行责任

重整计划进入执行阶段后，财产和营业事务移交给债务人，管理人的监督职能并不具有强制约束力，债务人的执行风险直接影响重整计划的所有利害关

---

① 当然，重整计划中的破产清算预测比例仅是一个理论计算值，受市场环境等各方面因素影响，不能保证破产财产实际清算后可以达到该比例。

系人。因此，有必要从体系解释的角度对重整计划的执行责任作出分析，以督促债务人执行重整计划。

### （一）债务人对重整计划执行所负的责任

进入破产重整程序后，债权人会议实际上取代了股东会，成为关系债务人企业决策的最高权力机关。① 在重整计划通过后，债权人会议的权利（力）终止，重整计划执行权回归债务人企业，债权人处于等待清偿的地位。一旦债务人不执行或者不能执行重整计划，人民法院将裁定终止重整计划的执行，并宣告债务人破产，此举影响的是重整计划中所有利害关系人的权益。如果进入破产清算程序，全体债权人的清偿率都会降低，违背了债权人、投资人②等利害关系人在利益妥协和让步的情况下通过重整计划的初衷，损害了各方在重整计划中的既定利益。

因此，既然重整计划的执行主体是债务人，那么其必须全面履行重整计划规定的清偿义务。对于仍怠于履行重整计划或拒不执行重整计划的情况，基于重整计划的特殊目标，在计划执行期间，制度设计上应强化对债务人执行权的控制，包括但不限于采取执行前的限制、执行后的纠正等措施。

### （二）重整投资人对重整计划执行所负的责任

相对于债务人的主体责任而言，投资人责任可以通过投资协议进行事前约束。实践中，也不乏投资人拒不履行投资义务而导致重整计划无法按期履行的情况。如果债务人采用的是财务投资人筹措资金的方式进行重整，常见的投资人责任包括延期出资导致的停工问题（影响竣工验收和销售）和重整资金的延期支付导致偿债不能等后果。投资人违约的具体缘由多种多样，但一般来说，房地产企业重整案件的执行周期较长，受市场因素影响也很大，在投资人因其他原因陷入困境后，很可能无暇顾及重整企业。为防止投资人自身的风险导致

① 也有学者指出，重整程序中原出资人股东仍然对公司享有部分权益，此时公司的权力机构应是包含股东、债权人、投资人等在内的利害关系人会议，参见张世君：《论我国破产重整公司治理结构之优化》，载《政法论丛》2021 年第 6 期。

② 接受重整计划融资安排的投资人，只能按照重整计划享有权利和承担义务。

重整计划执行不能等意外情况出现，可采取以下两种措施。

第一，要求投资人缴纳投资保证金。投资保证金作为一种投资担保手段，需由投资人在合同签订后、债权人会议召开前支付。进入重整计划执行阶段后，保证金可直接转为投资款的组成部分。如果法院没有裁定批准重整计划，履约保证金无息退还，主要是为了防止投资人在重整计划通过后的毁约行为；如果法院裁定批准重整计划后投资人反悔并表示不再投资的，管理人或债务人有权不再退还保证金。

第二，要求更换重整投资人。因重整程序具有不可逆性，如果重整计划通过后投资方又退出的，很有可能导致重整计划执行不能，整个重整程序陷入停滞状态，而迫使债务人企业进入破产清算程序。因此，重整计划有必要约定投资人的更换程序。例如，重整计划经法院裁定批准后，若发生投资方不履行已签订的协议、放弃执行重整计划，或者不能执行重整计划等情形，管理人有权在报请法院后代表债务人解除双方签订的协议并重新招募新的投资人。如果因为投资人的违约导致重整计划无法执行，则投资人存在过错并损害了全体债权人和业主的利益，在此种情况下，投资人在违约后主张返款保证金部分之外的剩余投资款的，其不能享有优先权。

### （三）管理人对重整计划执行的监督责任

根据法律规定，在监督期内，债务人应当向管理人报告重整计划的执行情况和债务人的财务状况，但《企业破产法》对管理人的监督权只是原则性的规定，并没有明确管理人的具体监督职能、手段、措施等。管理人监督权的行使需依靠债务人的报告，这意味着管理人的监督权是一种事后的、消极的权利，很难与债务人的执行权抗衡。管理人向债务人移交财产和营业事务后，债务人重新获得企业的控制权和经营权；管理人退出后，甚至难以对债务人的日常经营进行监督。在债务人不执行或者不能执行重整计划时，管理人行使监督权的唯一方式是请求人民法院裁定终止重整计划的执行，并宣告债务人破产。这是对已经发生事实的一种消极纠正方式，影响的是受重整计划影响的所有利害关系人。

管理人行使监督权的目的是发挥防止和制止的作用，却不能达到制约和纠正的目的。重整程序是否能够实现挽救功能，依赖于重整计划的完全执行。一般来说，执行过程中常常涉及多方复杂的利益，需防范债务人利用执行权逃避债务、延迟清偿的不当行为。因此，重整计划执行权必须得到有效的控制和干预，而不仅是单一的事后监督方式。为避免重整计划执行失败后不得不宣告破产的风险，管理人的监督权不能仅在执行不能后发挥向法院申请终止重整计划的消极作用，而应该充分发挥积极补救的功能。对此，立法上可从以下几个方面加以完善。

第一，明确管理人的具体监督措施。管理人在接管债务人后，对债务人财产进行清理和债权债务调查时，已经对企业的整体情况有了较深的理解，并且管理人在重整期间所完成的大量工作决定了利害关系人对经营方案的执行效果、债务的清偿情况的合理预期。因此，在重整计划中可约定由管理人负责保管印章、网上银行 U 盾等必要材料，并设置规范化的使用流程。债务人在执行重整计划时，必须严格遵循既定的使用流程。当然，通过对印章的控制行使监督权，仅是一种形式审查，不能影响企业的正常经营。管理人监督的重点应当在于，债务人的决策和经营活动是否会导致债务人的财产流失，以及是否会损害债权人的利益。管理人的事前监督相较于被动接受报告而言，能将债务人执行权滥用的风险降到最低，如果债务人从事隐匿财产或非法转移财产而损害债权人利益等行为，都可由管理人在监督中及时发现，这种做法有利于最大限度地保护债权人在重整计划中的合法权益。

第二，要求及时变更重整计划的执行主体。重整计划未完全得到执行时，人民法院并不能直接依职权裁定终止重整计划执行并宣告债务人破产，而是有赖于管理人或利害关系人的申请。这种“依申请”模式给管理人留下了纠正和补救的空间。如果管理人在监督过程中发现债务人不执行或不能执行的情况，但管理人认为这些并未对重整计划的继续执行造成根本性障碍时，其有权通过变通的方式延续重整计划的执行。《全国法院破产审判工作会议纪要》第 19 条规定了重整计划执行中的变更条件和程序：“债务人应严格执行重整计划，但因出现国家政策调整、法律修改变化等特殊情况，导致原重整计划无法执行的，债务人或管理人可以申请变更重整计划一次。……”从实际案件的办理角度出发，可以根据案件的需求对该条规定中的“特殊情况”作出扩大解释，将变更条件及于执行主体，由此，债务人不执行或者不能执行重整计划的，也属于重整计划执行中遇到的“特殊情况”。此时，可由管理人向法院申请变更重整计划执行主体，作为对债务人执行权怠用或滥用后的一种纠正措施，防止重整计划由于债务人的原因而不得不终止执行的情况发生。

# 第四章

# 关联房地产企业的实质合并重整

# 第一节　实质合并重整原则的基本理论

## 一、实质合并破产的原理与功用

### （一）实质合并破产的概念及实然法规定

实质合并原则（substantive consolidation doctrine），又称实体合并原则，是指将破产关联企业的资产与债务合并计算，直接涤除关联企业之间的债权和担保关系，完成前述合并后，即将合并后的数个企业称为“破产集团”，并将数个企业对外的全部负债都认定为该破产集团的债务，依债权额比例分配给该集团的所有破产债权人和利害关系人，而不细加追究该债务具体是由哪一成员公司引起的。① 联合国贸易法委员会《破产法立法指南》第224条将实质合并定义为：将企业集团两个或两个以上成员的资产和负债作为单一破产财产的组成部分对待。②

法律史上，实质合并原则源于美国破产法官根据衡平法原理所创制的一种适用于关联企业（企业集团）破产情形的公平救济措施，其核心要义在于否认各关联公司的独立人格、消灭所有关联企业的求偿要求，使各成员的财产合并成为一个整体的破产财团，以对该破产集团的全部债权人公平清偿。③ 换言之，实质合并破产中，法院将像处理一个大企业的债权债务一般，处理构成关联企

---

① 参见施天涛：《关联企业法律问题研究》，法律出版社1998年版，第141页。

② 参见联合国国际贸易法委员会《破产法立法指南》第三部分“破产企业集团对待办法”，联合国维也纳办事处英文、出版和图书馆科2012年版，第2页。

③ 参见徐阳光：《论关联企业实质合并破产》，载《中外法学》2017年第3期。

业各个成员企业的整体债权债务。①

我国当前破产法学界较主流的观点认为，实质合并是将两个及两个以上集团企业的资产负债合并后视为单一企业，在同一财产分配与债务清偿基础上进行破产程序，各企业人格在破产程序中不再独立。② 最高人民法院曾于 2012 年出台了《关于适用实体合并规则审理关联企业破产清算案件的若干规定（征求意见稿)》，其中将“实体合并”界定为：“关联企业破产时，关联企业成员之间的财产和债务合并计算，相互间的债权债务消灭，债权人共同受偿的破产处理程序。”虽然该征求意见稿最终未能以生效文件的形式出台实施，但此后，最高人民法院于 2018 年 3 月 4 日颁布的《全国法院破产审判工作会议纪要》第六部分“关联企业破产”中第 32 ~ 39 条详细规定了关联企业破产中的实质合并做法。目前，我国多个地方法院已经开始适用实质合并破产制度解决关联企业的破产问题。

## （二）实质合并破产程序的特点

实质合并程序的主要运行方式是，将整个集团的资产与负债合并、视为同一债务人，将债务人的相关资产集中至一个权益池，单个实体的债权人成为实质合并实体的债权人。虽然学界对实质合并破产规则的定义还存在一些认识上的差异，但总体来看，已然形成了许多共性观点：实质合并破产并非要求所有的关联企业在形式上均完全成为统一的法律主体，也不要求各个关联企业必须履行公司法上的合并程序，而是在破产案件办理中的一种指导办法或者一种概念上的处理，目的是解决司法实践中出现的特殊情况，对破产财产进行重新划定和定义，从而成为保护债权人、债务人利益的一种“工具性”规则。

结合破产实践，实质合并破产规则有以下核心构成要素：（1）实质合并破产规则一般适用于包含多个关联企业破产的案件；（2）“合并”在破产程序中的意旨主要有二：一是将多个实体企业合并视为单一破产债务人，二是将各个

---

① 参见贺丹：《企业集团破产——问题、规则与选择》，中国法制出版社 2019 年版，第 89 页。

② 参见王欣新：《关联企业实质合并破产标准研究》，载《法律适用（司法案例)》2017 年第 8 期。

企业的债权人合并视为合并后破产企业的债权人；(3) 合并后产生的法律效果是将各个关联企业的财产作为统一的破产财产，同时各企业实体的债权统一由合并后的破产财产作出分配清偿；(4) 实质合并破产规则并不消灭各关联企业实体的法律人格，而是作为破产程序中的特殊处理方式和制度，即从破产分配的视角对各企业实体的独立人格加以否定；(5) 实质合并破产规则要求对关联企业之间的债权债务关系做出特殊处理，较为通行的做法是将关联企业之间的债权债务抵销；(6) 实质合并破产规则可适用于破产重整、和解、清算，而重整、和解与清算的程序衔接问题不影响该规则的适用。

### (三) 关联企业实质合并重整的作用

1. 有利于厘清实质合并破产的适用对象

实践中，关联企业中的部分企业为避免被纳入实质合并破产程序，可能人为地提前筹划规避，因而在实质合并启动阶段的受理规则构建中，如何确定有关企业应否被归入实质合并程序，就成为亟待解决的现实问题。

在这方面，实质合并破产制度作为一种特殊的破产救济方式，尽管其对现有的公司独立人格制度提出了一定的挑战，甚至在很大程度上突破了公司人格的独立性，但实践中如果能够以谨慎的态度对待，便可取得制度和实践上的巨大成功。进一步来说，关联企业实质合并破产要在破产债权人利益保护和公司人格独立制度方面取得平衡。有观点认为，实质合并破产的启动规则应当对可适用实质合并破产的关联企业范围进行标准化筛选。[①] 这种观点无疑是中肯的。唯其如此，才能够有效防范部分企业通过人为手段规避被纳入实质合并范围，一定程度上遏制了部分企业的投机行为。

总之，对真正符合条件的关联企业适时地运用实质合并破产程序，可以保障破产程序规范有序地展开。

2. 有利于实现公平与高效的债务清偿

对于关联企业内部资产高度混同、账目难以查清、债权债务混乱等情况，

---

① 参见高小刚、陈萍：《论关联企业破产程序中实质合并原则的适用》，载《法律适用》2020年第12期。

若按照现有破产法规则对各成员企业分别实施破产，法院在审理过程中就不得不分别查清每个债务人企业的资产状况、负债情况等。这无疑将耗费大量司法资源，法院、管理人、债务人、债权人等需要付出巨大的时间成本，破产财产的价值也可能在此期间遭遇贬损。这种分别破产的做法并不利于企业破产案件的顺利展开，也无法真正做到保障对债权人的公平清偿。此外，分别破产的做法看似尊重公司法人的独立原则和有限责任原则，但由于关联企业之间的特殊关系，各公司已严重偏离理性的商业经营，其财产的独立性已经丧失，并且不具有法律上的正当性和合理性。在此基础上，若仍固守所谓的法人独立和有限责任，反而会在客观上产生实质不公平。① 因此，实质合并其实是对特定主体之间特定关系的必要修正，更具实质公平性。

尽管法院在认定是否适用合并破产程序的前置步骤比较复杂，但是，一旦法院裁定适用实质合并破产规则后，有关程序就有可能得到极大的简化。因为适用实质合并破产程序，债务企业之间的资产划分以及债权债务问题都能得到“一揽子”解决；而且，管理人对资产的查清认定工作也随之相对减轻，破产案件办理的周期得以缩短、破产成本得以降低，整体审理效率较之于分别破产将得到显著提升。

3. 有利于丰富和完善破产启动理论

实质合并破产是针对关联企业这一特殊主体的特殊破产形式，而现行破产法主要解决的是单一企业的破产问题。尽管实务中已陆续出现了大量关联企业合并破产的案例，法院也创制了一些实操规则，但立法文本的滞后性使实务与理论的发展与立法现状并不同步。可以说，对关联企业合并破产的法律适用，仍缺乏上位法依据，这使部分实践做法处于无法可依的状态，仅是法院依据自身对实质合并原则的理解“创制”出的裁判规则。这些规则虽然在一定程度上缓解了破产法的供需矛盾，但几乎都来自案件承办者对既有法学理论的认识和加工，所以常见的情形是：因承办者所处地区的发展情况不同、审判组织不同，

① 参见李永军、李大何：《重整程序开始的条件及司法审查——对“合并重整”的质疑》，载《北京航空航天大学学报（社会科学版）》2013 年第 6 期。

故其对法律的理解可能也不尽相同。这些实际情况可能导致实质合并破产在我国司法实践中的不一致，处理结果亦有所差异。在成文法国家，破产规则的统一性是各地法院公平清偿债权的有效保障，如果没有统一的、标准的规范依据，可能就无法保证债权清偿公平的实现。

与此不同，如果加强对实质合并破产启动机制的研究，比如实质合并破产的适用范围、适用标准以及启动程序等方面，将不仅能够为司法实践提供切实可参考的法律依据，也能够进一步丰富和完善现有的破产程序启动理论，有利于促进破产法规则在全国范围内的规范运用。

## 二、关联企业合并重整案件的办理原则

关联企业合并重整意味着对各关联企业的债权债务及资产作出合并处理。对此，2018 年《破产审判会议纪要》第 36 条指出："人民法院裁定采用实质合并方式审理破产案件的，各关联企业成员之间的债权债务归于消灭，各成员的财产作为合并后统一的破产财产，由各成员的债权人在同一程序中按照法定顺序公平受偿。采用实质合并方式进行重整的，重整计划草案中应当制定统一的债权分类、债权调整和债权受偿方案。"

对于关联企业合并重整的管理人指定，无论企业的数量多少，只指定一个管理人的做法更为合理。原因包括如下两个方面：一方面，关联企业合并重整的效率优势真正来源于指定一个管理人所能够带来的程序简化、工作效率提升；另一方面，只有在同一管理人模式下，才能有效统一解决关联企业合并重整中的债权认定及债务清偿、资产管理及处置、债权清收及职工遗留等复杂的破产事务，并能够避免各管理人协调不畅、工作停滞所带来的不利局面。[①] 若在关联企业合并重整之前，已为各关联企业指定了多名管理人，则在合并重整程序启动后，应由核心企业或控制企业的管理人接手管理剩余的合并破产（重整）

① 参见王静、蒋伟：《实质合并破产制度适用实证研究——以企业破产法实施以来 76 件案例为样本》，载《法律适用》2019 年第 12 期。

事务，其他关联企业的管理人则应当移交相应资料，并指派一定数量的管理人团队成员协助实质合并管理人完成后续的衔接事务。

值得注意的是，在实质合并重整案件中，某些关联企业成员主体的存续问题还将关系到重整计划的整体实施。即便重整成功后要求注销部分企业法人的，也应当在重整计划草案中提前作出规定，并经由债权人会议表决、法院批准。若机械地、前置性地一律强制要求成员企业注销，只会导致破产程序的不当迟延，降低关联企业合并重整的灵活度和效率，以及产生不必要的破产费用。对此问题，《破产审判会议纪要》第 37 条①规定，适用实质合并规则进行和解或重整的，各关联企业原则上应当合并为一个企业。根据和解协议或重整计划的规定，确有必要保持个别企业的独立主体资格的，应当依照企业分立的有关规则作出单独处理。

此外，《破产审判会议纪要》第 38 条、第 39 条还明确规定了关联企业合并重整案件的协调审理问题。依此规定，多个关联企业成员均存在破产原因但不符合合并条件的，人民法院可根据相关主体的申请，对多个破产程序进行协调审理，并可根据程序协调的需要，综合考虑破产案件审理的效率、破产申请的先后顺序、成员负债规模大小、核心控制企业住所地等具体因素，由共同的上级法院确定一家法院进行集中管辖。不同于实质合并，协调审理的方式并不消灭关联企业成员之间的债权债务关系，不对关联企业成员的财产进行合并和抵销，各关联企业成员的债权人仍以该企业成员财产为限，依法获得分配。但关联企业成员之间不当利用关联关系形成的债权，应当劣后于其他普通债权顺序受偿，且该劣后债权人不得就其他关联企业成员所提供的特定财产优先受偿。②

---

① 该条规定："实质合并审理后的企业成员存续。适用实质合并规则进行破产清算的，破产程序终结后各关联企业成员均应予以注销。适用实质合并规则进行和解或重整的，各关联企业原则上应当合并为一个企业。根据和解协议或重整计划，确有需要保持个别企业独立的，应当依照企业分立的有关规则单独处理。"

② 参见赵吟：《论破产分配中的衡平居次原则》，载《河北法学》2013 年第 3 期。

# 第二节　房地产企业实质合并重整的适用标准

2018 年《破产审判会议纪要》第 32 条提道："人民法院在审理企业破产案件时，应当尊重企业法人人格的独立性，以对关联企业成员的破产原因进行单独判断并适用单个破产程序为基本原则。当关联企业成员之间存在法人人格高度混同、区分各关联企业成员财产的成本过高、严重损害债权人公平清偿利益时，可例外适用关联企业实质合并破产方式进行审理。"整体来看，在关联企业实质合并的三大适用标准中，区分成本过高标准的认定前提在于各关联企业之间的法人人格高度混同，而衡量债权人的受偿利益损害标准的认定依据则在于对合并或区分情况的成本收益比较。① 因此，法人人格高度混同标准是适用关联企业实质合并的主要判断因素，后两者则为辅助判断因素，且适用于房地产企业的合并重整。下文将详细分析各项因素的适用要求，并结合房地产企业合并重整的实际案例加以展开说明。

## 一、法人人格混同标准

### （一）实质合并破产规则与法人人格否认制度的理论区分

有实务专家指出，截至 2022 年 3 月 27 日，通过中国裁判文书网、全国企

① 参见王静、蒋伟：《实质合并破产制度适用实证研究——以企业破产法实施以来 76 件案例为样本》，载《法律适用》2019 年第 12 期。

业破产重整案件信息网和北大法宝收集到约有 267 份适用实质合并规则的破产案例裁判文书；其中，以“人格混同”“人格高度混同”“丧失独立人格”作为裁定理由的案件约为 165 个，占实质合并破产案件的 62%。[①] 故在以上三项标准中，法人人格混同是最为普遍适用的标准，即最普遍适用的实质合并的裁判依据。需要注意的是，法人人格混同现象在公司法中的处理（导致“揭开公司面纱”）与在破产法中的处理（导致实质合并破产）是存在重大区别的，二者不可同日而语、不具有可替代性，对此，需要在理论上厘清两者之间的关系。

公司法人人格否认制度是在公司法语境下使用的。该制度的法律依据即为《公司法》第 20 条第 3 款，该款规定：“公司股东滥用公司法人独立地位和股东有限责任，逃避债务，严重损害公司债权人利益的，应当对公司债务承担连带责任。”从法律文本本身进行分析，该条并未明确界定“人格混同”的概念，更未提出因公司的“人格混同”而直接否认公司独立法人地位的规范意旨。对此，在最高人民法院指导案例 15 号“徐工集团工程机械股份有限公司诉成都川交工贸有限责任等买卖合同纠纷案”中，法院就“参照”适用《公司法》第 20 条第 3 款作出了处理，创设了基于“人格混同”而否认关联公司之间独立法人地位的裁判思路，并基于企业的人格混同情况判定由关联公司对彼此的外部债务承担连带责任，形成了这一新裁判思路。[②] 法人人格混同下“揭开公司面纱”的适用效果，一般是指由股东（既包括自然人也包括企业法人）对子公司的债务承担连带责任，所以立法上一般均以“逃避债务”（无论当事人系以之作为主观意图还是客观效果）作为法人人格否认规则的适用条件之一。[③] 此外，法人人格否认规则仅适用于关联企业的个别交易关系及其纠纷，因此其法律后果均被限定在一定范围之内，即特定个案的裁判结果之内，意在保护特定债权人的利益。

① 参见赵惠妙、左常午：《我国关联企业实质合并破产的裁定标准》，载《法律适用》2022 年第 4 期。

② 参见王军：《中国公司法》，高等教育出版社 2015 年版，第 66 页。

③ 参见王欣新：《关联企业实质合并破产标准研究》，载《法律适用（司法案例）》2017 年第 8 期。

由前文介绍可知，公司法中的法人人格否认制度作为对单个的、特定的债权人权利的保护手段，无法在作为集体清偿手段的破产程序中实现对关联企业全体债权人的公平清偿。因此，就制度的设立目的而言，法人人格否认与实质合并破产存有本质不同：实质合并破产规则对法人人格的否认，是全方位的、彻底的、终极的否定，不再局限于个别的行为或事项。在这方面，诚如有观点指出的，实质合并破产将“使关联企业成员之间的所有债权债务关系完全消灭，财产完全合并，强调对全体债权人利益的维护，这在处理高度混同的关联企业破产案件中是一种更有力的手段”。[①] 此外，就制度的适用范围而言，实质合并破产是对关联企业法人人格混同等现象在破产程序中的特殊处理手段，而鉴于我国尚未建立全国性的个人破产法，因此实质合并破产的适用范围原则上也就无法延伸至自然人；相较而言，法人人格否认制度对股东个人责任的追及则不区分企业或自然人的身份属性。

总结来看，法人人格否认制度确实构成关联企业实质合并破产的基础理论来源之一，但该制度本身与关联企业实质合并破产有着显著差异，主要在于以下几个方面：(1) 在适用对象上，法人人格否认制度针对的是母子公司，而实质合并规则针对的是集团公司或关联企业，并不包括自然人债务人；(2) 在适用效果上，法人人格否认制度对法人人格的否认效果仅是针对个别事项的调整、个别纠纷的处置，即强调股东对单项债权的连带责任，而实质合并规则对关联企业的法人人格的否定则是全面、永久的，原则上将使关联企业成员之间所有的债权债务关系完全消灭、资产完全合并，所强调的是保护全体债权人的利益；[②] (3) 在适用标准上，法人人格否认制度的适用前提在于，公司与其股东在财产、经营、人员等方面难分彼此、无从区分，即法人人格的高度混同已构成适用法人人格否认制度的充分条件，而实质合并规则则不同，除需具备法人人格高度混同的必要条件之外，还需具备其他的辅助性条件，比如区分各关联

---

① 参见王欣新、周薇：《论中国关联企业合并破产重整制度之确立》，载《北京航空航天大学学报（社会科学版）》2012 年第 2 期。

② 参见张少丽：《关联企业实质合并破产制度研究》，载《重庆第二师范学院学报》2014 年第 4 期。

企业成员财产的成本过高、不进行实质合并会严重损害债权人公平清偿利益等，实质合并破产规则对关联企业法人人格的否定是全面且永久的，因此其适用标准应当高于法人人格否认制度；（4）在法律程序上，法人人格否认制度的适用必须经过诉讼程序，由审判机构以判决的方式加以确定，而实质合并破产在破产程序中的适用则可直接采取非诉程序，由法院以裁定的方式加以确定。

### （二）实质合并规则中的法人人格混同标准

法人人格混同在关联企业实质合并破产的诸多构成要素中，扮演着核心的“行为标准”，即其着眼点在于债务人企业的客观行为。如上节所述，《公司法》中的公司法人人格否认制度通常只关注个别交易中的法人人格混同，对于混同程度并未作特别要求。相较而言，破产法视角下的实质合并制度对法人的人格混同要求更高，后者所指的混同，是全方位的混同。有观点就指出，破产法上的法人人格混同，必须达到“当严格区分各个公司的界限难度达到令人绝望的程度”，是故，混同程度上的划分是区别此两者的关键。[①] 通过法院对关联企业是否构成“法人人格高度混同”的评析情况可知，人格混同这一项行为要件十分受重视，一般法院在审查实质合并申请时，倾向于先认定是否存在关联关系，再认定各关联企业是否构成法人人格的高度混同。

需要说明的是，在我国当前理论与实务中存在一种误解，就是将法人人格混同作为适用实质合并破产的唯一标准，从而完全局限于对公司法理论的借鉴。而实际上，关联企业内部控制人相同、高级管理人员交叉、经营场所重合等事务性问题，通常是所有关联企业都会存在的普遍现象，是法律规范本身无法解决且属于关联企业的一般特征，因而公司法中关于法人人格否认的常见要素，在实质合并破产的认定标准上确实具有辅助作用，但不足以作为法院启动实质合并破产的充分理由。

就该标准在破产法中的内涵本身而言，“法人人格高度混同”的重点在于达到“高度混同”的程度时，才有可能考虑适用实质合并。因此，法院在确定

① 参见王欣新：《破产法前沿问题思辨》（下册），法律出版社2017年版，第355页。

关联企业的资产和负债认定标准时，除依赖于财务审计机构的专业意见外，还可以对具体的混同情形予以类型化判定：其一，关联企业之间的财产权属界限不明晰，利益与所有权几乎形成混一现象；其二，关联企业之间存在不正当交易，内部存在随意转移资产与负债行为；其三，关联企业之间相互担保及融资，借款人与使用人均为同一企业；其四，关联企业之间相互投资参股，互为债权、债务人；其五，部分关联企业的资产严重不足，相关费用由个别控制企业负担，受益亦由控制企业支配。

因此，在判断法人人格是否高度混并符合破产法上的实质合并要求时，应当同时重点分析资产和负债本身的混同程度，其中，资产混同是构成“法人人格高度混同”的最关键因素和决定性因素。除此可以考虑的辅助要素还包括：人事关系混同、内部机构混同、经营场所混同、财务行为混同，等等。各要素之间没有严格的界限，可能会存在交叉或重叠关系，法院的工作重点，即在于权衡各种要素并作出公正和公平的整体判断。

### （三）法人人格混同的实践认定——以南京建工产业集团有限公司等25家公司的实质合并重整案为例

在我国，目前相关法律法规中关于认定关联企业法人人格高度混同的规定暂付阙如，而实践中，法院在具体个案中的认定标准也各不相同。结合裁判文书进行分析可以发现，法院对关联企业法人人格高度混同的认定主要从“是否严重丧失法人意志独立性”与“财产独立性”这两个方面展开，比如关联企业之间是否统一管理控制、统一经营决策、统一融资并支配资金，以及主要经营业务是否相同、是否相互担保或交叉持股，关联企业是否受同一实际控制人控制、高级管理层是否存在交叉任职，或者关联企业的生产经营场所是否无法区分，以及财务混同是否达到难以区分的程度等。

在“南京建工产业集团有限公司等25家公司的实质合并重整案”中，法院对合并重整的受理便主要立基于法人人格的严重混同。破产管理人经充分法律尽调后出具了《法律分析意见》，从股权控制、管理控制、人事控制、板块化控制、统一管理控制、经营呈现业务部门化6个方面论证了案涉的25家关联公司确已严重丧失法人人格独立性的观点。同时，破产管理人特别委托会计师事务所充分进行财务调查后出具了《财务混同专项报告》，报告认为，从25家公司之间资金无偿划转、往来款项混同，以及关联交叉担保情况频繁、财务人员混同等方面得出25家关联公司严重丧失法人财产独立性情况的结论。下文拟对这两项独立性的丧失作一展开论证。

1. 严重丧失法人的财产独立性

在我国关联企业实质合并破产的司法实践中，对企业是否形成人格混同的关键判断因素为“具有可客观评价标准的资产与负债是否严重混同”,① 即关联企业之间是否严重丧失法人财产的独立性，以至于其资产和债务达到了混杂不清、难以区分或区分成本过高的程度；同时，这种混同程度在结果上要能够严重损害债权人的公平受偿。对此问题，《九民纪要》第10条就指出，在认定是否构成人格混同时，应当综合考虑以下因素：股东无偿使用公司资金或者财产，不作财务记载的；股东用公司的资金偿还股东的债务，或者将公司的资金供关联公司无偿使用，不作财务记载的；公司账簿与股东账簿不分，致使公司财产与股东财产无法区分的等。由此可知，企业的资产和负债是否都载入账簿，是一项十分关键的识别因素。值得注意的是，这里的账簿是指公开、合法的账户，而不包括非法、内部的隐蔽账簿及私密账簿。

在“南京建工产业集团有限公司等25家公司实质合并重整案”中，法院作出的裁定书便从“财务管理”和“资金调拨”这两个方面论证关联企业严重丧失法人财产独立性。法院在该案中认为：“建工产业集团对各公司财务条线采取垂直化管理，财务管理人员交叉任职，融资资金使用管理高度一体化，统一由建工产业集团制定融资计划、调度使用和偿还，导致资金、经营收益等长期、频繁、广泛在25家公司之间任意调配，法人财产亦不独立，财产边界不清，财产严重混同，同时还存在经营人员和场所混同情形，故本院认为25家公司构成法人人格的严重混同。”②

---

① 参见王欣新：《论关联企业实质合并重整后的法人资格问题》，载《法制日报》2018年6月27日，第12版。

② 参见南京市中级人民法院民事裁定书，（2021）苏01破20号之一至44号之一。

2. 严重丧失法人的意志独立性

相较而言，丧失法人意志独立性侧重于定性分析，主要表现为通过统一的管理控制、股权控制等方式对各关联企业的主要经营业务、对外投资及处置重大资产等事项进行控制，比如管理层的交叉任职、人员混同，关联企业之间通过股权穿透至同一实际控制人来实施控制，漠视各法人主体的独立性。

在“南京建工产业集团有限公司等25家公司实质合并重整案”中，法院出具的裁定书详细阐释了25家公司严重丧失法人意志独立性的具体因素，法院认为：“建工产业集团是25家关联公司的核心控制企业，通过直接任命各公司的法定代表人、董事、监事和有关高级管理人员控制各公司重大经营事项决策权。建工产业集团对各公司实施板块化管理，统一对外承揽重大项目再交由各板块公司实际承接，指定采购和资产处置，关联公司整体经营呈现一定程度的部门化形态，非市场化协作导致集团内部利益界限模糊。因建工产业集团过度控制和支配其他24家公司经营管理，导致其空具人格形骸，并无独立意志。”①

总而言之，认定关联企业成员之间法人人格高度混同的最基本判断标准在于，企业是否具有独立意志和独立财产；而当企业同时丧失这两个方面的独立性时，就有可能被纳入实质合并的破产债务人范围。

## 二、区分各关联企业财产的成本过高标准

联合国国际贸易法委员会《破产法立法指南》第三部分“破产企业集团对待办法”的相关内容表明，区分各关联企业成员资产和负债混同的成本同样是衡量资产和负债混同严重程度的标志。② 2018年印发的《全国法院破产审判会议纪要》中适用关联企业实质合并的标准则在于，关联企业因资产和负债的混同严重，区分各关联企业财产的成本过高，可能导致严重损害债权人的利益。在解读该规范的理论观点中，一般均认为，实质合并制度应予审慎适用，且应

① 参见南京市中级人民法院民事裁定书，(2021) 苏01破20号之一至44号之一。
② 参见联合国国际贸易法委员会：《破产法立法指南》(中译本)，2006年，第220条。

在穷尽了其他救济手段后才能考虑启动，故《破产审判会议纪要》中规定的三个适用条件应同时满足。

在目前的破产实务中，利害关系方申请法院裁定关联企业实质合并的主要理由和论据通常包括：关联公司的财产难以区分且区分成本过高，若对每笔转账均进行说明，将耗费巨大的时间成本和工作成本，同时债权债务调整的工作量巨大；而若采取实质合并重整，不仅将有利于债权人的公平清偿，还将有利于重整工作的整体效率和效果，将使全体债权人受益。

可见，“区分各关联企业财产的成本过高”构成一项适用实质合并的认定要素。实际上，所谓的“区分各关联企业成员财产的成本过高”正是关联企业法人人格高度混同后的应然结果，并且应当达到“令人绝望的混同程度”。实务中，关联企业往往存在财务账目混乱、数据残缺、账簿遗失等情况，关联企业资产与负债很难客观划分。倘若此时仍然坚持分别破产的模式，耗费的成本就很有可能远远超过破产程序所能带来的收益。相较而言，适时地采用合并破产重整可以令关联企业各成员之间的债权债务关系得以解除，并节省因区分关联企业内部混乱关系而额外产生的时间和费用成本。① 在成本具体程度的判断上，鉴于目前在破产法律规范中尚未形成区分财产成本过高的适用标准，可由审计师事务所等专业机构进行甄别，为裁判者提供专业依据。

判断各关联企业成员财产的成本过高这一标准主要包含两个方面因素：一是指对资产与债务相混同的区分过程、纠正结果，以及费用成本，使原外观上资产相对较多的个别关联企业的债权人能够得到的清偿低于合并破产后的平均清偿率；二是区分资产负债的费用及其引发的时间与资源成本，会使所有债权人受到严重的综合损失，导致整体清偿率下降。② 下文分别详述之。

1. 关联企业财产区分的识别与确认成本

对该问题，有观点提出：“识别确认成本，是指通过对关联企业的财务专项

---

① 参见王欣新：《关联企业实质合并破产标准研究》，载《法律适用（司法案例）》2017 年第 8 期。

② 参见王欣新：《论关联企业实质合并重整后的法人资格问题》，载《法制日报》2018 年 6 月 27 日，第 12 版。

审计、法律调查以及对企业股东、高管人员、财务人员访谈等，查明关联企业间存在资产与负债混同各项具体情况的成本。”① 关联企业严重丧失法人财产独立性将使关联企业间的真实资产负债情况无法查明，倘若区分各关联企业之间的真实资金往来、关联交易，则又将耗费大量人力、物力，且最终结果可能仍处于无法识别的状态。此时，可以倾向于判断对关联企业进行合并重整更有利于各方当事人的利益保护。如在“雨润控股集团等 78 家公司合并重整案”中，法院出具的裁定书就集团企业的财产区分成本是否过高问题的论证为：“在本案中，根据管理人调查及审计机构专项报告，雨润控股集团等 78 家公司之间的资产与负债持续存在高度混同情形，统借统还、关联往来、交叉担保金额巨大，笔数众多。因而，对 78 家公司的资产及负债进行调查、性质判定，进行调整及回收必将耗费大量的费用成本与时间成本，财产区分成本过高，从而导致债权人的整体利益受损。”②

2. 财产归集的纠正后果与成本负担

在这方面，有观点指出：“纠正后果成本，是指对已查明的资产与负债混同情况进行独立性区分，采取法律等措施纠正非市场化配置资源各种不当后果的成本。如行使破产撤销权追回财产、纠正行为的成本，包括进行诉讼、仲裁的费用、时间成本等。这些成本造成债务人企业中债权人可分配财产的直接减少。”③ 由此可知，若此时继续以法人人格独立作为破产程序的开展前提，将与债权人清偿利益最大化的立法目标相冲突。如在“金盛置业投资集团有限公司等 28 家公司实质合并重整案”中，法院认定，虽然 28 家公司在形式上单独建账，但由于大量资金往来仅为走账，缺乏真实交易背景和明确对应关系，难以逐一核对，无法准确还原至客观真实状态。因而，对 28 家公司的资产和负债进行调查、性质判定、调整及回收，必将耗费大量的时间成本，产生过高的财产

① 参见王欣新：《论关联企业实质合并重整后的法人资格问题》，载《法制日报》2018 年 6 月 27 日，第 12 版。

② 参见南京市中级人民法院民事裁定书，(2020) 苏 01 破 37 号之一。

③ 参见王欣新：《论关联企业实质合并重整后的法人资格问题》，载《法制日报》2018 年 6 月 27 日，第 12 版。

区分费用，直接损害债权人的整体利益。[①] 法院遂在该案中适用了实质合并重整规则。

该项标准还具体表现为，分别进行破产程序的时间与程序成本显著。对于适合进行实质合并重整的关联企业而言，独立开展破产程序就意味着必须逐个指定管理人，而由各管理人分别开展重整工作，势必会增加破产成本、延长破产案件的办理时间，且最终有损债权人的清偿利益。以上文所引的“南京建工产业集团有限公司等25家公司实质合并重整案”为例，该案中关联的25家公司的债权债务关系错综复杂，且相互担保行为频发，若要求管理人进行逐一厘清，势必花费大量时间。对此情况，法院在该案裁定书中指出，区分成本过高不仅体现在需要涤除上述大量非市场关联交易因素的影响，以及厘清各公司真实资产负债情况所需花费的识别成本，还需要考虑通过诉讼、执行等途径解决财产归属纠纷以归集各公司真实资产情况的纠正成本。而且，区分财产导致的重整程序过度迟延，还将进一步造成债务未能及时清偿、错失商业机会所带来的损失。[②]

值得说明的是，当前也有部分观点认为，所谓的“区分成本过高”标准，其实可以为法人人格混同标准吸收。相关论著指出，考察域外法，法人人格高度混同是判断实质合并重整的基本要素，采用该标准便足以吸收“区分成本过高”标准，并可对是否需要将关联企业中的非破产成员纳入合并破产程序作出合理解释。该观点进一步指出，考虑到《破产审判会议纪要》对人格混同的表述是“高度混同”，所谓“高度”，无疑是对混合程度的要求，对此，法院需要结合混同的各项要素、混同持续的时间，以及区分成本过高，从而对混同程度作出判断。由于混合程度难以量化，申请人通常会将其描述为没有希望或实际上不可能将资产、债务等分开；或者分清关联企业成员的相互关系和资产的所有权所需时间和费用与结果不相称；或者所需的时间和费用非常多以致危及债权人任何净资产的变现。鉴于此，在此类案件中，实质合并重整恐怕是唯一现

---

① 参见南京市中级人民法院民事裁定书，（2022）苏01破11号之一。

② 参见南京市中级人民法院民事裁定书，（2021）苏01破20号之一至44号之一。

实的选择，法院不得不实施实质合并重整。由此得出结论认为，区分成本过高不是独立判断标准，而是高度混同的主要体现或必然结果。① 无论如何解读区分成本过高标准和法人人格高度混同标准之间的适用关系，法院在适用实质合并破产时，均应重点审查这两方面的内容，只有在都符合的情况下才能够考虑启用实质合并，而无须过度关注二者之间的逻辑关系。

综合来看，管理人在实际案件办理过程中，需要运用专业的财务和法务知识对关联企业成员财产区分的成本高低进行判断。因此，法院在考察实质合并破产规则的适用是否满足“区分成本过高”这一标准时，可以结合会计师事务所、律师事务所或者清算机构等专业服务机构出具的专业意见。作为市场经济的护航者，中介机构出具的独立第三方意见既能帮助法官作出客观的裁判，也能在一定程度上减轻利害关系人对实质合并破产适用公平性的质疑。

### 区分各关联企业财产的成本过高的实践认定——金盛置业公司等28家公司实质合并重整案

在金盛置业公司等28家公司实质合并重整案中，2022年1月13日，南京市中级人民法院做出（2021）苏01破申122号决定书，决定对金盛置业公司及相关联企业启动预重整，并指定江苏法德东恒律师事务所、江苏三法律师事务所共同担任预重整期间的管理人。管理人调查后认为，本案28家关联公司纳入实质合并重整后，能够化解“金盛系”主要金融负债，通过实质合并重整方式解决资金短缺无法维系正常经营的难题，保障重整后的“金盛系”保留主体过渡至良性负债状态，并对其他债权人的债权予以有效化解。针对其他关联企业，管理人可以在未来财产管理和变价程序中，根据对其他关联公司的审计评估结论，行使股权、资产处置权、追偿权、取回权等权利，使其财产价值在本次合并重整程序中予以体现，从而实现重整程序公平清理债权债务的预期效果，充分保障债权人的合法权益。管理人在《法律分析意见》中从如下7个方面详细分析了适用实质合并重整的正当性。

① 参见丁燕：《我国关联企业实质合并重整适用标准研究》，载《山东法官培训学院学报》2021年第6期。

1. 金盛置业公司28家公司系同一控制下的关联公司

金盛置业公司28家公司虽然形式上均具备独立法人资格，但实际控制人王某通过股权控制、管理控制、人事控制、板块控制等方式对28家公司进行同一控制，形成以金盛置业公司和金盛国际家居为核心，统一管理、各有分工、互相协作、高度紧密的多层企业组织。具体包括：其一，股权控制情况。28家公司中，王某实际持有金盛置业公司100%股权（金盛置业公司90%股权由王某直接持有，10%股权由金盛置业公司全资子公司友谊华联持有）。结合王某不直接或间接持股的盛途商业贸易，管理人认为28家公司股权均由王某实际控制。其二，管理控制情况。王某对28家公司均具有实际的管理控制权。王某直接决定28家公司的法定代表人、董事、监事人选，决策或批准28家公司重大经营事项，并依托金盛置业公司组建"金盛集团总部"，通过公司总部的行政、人事、财务、法务部门实行条线管理，包括金盛置业公司在内的28家公司治理机制失灵。其三，人事控制情况。28家公司的岗位设置和人员招聘均需按照集团总部规定的总体编制执行，高级管理人员的人事任免权归属王某，其通过集团总部发布任免文件。

2. 金盛置业公司28家公司法人人格高度混同

王某作为金盛置业公司等28家公司的实际控制人，拥有28家公司的最高管理权，并通过以金盛置业公司为主要依托组建的"金盛集团"总部对28家公司进行控制和管理。28家公司的董事、监事均不依公司章程的规定产生，由王某通过集团总部直接任命、罢免；相应地，28家公司董事、监事及其组成的董事会、监事会也不具有公司法和公司章程规定的职权。28家公司的重大事项均由王某决定，日常事务均按照集团总部的规定予以实施。28家公司虽然名义上各自独立，具备独立法人主体的表征外观，但受实际控制人王某过度控制，实质上高度混同为以金盛置业公司为管理核心的"金盛集团"，严重丧失法人独立人格。具体表现在：其一，统一管理制度。28家公司建立和实施统一的管理制度，日常行政、品牌营销、营运管理、财务管理、审计管理、招标采购、法律事务等各项制度均按照统一管理制度执行。其二，统一经营决策。28家公司日常事务的审批均使用金盛置业公司的OA系统，按照门店、板块、分管权限逐层审批、上报，重大事项层报至实际控制人王某批准。其三，统一内部控制。在组织机构方面，28 家公司依托金盛置业公司建立集团总部，设立董事局、总裁室、办公室、人力资源部、财务部、督察部、成本控制部等职能部门进行条线控制。在人事任免方面，集团总部人力资源部统一监督和管控 28 家公司的人力资源事务。在财务管理方面，28 家公司的财务制度由集团总部统一制定。各公司的资金支出均需按照集团财务制度进行审批，各公司负责人的审批权限由实际控制人王某规定，超出权限均需层报集团总部负责人或王某批准。在法务管理方面，28 家公司的所有法律事务，包括但不限于合同审核、诉讼仲裁等均须向集团法务部汇报，由集团法务部统一处理。其四，办公场所混同。28 家公司中，除各一线卖场的直接运营团队外，办公室、人力资源部、财务部、督察部、招采部、审计部、信息化中心等各职能部门均设置在金盛置业公司办公地。其五，人员混岗混编。28 家公司中，存在大量员工劳动关系、社会保险缴纳关系相互交叉，同一高管人员任职多家公司，同一名财务人员同时兼任多家公司工作等情形。其六，统一管理公章和银行账户。28 家公司的公章长期由集团总部统一管理。

3. 金盛置业公司 28 家公司财产严重混同

经管理人初步调查和审计机构专项审计，28 家公司财产严重混同，资产、资金均由集团统一调配和使用，集团长期、频繁、广泛地在 28 家公司之间任意调配，财产边界严重不清，法人财产亦不独立。主要表现在：其一，各公司对资金无独立支配权。28 家公司资金均归口至金盛置业公司结算中心进行资金的统一管理，该部门负责 28 家公司资金的集中管理和统一调度。其二，28 家公司多年来持续进行大量的非经营性往来。本案会计师事务所出具《财务混同专项报告》认为，多年来，28 家公司之间频繁发生无真实交易背景的非经营性往来，往来款在无实质性交易背景下内部互相划转行为频繁，资金划转双方并无资金使用协议，也不支付任何资金使用费用，内部存在大量多边挂账、相互倒账的情形。其三，各公司间存在大量交叉担保情况。集团总部制定的《投融资管理制度》规定，集团投融资（资产管理）中心系集团各公司互相担保、对外担保的日常管理部门，统一进行资信调查、风险评估，提供担保由金盛置业公司董事长或授权代表审批。多年来，各公司间因对外融资需要，形成了大量一方为多方担保、多方为一方担保、相互担保等交叉担保情况。

4. 区分金盛置业公司28家公司财产成本过高

如同前述，由于28家公司在同一控制下受到过度支配，空具人格形骸，全无独立意志，资金往来频繁，财产严重混同。据《财务混同专项报告》统计，2016年1月1日至2022年1月13日，28家公司累计发生非经营性往来共67,196笔，涉及金额约2228亿元。管理人认为，对如此巨量的资金混同进行区分，耗费的成本明显畸高：其一，进行财产区分的识别成本巨大。虽然28公司在形式上都单独建账，但由于大量资金往来仅为走账，没有真实交易背景和明确对应关系，难以逐一核对，无法准确还原。其二，进行财产区分的纠正成本巨大。28家公司资金往来、交叉互保时间长、笔数多、金额大，更兼经办人员、财务人员近年来大量离职和频繁调动，已经不具备与当时经办人员和财务人员访谈、调查的条件，仅凭现有的走账记录无法还原当时的具体情况，厘清28家公司真实的资产、负债情况需要花费大量人力、物力和时间成本。更重要的是，对部分能够识别的混同进行纠正，势必需要进行大量的财务调整、产权变更，甚至启动诉讼、执行程序来解决财产归属纠纷，纠错成本巨大。

5. 实质合并重整有利于债权人公平清偿

据管理人的初步调查，虽然28家公司形式上资产负债情况各不相同，甚至个别公司之间负债率存在较大的差异。但是，这种差异是长期以来在28家公司之间存在的大量非市场化的关联交易导致的。部分负债率较高的公司，长期存在没有增加其财产利益的对外融资、担保等被动承债行为；部分负债率较低的公司，或多或少地接受了关联企业的非市场化交易形成的利益输入。如果机械地按照28家公司当前的资产负债情况进行分别清偿，显然会损害全体债权人公平清偿的权益。

6. 实质合并重整有利于提高整体清偿率

28家公司财产的混同不仅体现在占有上，更体现在使用上。在实际控制人王某的统一控制下，28家公司的资产由集团总部统一安排使用，特别是大量的门店资产不同程度地存在多家主体分别持有、共同经营的情况，内部分层、分户犬牙交错，如果各自单独进行重整，相关资产难以整体引入外部重整资源和保有经营效能，最终被迫选择快速变现的处置方式，变相放弃足以提高整体清偿率的宝贵机会，严重损害债权人利益。

还需说明的是，如果28家公司各自单独进行重整，必然需要对财产混同情况进行识别和纠正，由此耗费的大量人力、物力、财力成本，最终也将由债权人承担，无益于债权人利益。

7. 实质合并预重整具备程序合法性和正当性

从管理人调查和审计机构专项审计的情况来看，28家公司已经符合南京市中级人民法院《关于规范重整程序适用提升企业挽救效能的审判指引》第32条规定的“各关联企业之间存在人格高度混同情形、区分各关联企业财产的成本过高、严重损害债权人公平清偿利益”的情形，存在实质合并重整的可能性。由于28家公司的财产高度混同，负债相互交叉，管理人在对金盛置业公司进行预重整相关工作的过程中，已经初步掌握了其他27家公司的资产、债务、经营情况，通过实质合并预重整的方式将其他27家公司明确纳入预重整工作范围，虽然增加了一定的工作量，但就金盛置业公司及相关联企业债务清理和企业重整工作的整体而言，在预重整阶段预先进行实质合并，明显降低了整体工作成本和难度，存在实质合并的必要性。

综上事实与理由，管理人认为28家公司属于同一控制下的关联公司，关联公司存在着显著、广泛、持续的人格高度混同、财产严重混同，各公司财产已难以区分或区分成本过高。因此，适用单个破产重整程序，将严重损害债权人公平清偿利益，而实质合并重整不仅能够维护债权人公平清偿利益，而且能够增加企业重整的可能性、提升债权人整体清偿利益。

## 三、严重损害债权人公平清偿利益标准

我国《企业破产法》的核心宗旨就在于，维护债权人的公平清偿利益。对此，2018年《破产审判会议纪要》第六部分就指出，关联企业实质合并规则在适用上应当采审慎态度，“既要通过实质合并审理方式处理法人人格高度混同的

关联关系，确保全体债权人公平清偿，也要避免不当采用实质合并审理方式损害相关利益主体的合法权益”。因此，严重损害债权人利益不仅是适用该规则的判断依据，也是构成关联企业实质合并重整的反向结果要件。

应当认为，“严重损害债权人公平清偿利益”也是判定能否启动合并破产重整的重要依据，该要素主要关涉于清偿率之高低问题。在分别独立破产模式下，债权获得清偿的比例与企业的经济状况紧密相连。而囿于关联企业的特性，成员企业之间存在不当的关联交易及利益输送，将资产转移至某一个成员企业、将负债集中于另一个成员企业，导致关联企业各个成员之间的破产财产差距过大。如果此时仍然坚持成员企业分别破产的原则，则会造成某些关联企业的债权人清偿率过低，甚至得不到清偿，清偿比例严重失衡，乃至动摇破产程序公平清偿的基石。因此，倘若出现关联企业破产财产差距过大的情况，法院就可以考虑结合其他标准，审慎认定是否适用实质合并制度。

在“辽宁辉山乳业等83家公司实质合并重整案”中，沈阳市中级人民法院在合并重整的受理裁定书中就指出，辉山乳业及其关联企业在业务开展、经营管理、财务和人员等方面长期存在高度混同，若不适用实质合并规则进行重整，区分每一家企业的资产、负债等情况将会耗费大量的时间精力，极大地提高重整成本，从而严重损害债权人的公平清偿利益；而适用实质合并规则不仅迎合了企业重整前的实际运营情况与债权人的认知，还有利于全体利益相关方从宏观上把握各家关联企业的整体情况、从根本上解决债务危机，更加有效地保护全体债权人的整体利益。①

## 四、小结

关联企业自身财产状况与实际运营情况的复杂性，加之破产过程中的利益纠葛与程序限制，使确定关联企业实质合并破产的裁定标准往往并无统一的范式可供遵循。但是，面对客观存在的现实需要，从整体审视的维度，综合考虑

① 参见辽宁省沈阳市中级人民法院（2018）辽01破42－1号民事裁定书。

可能影响关联企业实质合并破产的诸多要素，并以开放姿态积极吸纳随着合并破产实践而不断出现的新要素，无疑是确定关联企业实质合并破产裁定标准的必然选择。

有观点提出，法院应改变单一性标准的适用，建立类型化的适用方式，使我国实质合并重整制度更具体系。具体而言，法院在处理关联企业合并重整案件时，应从主体标准、行为标准、程度标准和结果标准4个方面进行审查，从而形成“主体＋行为＋程度＋结果”标准。这4个方面的判定标准都不宜独立使用，也即关联企业必须同时满足以上4个标准，法院才能对关联企业启动实质合并破产重整程序。①

可以认为，法院在适用实质合并方面的裁判标准时应当把握整体性与综合性，并同时保留一定的灵活性。整体来说，对实质合并的裁定，所采取的是一种综合性而非单一性的标准，具有原则性、综合性和整体性，且在实践中的操作不宜过于僵化。司法实践有必要明确裁定标准的综合性与整体性，在全面评判各种要素及其组合效果的基础上，尽可能维护公司独立法人人格、提高破产清偿率等债权人整体收益标准是必须坚守的基本底线。

保留一定的灵活性，是指破产实践的发展往往比破产制度的构建更早、更快，且实践发展带有一定程度的不确定性。加之关联企业的演变，历经由内部扩张向外部扩张，关联企业实质合并破产的裁定标准不应是僵硬的人为划分，也不应是一成不变的，而应保持适度的开放性，包容和接纳新情况和新问题，不断加以细化和完善。尤其考虑到，关联企业实质合并破产发端于英美法系，其主要依循判例的案件审理模式，使得在实质合并破产的裁定标准上，天然具有一定的开放性。反观具有成文法传统的我国，在引入实质合并破产制度时，自然有必要在裁定标准上预留一定的补充和调校空间。②

综上，实质合并需同时满足“法人人格高度混同、区分各关联企业成员财

① 参见王纯强：《关联企业合并破产重整实证研究：裁判样态与法理思考——兼评〈公司法〉与〈企业破产法〉的制度协调》，载《法律适用》2022年第10期。

② 参见王华：《关联企业实质合并破产的裁定标准》，载《山东法官培训学院学报》2020年第6期。

产的成本过高、严重损害债权人公平清偿利益”这三项适用标准。在三项标准中，仅满足其一或其二的，均不足以直接决定是否适用实质合并重整，而是需要法院在审判实践中加以审慎考虑，并作出综合且灵活的判断。

# 第三节　房地产企业实质合并重整的启动与受理

实质合并重整的提出与受理是一个非常复杂的问题，其中既涉及程序问题，也涉及实体问题。管理人在处理类似案件时，要遵从一定的法律程序，在法院的指导下妥善处理相关事项。

## 一、有权提出实质合并重整的主体

从程序角度来看，破产申请构成破产程序启动过程中的一个独立阶段。依照我国《企业破产法》的规定，破产程序的启动应由申请人向法院提出，没有申请人主动提出申请的，法院原则上不得依职权启动破产程序。可以认为，我国在破产程序启动的问题上，采用的是申请主义立法例。

我国《企业破产法》第 7 条规定，债务人、债权人、依法负有清算责任的人，均可以向人民法院申请破产清算。《企业破产法》第 70 条第 2 款规定："债权人申请对债务人进行破产清算的，在人民法院受理破产申请后、宣告债务人破产前，债务人或者出资额占债务人注册资本十分之一以上的出资人，可以向人民法院申请重整。"由此可知，债务人企业、债权人、依法负有清算责任的人及出资额占债务人注册资本 1/10 以上的出资人享有申请企业破产的权利。

然而，以上规定仅是对破产重整事项申请主体的规定，对于实质合并重整的申请，我国破产法并未过多涉及。在联合国国际贸易法委员会《破产法立法指南》第三部分“破产企业集团对待办法”的立法建议中，联合国国际贸易法委员会列举了实质合并申请人的范围，包括关联企业集团的成员、任何关联企业成员的债权人、管理人。从比较法上来看，实质合并重整的申请主体既有债务人企业，也有管理人。

从我国的司法实践来看，截至目前，最高人民法院也没有对实质合并重整的申请主体作出明确表态。在各地的司法规范性文件中，不同法院的做法亦有不同。如广东高院认为，债权人、债务人或管理人等利害关系人可以提出实质合并申请；[①] 北京高院则扩大到债权人、关联企业成员、清算义务人、管理人都可以提出申请；[②] 河北高院进一步扩大到债权人、关联企业成员、清算责任人、出资额占注册资本1/10以上的出资人及管理人，但认为上述其他主体应当向管理人提出要求实质合并的申请，经管理人进行调查核实后再由管理人向法院提出申请；[③] 深圳中院与河北高院的观点一致，但同时又认为相关主体均可直接向法院提出实质合并的申请；[④] 山东高院则将出资人排除在外，认为仅有

---

① 《广东省高级人民法院关于审理企业破产案件若干问题的指引》第29条第1款规定：【申请实质合并破产的案号及处理】债权人申请多个债务人实质合并破产或者多个债务人提出实质合并破产申请的，人民法院应当针对不同债务人分别编立“破申”案号。

② 参见《北京市高级人民法院企业破产案件审理规程》第7条规定：“（独立法人单独破产原则及例外）债务人投资的全资公司、控股的公司等具有独立法人资格的关联企业不能清偿到期债务，需要进行破产还债的，原则上应当分别提出破产申请。

关联企业不当利用关联关系，导致关联企业成员之间法人人格高度混同，损害债权人公平受偿利益的，关联企业成员、关联企业成员的债权人、关联企业成员的清算义务人、已经进入破产程序的关联企业成员的管理人，可以向人民法院提出对关联企业进行合并破产的申请。”

③ 《河北省高级人民法院破产案件审理规程（试行）》第11条规定：“【关联企业破产申请】关联企业申请破产时，原则上应当分别提出破产申请。

债务人与关联企业之间法人人格高度混同，区分各关联企业成员财产的成本过高、严重损害债权人公平清偿利益时，可例外适用关联企业实质合并破产方式进行审理。关联企业成员、关联企业成员的债权人、关联企业成员的清算责任人、出资额占注册资本十分之一以上的出资人，都可以向管理人提出要求实质合并破产的申请，由管理人进行调查核实后，认为符合条件的可以向人民法院提出对关联企业进行实质合并破产的申请。”

④ 《深圳市中级人民法院审理企业重整案件的工作指引（试行）》第45条第1款规定：“关联企业成员之间法人人格高度混同，严重损害债权人公平受偿利益的，或者关联企业实质合并重整有利于增加重整价值，使全体债权人受益的，关联企业成员、关联企业成员的出资人、债权人、已经进入破产程序的关联企业成员的管理人，可以申请对具有重整原因的多个关联企业成员进行合并重整，还可以申请将关联企业成员并入重整程序。”

债权人、关联企业成员清算义务人、管理人可以提出申请；[①] 南京中院认可出资人的申请主体资格但未将清算义务人包括在内；[②] 云南高院认为受理前，债权人、债务人可以申请实质合并，受理后则由管理人提出申请。[③]

结合以上各省高院的具体规定来看，实质合并重整的申请主体并不统一，管理人在履职时应根据案件所属管辖法院关于实质合并破产的做法，确定合适的申请主体，并提交相应的申请实质合并破产重整材料。

## 二、房地产企业适用实质合并重整程序的前提

尽管大多房地产企业都存在产业链布局长、关联企业众多的特点，但也并非任一房地产企业均可采用合并重整方式清理债务。法院在判断某一集团企业是否可以采用关联企业实质合并破产规则时，往往需要进行一系列的法律判断和商业判断。

第一，关联企业集团的多数企业应符合重整条件。企业适用实质合并重整的前提是其已经出现符合法律规定的破产原因。在实际办案过程中，如果通过会计师事务所等中介机构对关联企业财务情况的逐家分析，能够发现多数企业均存在破产原因，由此达到了破产法规定的重整原因，法院便有可能认可实行关联企业实质合并破产的主张。

第二，各关联企业之间存在法人人格高度混同的情况。一般来说，房地产

---

① 《山东省高级人民法院企业破产案件审理规范指引（试行）》第 19 条规定："关联企业不当利用关联关系，导致关联企业成员之间法人人格高度混同，损害债权人公平受偿利益的，关联企业成员、关联企业成员的债权人、关联企业成员的清算义务人、已经进入破产程序的关联企业成员的管理人，可以向人民法院提出对关联企业进行合并破产的申请。"

② 《南京市中级人民法院关于规范重整程序适用　提升企业挽救效能的审判指引》第 32 条规定："多家关联企业被裁定破产清算或重整，各关联企业之间存在人格高度混同情形、区分各关联企业财产的成本过高、严重损害债权人公平清偿利益时，各关联企业、债权人、关联企业中出资额占债务人注册资本十分之一以上出资人、已经进入破产程序的关联企业的管理人，可以申请对多家关联企业进行合并重整，还可以申请将关联企业并入重整程序。"

③ 《云南省高级人民法院破产案件审判指引（试行）》第 35 条规定：债权人同时申请多个债务人实质性合并破产，或多个债务人一并申请实质性合并破产的，人民法院应当编立一个"（××××）×破申×号"案号进行审查，并将案件相关信息登记在"全国企业破产重整案件信息网"。

企业的组织架构有特殊性，即往往采取的是一种特殊的“直线职能制”管理模式。某公司作为集团公司的“大脑”总揽大权，而其他关联企业则成为实现其具体目标的“手足”或者“躯干”，“大脑”公司可以将集团各企业的资产、债务等权利义务与资源利益在不同的关联企业之间进行相互的转移。这种模式运行的结果便是企业之间法人人格、资产、债务、经营决策、企业管理、人事任免等方面的严重混同。

第三，区分集团各企业财产的成本过高，较难实施分别破产。对于可能适用关联企业实质合并的企业而言，账面数据往往表现出企业之间存在金额巨大且错综复杂的债权债务关系，这使管理人不得不花费巨额成本去厘清这些债权债务关系。值得注意的是，关联企业之间的挂账常常没有实际的合同或者书面文件佐证，相关款项的性质较难确定。这些内部关系若不能通过合并重整予以抵销，则可能极大地延缓主债务人企业破产重整程序的进程。长此以往，不但不利于厘清全体利益相关方的权利义务，甚至将可能使得债权人的有效清偿大幅降低，重整效率亦将大打折扣。

第四，实施合并重整能够最大限度地维护债权人公平清偿利益。主债务人企业在财产、业务、人员及财务等方面长期存在高度混同，且主要经营性资产及优质资源也均由该公司统一调配、安排、使用，使得除该公司外的其他集团企业不具备经营管理自主权。适用实质合并重整程序，不仅符合企业重整前的实际运营情况与债权人的认知，更有利于所有的利益相关方从宏观上把握关联企业的整体情况，并从根本上解决债务危机，有利于避免财产的不当流失，有利于有效保护全体债权人的整体利益，实现实质公平。

第五，合并重整有利于整合核心资产价值，提升投资吸引力。实践中，部分债务人企业的管理人通过初步调查，发现集团的大部分下属公司基本无独立运营能力。如果将这些企业分别进行拆分并脱离集团体系，将难以继续运营或存续。而且，从商业价值角度考虑，如不能将集团下的公司合并重整，企业原有的运营价值消耗殆尽，仅依靠资产的快速变现实施重整，将大幅降低债务人企业的清偿率，甚至部分企业的清偿率为0，这不仅不利于保护债权人，甚至在购房消费者人数众多的区域还可能引发维稳风险。此外，意向投资人亦非常看重集团企业整体的品牌与销售网络和其资产的不可拆分性。因此，从确保招募到合适的投资人角度来看，也宜将债务人企业及其关联公司进行合并重整，盘活现有资产，维持企业价值。

综上所述，符合以下条件的可认为符合实质合并重整的要求：（1）下属关联公司的经营管理受某公司过度支配和控制，缺乏意志独立性；（2）下属公司的人事管理受某公司过度支配与控制，缺乏意志独立性；（3）企业资金混同，缺乏独立性；（4）企业资产混同，难以独立区分；（5）企业财务混同，缺乏法人独立性；（6）企业互保情况严重，关联往来复杂，债权债务交织。

## 三、房地产企业实质合并重整的启动模式

当前我国破产法对关联企业实质合并破产的启动模式并无统一规定，实践中主要存在以下三种模式，房地产企业实质合并重整时也应按照这种路径进行实质合并重整。

### （一）分别破产、再行合并

“分别破产、再行合并”模式，系指集团企业各成员均存在破产原因，各成员企业同时或先后进入破产程序，再经有关申请人申请，法院经审查后又将关联企业的其他成员纳入合并破产程序中。这种操作模式在实践中较为常见。

较为经典的案例是“南京建工产业集团有限公司等25家公司实质合并重整案”。在该合并重整案中，根据债务人的申请，法院先后分别裁定受理南京建工产业集团有限公司及其他24家关联公司的破产重整申请，并指定同一家管理人单位接管公司，管理人经过调查确认关联公司之间确实存在人格混同、财产区分成本过高等情况，认为实质合并重整有利于维护债权人的公平清偿利益，据此申请对25家公司进行实质合并重整。① 这种重整模式完美贯彻了集团“分别破产、再行破产”的合并重整理念。

① 参见南京市中级人民法院民事裁定书，（2021）苏01破20号之一至44号之一。

“分别破产、再行合并”模式下，各关联企业的破产申请与实质合并申请相分离，故需对各关联企业的破产程序进行统一协调、有序衔接。同时，由于各关联企业间资产账簿混同的情况频发，互相担保行为层出不穷，故无论是债权申报效率还是资产调查效率等，均不及“一并申请、合并破产”模式更为便捷。道理也非常简单，各企业已经为实施单独重整付出了巨大的成本，而后再进行实质合并，势必会造成先前程序的空转。

从目前来看，我国司法实践中，在对大型关联企业适用实质合并规则时，愈发重视对关联企业整体破产原因的把握和认定。① 适用该种合并程序模式的，要求各集团成员企业均已达到破产界限，即任一企业都具备破产原因。通常情况下，在程序合并审理的基础上，管理人基于各成员企业之间的关联关系确认这些企业之间存在人格高度混同、债权债务难以分割，且清理资产后发现具有适用实质合并破产的事由，遂向法院申请实质合并破产，由法院裁定对关联企业适用实质合并程序。当然，也可能存在债务人或部分成员企业的债权人知悉成员企业之间存在利用关联关系进行利益输送并据此在进入破产程序后向法院提出申请实质合并的情况，但在实践中，此种情况没有由管理人申请合并破产的情况常见。同时，该方式中各企业的破产申请与实质合并申请是相分离的，因此要求法院对各关联企业的破产程序进行统一协调和有序衔接。

### （二）一并申请、合并破产

“一并申请、合并破产”模式，是指关联企业各成员在进入破产程序前即有当事人知悉成员之间存在关联关系并就此提出合并申请，法院通过审查发现符合适用实质合并原则的，遂在受理时即裁定将所有成员企业合并为一个整体进入破产程序。换言之，此种模式是指申请人在关联企业进入破产程序之前就提出了实质合并申请，由法院在审查后作出适用合并规则的裁定。

对此，《广东省高级人民法院关于审理企业破产案件若干问题的指引》（粤

① 参见陶蛟龙、史和新：《关联公司合并破产重整若干法律问题研究》，载《人民司法》2012年第3期。

高法发〔2019〕6号）第29条规定："债权人申请多个债务人实质合并破产或者多个债务人提出实质合并破产申请的，人民法院应当针对不同债务人分别编立'破申'案号。人民法院应当结合单个债务人是否符合破产条件、是否达到实质合并条件等进行审查。符合实质合并条件的，裁定受理实质合并破产申请；不符合实质合并破产条件的，裁定驳回实质合并申请。……"

此种模式早期适用的典型案例是"纵横集团实质合并破产重整案"。法院在受理纵横集团破产前，就发现这些企业之间存在高度关联关系，适合采用实质合并破产，因此在审理前即采用整体重整的方案。① 在房地产企业的破产案件中，"金盛置业投资集团有限公司等28家公司实质合并重整案"是此种模式的典型。② 本案中，管理人在预重整阶段即发现关联公司之间存在人格混同、财产混同等情况，遂向法院提交实质合并重整申请，既而使得实质合并重整的实施与预重整等制度相结合，在破产程序外就已实现实质合并，从而使程序参与人能够较早地对关联企业的后续发展进行评估与规划。

总而言之，此种模式的核心特征是各债务人企业分别向法院申请进入重整程序，而后再由法院依申请采用实质合并重整模式，概括性处理所有关联企业的债权债务关系。

### （三）个别先破、以点带面

"个别先破、以点带面"的模式，是指部分成员企业进入破产程序后，通过法律程序使其他成员企业也进入破产程序并实现实质合并。此种模式还可进一步细分为两种情况。

第一，部分企业先行破产，在审理过程中发现企业间存在高度混同的情况，遂由法院依职权裁定其余关联企业合并进入破产程序。"沈阳欧亚实业有限公司实质合并破产案"就采用了这种方式。该案中，法院先受理了核心企业破产，由管理人在接管后向法院提出合并破产的建议，法院经审查后依职权径行裁定

① 参见刘敏、梁闽海：《企业破产清算案件中的审判实务问题——以闽发证券有限公司破产清算案为视角》，载《法律适用》2013年第7期。

② 参见南京市中级人民法院民事裁定书，（2022）苏01破11号之一。

将其他关联企业成员并入核心企业的破产清算程序。① 值得说明的是，由于我国在破产程序的启动上采用的是申请主义立法例，故此种方式尚存有法律适用上的待解释空间。

第二，部分关联企业进入破产程序后，其他企业也申请进入破产程序，最终法院裁定实质合并破产案件的办理。如“湖南太子奶集团生物科技有限责任公司”就经债权人申请进入破产重整程序，但管理人在对企业资产进行清理时发现该企业与其他企业存在高度的财产混同，遂向其他两家关联企业说明情况，这两家关联企业分别申请破产重整，法院在此基础上裁定三家关联企业合并重整。

综上，在我国破产法对实质合并破产程序的启动缺乏明确规范的语境下，现有实践中主要采取“分别破产，再行合并”、“一并申请、合并破产”及“个别先破，以点带面”这三种程序的启动模式。

## 参考案例

### 案例一：集群图腾公司与集群软创公司实质合并重整案

2021 年 5 月 31 日，徐州市中级人民法院（以下简称徐州中院）裁定受理江苏中海联合信息工程发展有限公司对集群图腾公司的破产重整申请，并于同日指定江苏法德东恒律师事务所担任集群图腾公司的管理人。

管理人在办案过程，对集群图腾公司与集群软创公司进行尽职调查时发现，两家公司之间存在人格高度混同、区分各关联企业财产的成本过高、严重损害债权人公平清偿利益的情形，遂向法院申请对集群图腾公司与集群软创公司进行实质合并重整：

第一，集群图腾公司与集群软创公司属于同一控制下的关联企业。

① 参见辽宁省沈阳市中级人民法院课题组：《关联企业破产实体合并法律适用问题研究》，载最高人民法院民二庭编：《商事审判指导》2010 年第 2 辑，人民法院出版社 2011 年版，第 113 页。

从股权上看，集群软创公司系集群图腾公司的全资子公司；而集群图腾公司除杨某某以外的另一股东为江苏中海联合信息工程发展有限公司，杨某某持有该公司的股权比例为85%，因此杨某某通过股权实际控制着集群图腾公司与集群软创公司。从经营控制与人事控制上看，杨某某对集群图腾公司、集群软创公司具有实际的管理控制权，两家公司的法定代表人、执行董事、监事均由杨某某统一安排、任命，两家公司的行政、人事、财务等均实行条线管理，由杨某某实际控制。

第二，集群图腾公司与集群软创公司的法人人格高度混同。一方面，两公司的法定代表人、执行董事（董事长）均由杨某某担任，集群软创公司的监事则是由集群图腾公司的董事周其担任。两家公司虽为独立法人，但在人事任免、管理上均由集群图腾公司根据杨某某的意思决定。另一方面，两公司的日常经营管理决策受实控人支配，集群软创公司作为集群图腾公司的下属公司，无权自主决策日常经营管理活动，丧失作为独立企业应拥有的自主权利。此外，上述两公司均无管理制度，公司治理机制集中于实控人。集群图腾公司与集群软创公司均无有效实施的人事、财务、经营等方面的管理制度，人事任命、资金划拨均由集群图腾公司根据杨某某的意思统一安排，尤其在集群软创公司雨花项目的运作上，集群图腾公司根据雨花项目的资金需求对外借款、融资，拨付至集群软创公司用于支付各项费用。

第三，集群图腾公司与集群软创公司的财产高度混同。(1) 财务混同。两公司间资金交易频繁，会计核算不规范，经常单边挂账，难以逐一核对、清偿。(2) 核心资产混同。根据官方非税收缴款书记载的内容，集群软创公司的核心资产系集群图腾公司出资购置并无偿调拨至集群软创公司，后续在该土地上建设的在建工程的资金亦大部分源于集群图腾公司的融资。(3) 关联交叉担保（债务混同）。根据会计师事务所出具的调查报告，两家公司之间以及两家公司与公司高管之间由于借款等原因形成一方为多方担保、多方为一方担保、相互担保等交错担保情况，涉及本金金额为47,081万元，关联交叉担保金额巨大。

第四，集群图腾公司与集群软创公司的财产难以区分，且区分成本过高。两家公司之间存在大量的、巨额的、无偿的资金划转和关联担保，导致两家公司利益不清、责任不明，并最终导致两家公司资产负债难以区分；对于大量无真实原因的转账而言，所涉及的财产无疑已处于混同状态；对于其中掺杂可能基于一定原因而进行的资金收付，其清理也需要付出大量的工作成本。

第五，实质合并将使全体债权人受益，有利于实现债权人的公平清偿利益。对两家公司实质合并重整，可以大大降低两家公司之间因资金往来和交叉担保的重复债权金额和追偿清收工作量，并将两家公司的资产归集用于清偿各个公司的各个债权人，有利于提高债权受偿效率，提高债权清偿率。

根据管理人的意见，徐州中院依法进行了审查，并组织召开了听证会，而后裁定对集群图腾公司与集群软创公司进行实质合并破产重整。

## 四、房地产企业实质合并的受理审查模式

关于法院对实质合并的受理审查，由于缺乏立法层面的统一规定，司法实践中主要存在以下两种方式。

第一，以债权人会议或债权人委员会的表决同意作为法院裁定适用实质合并规则的前提。① 此种方式在早期的非房企类企业破产实践中较为常见。典型案例如“浙江温州海鹤及兴瓯的合并重整案”，② 法院在处理该案时非常谨慎，先让债权人会议表决同意，而后再裁定进入实质合并重整。无独有偶，在“纵

① 参见王静：《非讼程序视角下实质合并的申请与审查》，载《法律适用》2021 年第 6 期。

② 参见叶希希、易景涛：《温州海鹤药业有限公司、温州市兴瓯医药有限公司申请破产重整案公司财产与股东财产混同情况下债权审查标准的确立》，载最高人民法院中国应用法学研究所编：《人民法院案例选》2013 年第 4 辑，人民法院出版社 2014 年版，第 22 页。

横集团等6家关联企业实质合并破产重整案”中，管理人通过调查发现各关联企业之间人格高度混同，故向法院提出实质合并破产重整，法院经债权人会议表决同意后，裁定合并重整。这种方法的核心是体现债权人意思自治，法院并不代替债权人会议作出决定。采用这种方式的还有很多案例，如“无锡奥特钢管实质合并清算案”①“浙江信泰集团合并重整案”②“温州海鹤及兴瓯实质合并重整案”③“浙江中江系30家企业实质合并重整案”④等。

第二，由法院采取公开听证的方式进行审查。我国近年来的司法实践中，多见此种方式的运用，如在“南京建工产业集团有限公司等25家公司实质的合并重整案”⑤“金盛置业投资集团有限公司等28家公司实质的合并重整案”⑥中，法院均以召开实质合并重整听证会的方式进行审查。在法院作出的听证公告中，往往写明“为充分听取各方意见，依法保障利害关系人的合法权益……通知申请人、被申请人、利害关系人参加听证会”。⑦

由于听证方式能够最大限度地兼顾各方利害关系人的意见，在程序和实体上更加公平公正，故部分地方法院直接以规范文件的方式作出了举行听证的规定。如北京破产法庭发布的《破产重整案件办理规范（试行）》第23条第2项规定，“关联企业重整的，人民法院一般应当组织听证”；深圳市中级人民法院发布的《审理企业重整案件的工作指引（试行）》第47条规定：“申请人提出实质合并重整申请的，合议庭应当自收到申请之日起五日内通知已知利害关系人，并将申请事项予以公告，公告期不少于十日。关联企业成员及其出资人、债权人、管理人等利害关系人对申请有异议的，应当在公告期届满前以书面方

① 参见无锡市两级法院破产审判十大案例（2006～2016年）。

② 参见浙江省高级人民法院：《2012年浙江法院企业破产审判报告》，载最高人民法院民事审判第二庭主编：《商事审判指导》（2013年第1辑），人民法院出版社2013年版，第135～136页。

③ 参见叶希希、易景涛：《温州海鹤药业有限公司、温州市兴瓯医药有限公司申请破产重整案——公司财产与股东财产混同情况下债权审查标准的确立》，载最高人民法院中国应用法学编：《人民法院案例选》2013年第4辑，人民法院出版社2014年版，第22页。

④ 参见浙江省杭州市中级人民法院民事裁定书，（2013）浙杭商破字第13－2号。

⑤ 参见南京市中级人民法院民事裁定书，（2021）苏01破20号之一至44号之一。

⑥ 参见南京市中级人民法院民事裁定书，（2022）苏01破11号之一。

⑦ 参见江苏省徐州市中级人民法院公告，（2021）苏03破10号之三。

式提出。利害关系人提出异议的，合议庭应当组织听证调查。”此外，南京市中级人民法院发布的《关于规范重整程序适用提升企业挽救效能的审判指引》第35条第1款规定，“申请人提出关联实质合并重整申请的，法院应当及时通知相关利害关系人，组织听证，并于听证前七日在‘全国企业破产重整案件信息网’予以公告，听证时间不计入审查时间”；山东省高级人民法院发布的《企业破产案件审理规范指引（试行）》第200条规定：“人民法院收到实质合并申请后，应当及时通知相关利害关系人并组织听证，听证时间不计入审查时间。人民法院在审查实质合并申请过程中，可以综合考虑关联企业之间资产的混同程度及其持续时间、各企业之间的利益关系、债权人整体清偿利益、增加企业重整的可能性等因素，在收到申请之日起三十日内作出是否实质合并审理的裁定。”四川省高级人民法院发布的《关于审理破产案件若干问题的解答》规定，“人民法院作出裁定之前，应当组织召开听证会听取各方意见”；广东省高级人民法院发布的《关于审理企业破产案件若干问题的指引》第14条第1款规定，“申请重整、和解、实质合并破产以及证券公司、银行、保险公司等金融机构、上市公司破产清算的，人民法院应当组织申请人、债权人代表、债务人以及其他利害关系人听证”。由此可见，多数地方法院均将听证作为法院审查实质合并破产的一项受理程序。

对于以上两种模式，从管理人工作的角度出发，笔者认为管理人在办案过程中需要及时与管辖法院沟通，并根据法院的工作程序，积极配合法院的程序选择：如法院采用债权人会议决议方式的，管理人应尽快与法院、债权人委员会协调召开债权人会议，对实质合并事项进行讨论；如法院采用听证会方式进行实质合并重整判断的，应及时进行信息披露，协助利害关系人报名，尽可能使听证会达到预期目的。

值得一提的是，联合国国际贸易法委员会《破产法立法指南》第三部分“破产企业集团对待办法”指出，可以将相关利益方协商一致作为法院裁定适用实质合并的依据。尽管这种模式在理论上能够成立，但由于相关利益方的诉求不尽相同乃至彼此冲突，故此种完全协商一致的实质合并适用方案的实践难度颇大，目前我国仍缺少相关案例支撑。

最后还需要关注的是，对于管理人提出的实质合并重整申请，法院作出裁定的审批方式也有不同（因缺乏上位法规定，实践中的具体做法也不尽相同）。在其他一些实质合并重整案件中，我们发现有的法院规定需要庭长审批，如深圳中院《审理企业重整案件的工作指引（试行）》第52条第1款规定，法院决定实质合并重整的，应当及时作出合并重整裁定，并报庭长审批。有的法院则需提交审判委员会讨论决定，如山西联盛能源等32家关联企业实质合并破产重整案、[①] 江苏省纺织工业（集团）等6家关联企业实质合并重整案、[②] 洛阳万山湖旅游有限公司与洛阳荆紫仙山旅游开发有限公司实质合并重整案[③]等，均是由法院审判委员会讨论后作出实质合并的裁定。上述做法无不体现出法院内部对关联企业实质合并重整的慎重，以及审核把关程序的严苛性。这种做法能够在极大程度上促进关联企业实质合并重整的正确性。

从管理人角度来说，应积极与承办法官沟通协商，促进信息共享，尽快帮助法院作出准予合并重整的裁定，依法保护债权人的利益。

## 五、房企实质合并重整受理前的程序保障

实质合并重整具有不可逆性，由于实质合并后不同债务人企业的债权需要在整体上作出平等清偿，势必会有部分财务状况相对良好企业的债权人利益受损。因此，除法院对实质合并重整进行慎重的审查外，也应在程序上保障相关利害关系人的权益。这一做法也有利于防范司法审判权的任意和专断。

### （一）保障利害关系人的知情权

从程序公正的角度来说，让利害关系人“知情投票”是破产法程序公正的重要表现，也是破产程序强调信息披露的原因。针对可能对利害关系人的权益造成损害的公权力行为，程序上应保障其知情权、异议权和申辩权。对于实质

---

① 参见山西省吕梁市中级人民法院民事裁定书，（2015）吕破字第1－23、25－31号。

② 参见江苏省南京市中级人民法院民事裁定书，（2014）宁商破字第11－3、12－3、13－3号；南京市中级人民法院民事裁定书，（2015）宁商破字第9－3、11－4、12－3号。

③ 参见河南省新安县人民法院民事裁定书，（2017）豫0323破3号。

合并重整事项，我国已有司法案例中异议人提出的理由之一便是法院未通知利害关系人参加听证。① 这也在一定程度上说明，保证利害关系人的知情权对实质合并破产的重要性。

联合国国际贸易法委员会《破产法立法指南》第三部分“破产企业集团对待办法”规定，向债权人发送通知应当作为实质合并立法时应当考虑的内容之一；此外，其还明确提出在发送通知时必须遵守与破产程序启动申请相同的要求，以保障受影响的债权人有权接到通知并有权提出异议。2018 年《破产审判会议纪要》第 33 条也规定，人民法院在收到实质合并申请后，应当及时通知相关利害关系人。该纪要关于通知的规定虽过于原则，但在程序上给法院如何作为提供了指引，也在一定程度上保障了法院合理行使审判权。从实践来看，法院对“通知”的理解，往往是采用“公告”的方式进行的，同时要求管理人等协助履行对利害关系人的告知义务。

随着审判信息化趋势的不断发展，利用网络方式协助破产案件办理的部分程序性事项已为司法解释认可。最高人民法院《关于企业破产案件信息公开的规定（试行)》第 7 条第 2 款规定，人民法院、破产管理人在其他媒体发布公告的，同时要在破产重整案件信息网发布公告。人民法院、破产管理人在破产重整案件信息网发布的公告具有法律效力。据此，在全国企业破产重整案件信息网发布实质合并听证公告的，具有相应的法律效力。对于被申请合并的关联企业规模庞大、债权人数量众多的实质合并案件，人民法院还可以运用网络视频会议的方式，线上线下同步进行合并申请的听证。

### （二）保障利害关系人的异议提出权

通知利害关系人的目的是保障其在程序中能够充分发表、说明自己对某事

---

① 参见蔡国辉不服惠州鸿裕实业公司等 3 公司实质合并破产清算复议案，广东省高级人民法院民事裁定书，（2018）粤破终第 37 号；张某宾、陈某松、崔某民不服河南金瓯、开封金耀、河南东建、河南雅乐颂 4 家公司实质合并重整复议案，河南省高级人民法院民事裁定书，（2018）豫破申 1 号；崔某凤不服江苏五丰置业、昆山五丰广场实质合并清算复议案，江苏省苏州市中级人民法院民事裁定书，（2019）苏 05 破终 10 号；北京中科云睿科技有限公司不服万宝集团等 28 家公司实质合并重整复议案，山东省日照市中级人民法院民事裁定书，（2019）鲁 11 破监 2 号。

项的思考和顾虑。从法理上讲，这种做法是为了法院充分听取各方意见，并保障利益相关方享有充分的陈述权、证明权、到场权和辩论权。

房地产企业合并重整对债权人的利益影响重大，加之破产程序的终局性特征，将使有关主体利益受损而无救济可能。因此，为了防止公权力滥用，在法院对实质合并申请进行审查时，应当赋予异议债权人对实质合并申请提出异议的权利。提出异议的权利不仅包括异议债权人有参加听证的到场权，还应当享有就反对实质合并进行陈述、提交证据及对申请合并方的主张及证据进行反驳和答辩的权利，陈述并提交证据证明其在交易过程中充分、合理信赖某个关联企业成员的独立信用并基于此进行的交易，以及实质合并的结果会损害其利益。

一般来说，合并重整考虑的是全体债权人的利益以及破产程序的整体利益，故可能会因为各成员企业债权清偿率的改变而难以让所有债权人满意。虽然实质合并的适用乃是基于法院的职权裁量，但是从尊重保障当事人权利的角度出发，法院在决定适用实质合并的裁定中应当对各方主体的陈述及提交的证据进行描述和分析，尤其是要对异议债权人陈述的事实、提交的证据、提出的抗辩予以回应，认真、审慎地阐明决定适用实质合并的理由。利害关系人的异议，应成为法院判定是否采用实质合并重整的重要依据。

### （三）保障利害关系人的异议救济权

利害关系人提出异议后，未被法院采纳的，从程序公正角度来说，应赋予其一定的救济权利。在司法程序中，权利救济的主要方式是上诉和复议。根据我国《企业破产法》第12条的规定，仅对不受理申请或者驳回申请的裁定不服的，才赋予申请人上诉权；对于法院裁定受理破产申请的，当事人并无上诉的权利。除此之外，破产程序中的程序性事项不再有上诉权（破产衍生诉讼除外），而是赋予一定的复议权。

对此，《破产审判会议纪要》第34条规定，相关利害关系人对受理法院作出的实质合并裁定不服的，可以自裁定书送达之日起15日内向受理法院的上一级人民法院申请复议。除最高人民法院的统一性规定外，各地高级人民法院也遵循最高院会议纪要的精神，明确规定应当保障异议债权人的复议权。有的法院进一步规范了复议的听证程序、期限、案号及复议决定的文书形式等具体程序性规定。如广东高院规定，上级人民法院应当在受理之日起30日内作出复议裁定。① 南京中院则规定，对于实质合并重整裁定的复议，立案部门于接收材料当日以“破监”字案号登记立案；复议期间，法院可以组织复议申请人、相关利害关系人进行听证。对复议的审查结论，由法院以裁定形式作出。② 此外，虽然各地法院在反对实质合并的复议案件所列案号上存在差异，如南京中院、日照中院、娄底中院等列“破监”字案号；③ 有的法院则直接按照破产上诉案件列“破终”字案号，④ 但以上无论采用哪种方式，法院在审理时往往采用合议庭的方式对复议案件进行审查，并组织异议债权人、申请人、管理人等各方进行听证，充分保障了异议人的辩论权。可以说，法院的审理方式与破产程序上诉案等几乎无异。

如在“金盛置业公司等28家公司实质合并重整案”中，南京中院充分尊重当事人的辩论权，通过法庭调查、法庭辩论的方式让各关系人之间充分进行信息交换。而后通过一系列的复议程序，南京中院对复议相关事实进行了认定，并对复议的焦点问题作出了准确的法律判断，以此从整体上保障了各方关系人的利益。这充分说明，法院对实质合并破产的适用十分谨慎，不仅在程序上充分保障了异议人的知情权，还提供了便利的救济路径，程序与实体上的双重保障，促进了利害关系人的权利保护与公司人格制度的平衡。

---

① 《广东省高级人民法院关于审理企业破产案件若干问题的指引》第30条规定：“申请人、被申请人不服实质合并破产申请裁定的，可以自裁定书送达之日起15日内向上级人民法院申请复议。上级人民法院应当在受理之日起30日内作出复议裁定。”

② 《南京市中级人民法院关于规范重整程序适用 提升企业挽救效能的审判指引》第37条规定，相关利害关系人对法院作出的实质合并重整裁定不服的，可以自裁定书送达之日起15日内向受理法院的上一级法院申请复议。

第38条规定：对于实质合并重整裁定的复议，立案部门于接收材料当日以“破监”字案号登记立案。复议期间，法院可以组织复议申请人、相关利害关系人进行听证。对于复议的审查结论，由法院以裁定形式作出。

③ 参见江苏省南京市中级人民法院民事裁定书，（2022）苏01破11号之一。

④ 参见安徽省宣城市中级人民法院民事裁定书，（2020）皖18破终1号。

# 第五章

# 房地产企业重整实务中的疑难问题及其法律适用

# 第一节　建设工程价款优先受偿权的认定及处理

## 一、建设工程价款优先受偿权的审查与认定

### （一）建设工程价款优先受偿权的概念界定

优先受偿权，是指法律规定的特定债权人优先于其他债权人甚至优先于其他物权人获得清偿的权利。作为优先受偿权的一种特殊类型，建设工程价款优先受偿权是建设工程承包人保障自身权益的一项重要权利，其内涵为建设工程承包人就工程价款在该工程折价或者拍卖的价款范围内有优先受偿的权利。《民法典》第 807 条规定："发包人未按照约定支付价款的，承包人可以催告发包人在合理期限内支付价款。发包人逾期不支付的，除根据建设工程的性质不宜折价、拍卖外，承包人可以与发包人协议将该工程折价，也可以请求人民法院将该工程依法拍卖。建设工程的价款就该工程折价或者拍卖的价款优先受偿。"

上述条款对建筑工程价款的优先受偿作出了规定，但没有在法律规范层面明确该权利的统一谓称，实务中对承包人优先受偿的权利存在"建设工程价款优先受偿权""建设工程承包人优先受偿权""建筑工程优先权""建筑工程优先受偿权"等不同的描述。为论述方便，笔者拟采用"建设工程价款优先受偿权"的表述。

值得注意的是，建筑工程合同的范畴包括勘察、设计合同，但发包人单独发包的勘察、设计合同的承包人并不享有建设工程价款优先受偿权，列入总承包合同范围的勘察、设计部分也需要满足特定条件方可享有建设工程价款优先受偿权。

## （二）建设工程价款优先受偿的范围

建设工程价款主要由施工成本、利润和税金（相关税费）等构成，同时由于合同履行过程中可能存在违约行为，实务中建设工程承包人往往把逾期付款利息、违约金、损害赔偿金等在诉讼程序中一并主张。但是，《最高人民法院关于审理建设工程施工合同纠纷案件适用法律问题的解释（一）》（以下简称《建工司法解释（一）》）第40条规定："承包人建设工程价款优先受偿的范围依照国务院有关行政主管部门关于建设工程价款范围的规定确定。承包人就逾期支付建设工程价款的利息、违约金、损害赔偿金等主张优先受偿的，人民法院不予支持。"这一规定实际上否定了利息、违约金等的优先权。对此，应当从以下几个方面进行理解。

1. 建设工程价款优先权中包含成本、利润和税金

根据《民法典》第807条的规定，成本、利润和税金等部分享有优先受偿权。具体而言，《建工司法解释（一）》第40条规定的"国务院有关行政主管部门关于建设工程价款范围的规定"主要有两个：一是住建部、财政部印发的《建筑安装工程费用项目组成》第1条第1款，其规定"建筑安装工程费用项目按费用构成要素组成划分为人工费、材料费、施工机具使用费、企业管理费、利润、规费和税金"；二是原建设部印发的《建设工程施工发包与承包价格管理暂行规定》第5条，其第2、3款规定"工程价格由成本（直接成本、间接成本）、利润（酬金）和税金构成。工程价格包括：合同价款、追加合同价款和其他款项"。尽管两者表述有所不同，但内涵基本一致，实践中法院往往会根据实际情况确定建设工程价款的组成。

2. 建设工程价款优先权中不能涵盖逾期利息、违约金、损害赔偿金

根据《民法典》第807条的规定，逾期付款利息、违约金、损害赔偿金等不享有优先受偿权。具体而言，根据《关于建设工程价款优先受偿权问题的批复》（法释〔2002〕16号）第3条的规定，建设工程价款包括承包人为建设工程应当支付的工作人员报酬、材料款等实际支出的费用，不包括承包人因发包人违约所造成的损失。也就是说，最高人民法院在《关于建设工程价款优先受

偿权问题的批复》中对建设工程优先受偿权受偿的范围作出了严格的限制，除了承包人工作人员报酬、材料款等在工程建设中实际支出的费用享有优先权以外，其他的费用不能享受优先权。

## （三）建设工程价款优先受偿权的审查要点

1. 关于债权申请主体的审查

建设工程价款优先受偿权的权利主体为建设工程承包人，即与发包人订立建设工程施工合同的相对人。在房地产企业破产重整案件的债权审查中应注意以下几点。

第一，应注意审查承包人的身份资质。所谓“承包人”，指的是符合法律规定的、有资质承建案涉项目的、从事建筑活动的建筑施工企业。此处对于承包人的概念界定，应回归《建筑法》中对合法承包人的规定，即“具备合法资质”是认定承包人身份的必要前提条件。如在张某来、岳阳市中泰房地产开发有限责任公司等建设工程施工合同纠纷一案中，[①] 湖南省岳阳市中级人民法院认为，《建筑法》对合法承包人的规定，应理解为符合法律规定的、有资质承建案涉项目的、从事建筑活动的建筑施工企业。

第二，应注意审查承包人是否签订了建设工程施工合同。《建工司法解释（一）》第35条规定：“与发包人订立建设工程施工合同的承包人，依据民法典第八百零七条的规定请求其承建工程的价款就工程折价或者拍卖的价款优先受偿的，人民法院应予支持。”依据上述规定，与发包人签订建设工程施工合同，是承包人主张建设工程价款优先权的必要前提。

第三，只要承包人与发包人签订了建设工程施工合同即可认定为具有优先权，而无须审查建设工程施工合同的法律效力。《建工司法解释（一）》第38条规定：“建设工程质量合格，承包人请求其承建工程的价款就工程折价或者拍卖的价款优先受偿的，人民法院应予支持。”建设工程合同的效力并非决定承包人是否享有建设工程价款优先受偿权的前提条件，只要建设工程本身质量合格，

---

① 参见湖南省岳阳市中级人民法院民事判决书，（2022）湘06民终2号。

建设工程合同的法律效力不影响优先受偿权的行使，这表明法律对于勤勉尽责的承包人给予充分保护，帮助其降低维权成本。

第四，管理人应注意审查申报的债权人是否为建设工程的“实际施工人”。由于合同履行情况复杂，在承包人实际施工中可能还会出现转包、违法分包、挂靠等情形，上述行为涉及多方主体，法律关系复杂。基于谨慎态度，《建工司法解释（一）》并未赋予“实际施工人”享有建设工程价款优先受偿权。

2. 对建设工程价款优先受偿权行使时间的审查

承包人的建设工程价款优先受偿权并不是一直持续的，而是有一定的时效性。《建工司法解释（一）》第 41 条规定：“承包人应当在合理期限内行使建设工程价款优先受偿权，但最长不得超过十八个月，自发包人应当给付建设工程价款之日起算。”所以，建设工程价款优先受偿权的权利行使期限为 18 个月，起算时间点为自发包人应当给付建设工程价款之日。实践中，工程施工情况比较复杂，具体的起算时间应结合建设工程施工合同履行情况等进行综合认定。

为了便于承包人行使权利，《建工司法解释（一）》对权利行使期间的起算时间点作出了更加细化的规定。《建工司法解释（一）》第 27 条规定：“利息从应付工程价款之日开始计付。当事人对付款时间没有约定或者约定不明的，下列时间视为应付款时间：（一）建设工程已实际交付的，为交付之日；（二）建设工程没有交付的，为提交竣工结算文件之日；（三）建设工程未交付，工程价款也未结算的，为当事人起诉之日。”

3. 实际施工人主张优先受偿权的路径

实际施工人是指无效合同的承包人，如转承包人、违法分包合同的承包人、没有资质的借用有资质建筑施工企业的名义与他人签订建设工程施工合同的承包人等。由于实务中对实际施工人的认定十分困难，存在各种障碍，《建工司法解释（一）》与相关法律规定对“实际施工人是否享有建设工程优先受偿权”的问题没有作出明确规定。这使各地法院对该问题采取了不同的处理方式。通过相关案例的检索与分析，发现当前实务中存有三种观点与做法。

第一种观点认为，应严格适用《民法典》第 807 条与《建工司法解释（一）》第 26 条第 2 款的规定，只有承包人享有建设工程价款优先受偿权，发包人只在欠付工程价款范围内对实际施工人承担责任，即实际施工人有条件地向发包人主张工程价款，但实际施工人不享有建设工程价款优先受偿权。该类观点以“吴某某、重庆市丰都县第一建筑工程公司建设工程施工合同纠纷”案为代表，[①] 最高人民法院认为实际施工人吴某某并非《民法典》与《建工司法解释（一）》所规定的承包人，法律及司法解释并未规定实际施工人享有工程价款的优先受偿权，最终以“吴某某主张其享有工程价款优先受偿权并无事实和法律依据，二审不予支持并无不当”为由，驳回了吴某某关于主张其享有工程价款优先受偿权的诉讼请求。

第二种观点认为，实际施工人享有工程价款优先受偿权。该观点以“何某伟、孔某某等第三人撤销之诉民事申请再审案”为代表，[②] 最高人民法院认为，建设工程价款优先受偿权是法定优先权，对于在人民法院调解书中明确建设工程价款享有优先受偿权的情形，法律、法规及司法解释并未予以禁止。该案中，十建公司从东田公司处承包案涉工程后，孔某某作为东田三期科技孵化楼项目部负责人与十建公司签订《工程项目管理合同》并向十建公司实际交纳保证金200万元，东田公司、十建公司均认可案涉工程由孔某某挂靠十建公司承建，工程实际由孔某某施工完成。东田公司对案涉工程实际由孔某某借用十建公司资质施工是明知或应知的，孔某某与东田公司之间形成事实上的建设工程施工合同关系，由此，最高人民法院最终认定，孔某某在应收工程价款范围内享有优先受偿权并无不当。

第三种观点认为，经发包人同意或者各方认可挂靠的，实际施工人享有优先受偿权。该观点以“宁夏钰隆工程有限公司与安徽三建工程有限公司等建设工程施工合同纠纷再审案”为代表，[③] 最高人民法院认为，依照《合同法》第269条的规定，建设工程施工合同的当事人包括承包人和发包人，承包人是按约定进行工程施工建设的人，发包人是按约定支付工程价款的人。承包人按照合同约定的标准进行了施工建设，发包人接受了承包人交付的工程项目，承包

---

① 参见最高人民法院民事判决书，（2019）最高法民再258号。

② 参见最高人民法院民事裁定书，（2022）最高法民申22号。

③ 参见最高人民法院民事裁定书，（2019）最高法民申6085号。

人即有权请求发包人按照合同约定支付工程款。又依照《合同法》第 286 条的规定，承包人对工程款还享有就该工程折价或拍卖价款优先受偿的权利。

在该案中，最高人民法院进一步指出，法律就工程项目设立优先受偿权的目的，是保障承包人对发包人主张工程款的请求权优先于一般债权得以实现。保障该请求权优先得以实现的原因在于，建设工程系承包人组织员工通过劳动建设而成的，工程价款请求权的实现意味着员工劳动收入有所保障。因而无论合同是否有效，只要承包人组织员工按照合同约定建设了工程项目并交付给了发包人，发包人就不能无偿取得该工程建设成果。

## 二、建设工程价款优先受偿权与其他优先债权权利冲突时的解决路径

### （一）建设工程价款优先受偿权应优先于一般的抵押权

通过前文所述，为保障承包人权利和建筑工人权益，法律赋予了承包人享有建设工程价款优先受偿权。在我国房地产行业高度金融化的背景下，房地产楼盘的开发往往需要包括银行在内的各类金融机构给予充分的资金支持，信贷作用的发挥往往离不开借贷人的偿债能力，而债务人的偿债能力主要体现为是否在责任财产上设置了相应的担保。因此，在建工程或已完工工程上往往也存在诸多金融机构的抵押权。

在建设工程价款债权与金融机构的信贷债权均面临无法完全偿付乃至建设工程发包人破产的情形下，自然会引发对建设工程价款优先受偿权与抵押权关于偿付顺序判断的问题。对此，《建工司法解释（一）》第 36 条规定："承包人根据民法典第八百零七条的规定享有的建设工程价款优先受偿权优于抵押权和其他债权。"显然，司法解释已给出了较为明确的答案，这一规定背后体现了优先保障承包人及建筑工人权益的立法政策。在房地产企业重整案件的事务办理中，管理人应注意向金融机构等抵押债权人做好解释工作，释明法律规定及适用标准，避免矛盾激化。

### （二）消费性购房人优先权应优先于建设工程价款优先权

消费性购房人权利应当优先于建设工程价款优先权。对于该问题，最高人

民法院作出的两个批复具有直接的指导意义：一是《最高人民法院关于建设工程价款优先受偿权问题的批复》，该批复规定消费者权利应当优先于建设工程价款优先权，但其已于2021年1月1日被废止；二是《关于商品房消费者权利保护问题的批复》（法释〔2023〕1号），该批复强调商品房消费者的房屋交付与价款返还请求权应优先于建设工程价款、抵押权与其他债权。上述两个批复均表明最高人民法院认为商品房消费者的“生存利益”大于施工企业和金融机构的经营利益，这也反映出我们有必要在房企的破产程序中对商品房消费者进行特殊保护，保障其合法权益。

在司法实践中，管理人应积极贯彻上述批复的精神，保障消费者购房债权人在受偿时优先于其他各类债权受偿。在房地产企业重整实务中，如何认定前来申报的购房人是否具有“消费性购房人”的资格，对于确定消费性购房人优先权至关重要。关于“消费性购房人”的相关内容，将在下文进行详述。

# 第二节　消费性购房人的认定及其权利处理

在房地产企业破产案件中，与企业签订了预售合同的购房人可能会要求企业履行合同、交付房屋。对于此时购房者的权利行使问题，有观点认为，预售购房人虽未进行房屋物权登记，但基于商品房预售合同，符合消费者购房人认定标准的债权人应当享有对该房屋物权的期待权。所谓期待权，即购房人在取得商品房所有权过程中产生的衍生权利。理论界对期待权的研究尚存在诸多争论，我国有关司法解释对物权期待权作了一些规定，目前，这些规定是管理人在房地产企业破产案件中处理此类债权的主要依据。本节将从消费性购房人认定标准的相关规范、不应认定为“消费性购房”的情形等方面展开论述消费性购房人的认定及其权利处理。

## 一、关于消费性购房人认定标准的相关规范

经梳理，当前关于消费性购房人认定标准主要有以下法律规范。

第一，《最高人民法院关于建设工程价款优先受偿权问题的批复》（法释〔2002〕16号）批复中的认定标准。2002年《最高人民法院关于建设工程价款优先受偿权问题的批复》将“消费者”描述为已交付所购买商品房的“全部”或者“大部分”款项的购房者。对此，最高人民法院在《最高人民法院关于商品房消费者权利保护问题的批复》（〔2005〕执他字第16号）中进一步释明，关于优先保护消费者权利的规范设计，其目的在于保护消费者的居住权。而

《最高人民法院关于建设工程价款优先受偿权问题的批复》中并未明确指出，应当如何认定“消费性购房人”，只是规定了支付完“全部”或“大部分”款项即可。将支付款项的比例作为认定“消费性购房人”的判断标准，客观上并不妥当，因为无论如何划定比例，都有与该比例近似的购房人被“一刀切”地排除在认定范围之外，该种做法有失公允。《最高人民法院关于建设工程价款优先受偿权问题的批复》已于2021年1月1日被废止。

第二，《最高人民法院关于人民法院办理执行异议和复议案件若干问题的规定》中的认定标准。在当前的司法实践中，对消费性购房人的认定问题，一般适用《最高人民法院关于人民法院办理执行异议和复议案件若干问题的规定》第29条的规定。该条规定对消费性购房者的认定提出了三个要件：（1）在人民法院查封之前已签订合法有效的书面买卖合同；（2）所购商品房系用于居住且买受人名下无其他用于居住的房屋；（3）已支付的价款超过合同约定总价款的50%。虽然该条规定细化了消费性购房人的认定标准，但是在房地产破产案件的实际办理中，管理人很难查明购房人名下是否有其他用于居住的房屋，这间接增加了管理人的履职难度。实务中有部分管理人将该条规定的适用范围拓展至购房人的全体家庭成员，做法有失偏颇。

第三，《九民纪要》中的认定标准。2019年《九民议要》进一步放宽了对消费者购房者的认定条件。根据《九民纪要》第125条第2款的规定，“买受人名下无其他用于居住的房屋”可以理解为在案涉房屋同一设区的市或者县级市范围内购房人名下没有用于居住的房屋，或名下虽然已有1套房屋，但购买的房屋在面积上仍然属于满足基本居住需要的，即可认定为符合《最高人民法院关于人民法院办理执行异议和复议案件的规定》的精神；此外，根据该条第3款的规定，“已支付的价款超过合同约定总价款的百分之五十”可以理解为如果消费者购房人支付的价款接近于50%，且已经按照合同约定将剩余价款支付的，即可认定为符合《最高人民法院关于人民法院办理执行异议和复议案件的规定》的精神。

第四，《最高人民法院关于商品房消费者权利保护问题的批复》中的规定。2023年最高人民法院在《关于商品房消费者权利保护问题的批复》中延续了最高人民法院〔2014〕执他字第23、24号答复的规范精神，强调对处于弱势地位的消费性购房人权益保障。具体来说，《关于商品房消费者权利保护问题的批复》第2条指出，在商品房消费者以居住为目的购买房屋并已支付全部价款的情况下，消费者关于其房屋交付请求权优先于建设工程价款优先受偿权、抵押权以及其他债权的主张，应予支持。需要说明的是，该批复特别针对只支付了部分价款的商品房消费者，为其提供了“在一审法庭辩论终结前已实际支付剩余价款”的权益保障渠道，以获得如前款所述的优先地位。但是在房地产企业破产案件中，对于未起诉的购房者，如何认定其支付剩余价款的时间，需要进一步细化。

## 二、不应认定为“消费性购房”的几种情形

尽管司法解释及最高人民法院的相关批复对购房消费者的权利给予了充分的保护，但这一规则的适用是有严格前提的，即优先权人必须符合“消费性购房”这一前提。管理人在对债权人申报的此种债权进行审查时，应当慎重作出判定，防止损害其他债权人的利益。一般来说，具有以下情形之一的，不宜认定为享有“消费性购房”的优先权。

第一，无法证明存在真实的商品房买卖关系或采取以房抵债方式的购房人。债权申报人提供的证据材料真实性存疑，如经审查发现购房款没有进入房地产企业的账户、购房款虽然进入房地产企业的账户但随后立即又转到买受人或其亲友等关联方银行账户等情况，管理人便不应认定申报人与债务人之间存在真实的商品房买卖关系。对于以房抵债的情形，下一节将展开论述。

第二，无法证明购房人已实际支付购房款。债权申报的购房人所提供的证据材料无法证明其已实际支付过购房款，或管理人经与财务审计机构核实，仍无法确认申报人确已支付购房款的情况下，管理人对于申报的购房人所申报债权的真实性就不应予以确认。

第三，购房人并非自然人或购房人虽然为自然人但是购买的是商铺的。既然现有规范关于优先保护已交付购买商品房的全部或者大部分款项的消费者权

利的规定，系出于保护个人消费者的居住权所设，即购房应是直接用于满足其生活居住需要，而非用于生产经营。因此，在购房人并非自然人的情况下，就不应做扩大解释，无须将非自然人购房者纳入。对于购买商铺的，由于消费性购房所保护的法益聚焦于居住、生存，而购买商铺往往是出于经营的需要，所以不应将购买商铺的购房人认定为消费性购房。

综上所述，相关法律文件已较为明确地赋予了消费性购房人对所购买房屋的优先权。具体而言，消费性购房人的优先权是为了保护个人消费者生存权的例外规定，其权利顺位优先于建设工程价款优先权和抵押权，故更不应过度扩大解释。管理人在处理此类权利时须关注消费性购房人的范围。只有这样才有可能做到在兼顾公平价值的同时，避免过度保护所造成的权利失衡与权利滥用。

# 第三节　在房地产企业重整实务中对以房抵债情况的处理

房地产企业在项目开发过程中如遇到资金困难致使企业无力支付工程款、民间借贷款时，常常会选用以房抵债的方式进行债务清偿。从法律性质上看，以房抵债通常采取以物抵债协议的方式，应当遵循以物抵债的处理思路，但客观来说，二者均非法律概念。我国《民法典》以及原《合同法》《物权法》对此均未作明确规定，但在部分地区的司法文件中能够发现对“以物抵债”的相关规定。如《江苏省高级人民法院关于以物抵债若干法律适用问题的审理纪要》对以物抵债行为作出如下界定：“以物抵债是指债务人与债权人约定以债务人或经第三人同意的第三人所有的财产折价归债权人所有，用以清偿债务的行为。”根据此定义，可以发现，通过以房抵债形式设定的让与担保、流押条款等，并非典型的以房抵债行为，但在实践中广泛存在。破产实务中以房抵债协议存在不同样态，具有复杂性，处理上也面临诸多困境，故管理人不应仅停留在概念层面，而是应当结合当事人的意思表示、交易形式、协议成立时间等因素确定以房抵债协议的具体属性，从而作出相应的处理。

## 一、现行法律对以房抵债规则的构建

出于对期限利益、是否构成流押条款的考虑，理论界与实务界通常根据以房抵债协议达成的时间点将其分为履行期限届满前达成的以房抵债协议和履行期限届满后达成的以房抵债协议，二者的法律关系和法律后果有所差异，《九民纪要》第 44 条和第 45 条基于这种区分作出了相应规定。

## （一）履行期限届满前达成的以房抵债协议

《九民纪要》第 45 条规定："当事人在债务履行期届满前达成以物抵债协议，抵债物尚未交付债权人，债权人请求债务人交付的，因此种情况不同于本纪要第 71 条规定的让与担保，人民法院应当向其释明，其应当根据原债权债务关系提起诉讼。……"该条否认了抵债物未交付情形下构成让与担保的可能，但未对此种情形下协议的性质与效力作出认定，也未说明抵债物已经交付甚至已经办理所有权变更登记时的处理办法。结合《最高人民法院关于审理民间借贷案件适用法律若干问题的规定》第 24 条和《民法典》及相关司法解释对非典型担保制度的规定，在履行期限届满前达成的以房抵债协议，已经办理所有权变更登记的，则认定为当事人之间设立让与担保；未办理所有权变动登记的，则穿透至当事人之间实际发生的借贷关系处理，唯在当事人办理了预告登记且转为本登记的条件已经成就时，才具有与本登记相同的效力。

1. 抵债房屋已办理所有权变更登记

我国立法此前严格遵循物权法定原则，不承认让与担保等非典型担保的效力，同时为防止债权人暴利盘削债务人，对流质条款都会基于原《合同法》第 52 条"违反法律、行政法规的强制性规定的情形"而认定无效。但《民法典》采取了功能主义方法，改变了这一观点。[①] 第 388 条明确规定"担保合同包括抵押合同、质押合同和其他具有担保功能的合同"，《最高人民法院关于适用〈中华人民共和国民法典〉有关担保制度的解释》第 68 条则柔化了流质条款的效力问题，认为直接变更抵债财产权属的约定，仍然属于无效的范畴，但不影响当事人提供担保的意思表示的效力，同时通过强制清算义务，保障了债权人对抵债房产折价或者拍卖、变卖的价款优先受偿的权利。

因此，如果债权人和债务人在债务履行期届满前达成了以房抵债协议，且已经完成了物权变动的公示，则满足在基础债权债务关系上设立、债权人成为

---

① 参见武诗敏：《破产法视野中的以房抵债问题研究》，载《法学家》2023 年第 4 期。

抵债房产形式上的所有人、债务人履行债务后债权人返还房产、债务人未偿还债务则对抵债房产强制清算的要求，符合让与担保的主要特征，应认定双方之间设立了让与担保。

2. 抵债房屋未办理所有权变更登记

对于当事人用房屋抵债但未办理所有权变更登记的，应当根据客观主义探求当事人之间是否存在担保的合意。由于以不动产设立担保具有明确的形式要求，当事人怠于履行或者无意履行，推定当事人并无设立相关房产担保的意思表示是合理的，签订协议只是为了使债权人可以在债务人到期不履行债务时依据该协议取得房屋所有权。这一约定增加了债的履行方式，客观上实现了一定的担保功能，却不具有担保在规范层面的效力，债权人仅享有无担保的普通债权，根据当事人之间的原债权债务关系处理。应当明确的是，在破产程序中，《民法典》第221条明确了预告登记的物权排他效力，同时为了避免对预告登记权利人的过度保护，结合《最高人民法院关于人民法院办理执行异议和复议案件若干问题的规定》第30条的规定，在预告登记转为本登记的条件已经成就时，应当具有与本登记相同的效力，即认为当事人已经完成房产权利变动公示，权利人得以主张破产程序中的别除权。

### （二）履行期限届满后达成的以房抵债协议

根据《九民纪要》第44条的规定，当事人在债务履行期限届满后达成以物抵债协议，抵债物尚未交付债权人，债权人请求债务人交付的，该协议不具备恶意损害第三人利益或者无效事由的，人民法院应予支持。根据该条规定，履行期限届满后的以房抵债协议为诺成性合同，双方就以房抵债达成合意，则合同成立。但实务中对这种合意究竟属于新债清偿还是债务变更往往存在争议，这也将直接影响破产程序中对债权数额的认定。在“通州建总集团有限公司与内蒙古兴华房地产有限责任公司建设工程施工合同纠纷案”① 中，最高人民法院做了充分阐释：“当事人于债务清偿期届满后达成的以物抵债协议，可能构成

① 参见最高人民法院民事判决书，（2016）最高法民终字第484号。

债的更改，即成立新债务，同时消灭旧债务；亦可能属于新债清偿，即成立新债务，与旧债务并存。基于保护债权的理念，债的更改一般需有当事人明确消灭旧债的合意，否则，当事人于债务清偿期届满后达成的以物抵债协议，性质一般应为新债清偿。在新债清偿情形下，旧债务于新债务履行之前不消灭，旧债务和新债务处于衔接并存的状态；在新债务合法有效并得以履行完毕后，因完成了债务清偿义务，旧债务才归于消灭。”换言之，实践中应当从尊重当事人意思表示出发，以当事人约定为准判断旧债务是否归于消灭。原债务履行期限届满后，不管用以抵债标的物是否交付给债权人，人民法院审查后可以排除其他无效事由的，应确认该协议有效。

## 二、破产重整程序中的以房抵债协议处理规则

### （一）破产撤销权在以房抵债协议中的适用

以房抵债可能因构成欺诈行为和偏颇行为而在破产程序中被管理人撤销，通常包括三种情形。

第一，被认定为以不合理价格转让财产。根据《企业破产法》第31条的规定，人民法院受理破产申请前一年内，债务人以明显不合理的价格进行交易的，管理人有权请求人民法院予以撤销。但需要注意的是，若当事人虽签订买卖合同，但并无买卖房屋的真意，而是为主债务提供担保，并不会造成债务人财产的减损进而影响其他债权人的利益，不宜认定为“以明显不合理的价格进行交易”。

第二，被认定为个别清偿。根据《企业破产法》第32条的规定，人民法院受理破产申请前6个月内，在债务人资不抵债或明显缺乏清偿能力的前提下，仍对个别债权人进行清偿的，管理人有权请求人民法院予以撤销。在“张某超、威海广信房地产开发有限责任公司等破产债权确认纠纷案”[①] 中，最高人民法院即认为债权人的预告登记行为发生在人民法院受理破产申请前6个月内，债

① 参见最高人民法院民事裁定书，(2020) 最高法民申2674号。

务人已经具备资不抵债或明显缺乏清偿能力的情形，仍对该债权人进行个别清偿，从而支持了管理人行使撤销权，驳回了该债权人请求交付房屋并办理产权登记的请求，而仅能向管理人申报相应的债权。

第三，被认定为对没有财产担保的债务提供财产担保。在债务履行期限届满前达成的以房抵债协议，若发生在人民法院受理破产申请前一年，因为其实质上属于物权担保，具有优先受偿的效力，可能影响债权人的公平受偿，构成偏颇清偿而具备破产撤销权的适用空间。但债务履行期限届满前签订，但未发生房屋产权实际过户的“后让与担保”，因为对所抵房屋折价、拍卖、变卖不具有优先受偿权，并不会构成对没有财产担保的债务提供财产担保而被撤销的情形。

### （二）执行程序中达成的以房抵债协议的处理

最高人民法院《关于人民法院办理执行异议和复议案件若干问题的规定》第 29 条对购房消费者提供了特别保护，旨在保护消费者购房人的生存权，但在执行程序中，以房抵债债权人却与消费者购房户存在显著不同，通常一次抵偿多套房屋，并且大多存在复利、砍头息、已经支付过高额利息等情况，不满足为生活、居住需要而购买商品房的基本要求，而且以房抵债的购房协议是在当事人之间的借贷关系基础上签订的，二者具有整体性和关联性，不能割裂分析双方之间的房屋买卖关系和借贷关系。因此在处理执行程序中达成的以房抵债协议时，为实现对其他债权人的公平保护，管理人对以房抵债债权人，即使满足购房消费者条件，也不能认定为消费者购房人。如果以房抵债债权人和普通消费者购房户出现一房多卖的现象时，出于保护弱者的考量，应以普通消费者购房户优先。

# 第四节 房地产企业重整实务中的售后包租问题

售后包租是一种房地产行业的销售模式，在房地产企业融资越来越困难的背景下，售后包租模式逐渐成为房地产企业销售商业物业、缓解自身资金压力的经营模式。从功能上看，售后包租模式能凭借高额收益而吸引购房人投资，进而帮助房地产企业提升资金周转率。但是存在诸如售后包租模式涉及的法律风险有哪些、房地产企业破产案件中如何处理售后包租债权人的相关债权问题，本节将从售后包租的基本概念、售后包租的合规性分析等方面集中分析与论述。

## 一、售后包租的基本概念

售后包租也称售后返租，或售后回租、承租，是一种房地产营销模式，主要是指房地产开发商将商品房售卖给购房者，但是购房者在一定期限内并不实际占用、使用该房，而是与房地产企业或者第三方再次签订包租协议来收取一定的租金回报或是以包租期间的租金冲抵部分房款。根据原建设部《商品房销售管理办法》（建设部令第 88 号）第 45 条的定义，“售后包租，是指房地产开发企业以在一定期限内承租或者代为出租买受人所购该企业商品房的方式销售商品房的行为”。售后包租的模式最先起源于 20 世纪 70 年代的欧美国家，并于 20 世纪 90 年代传入我国上海、广州等地，后逐步发展为全国中小城市较为普遍的房地产商业销售模式。

在实践中，售后包租表现形式多为房地产企业所开发项目的商业部分，包括纯商业项目、商住两用的商业部分、附属商业中心、商业公寓等，其中最为常见的是“产权式商铺”。房地产企业以整套或分隔成多个小面积的商品房进行出售，购房者购买相应的房屋并支付购房款，再与房地产企业自身、下设的物业、商业管理运营公司或者委托的其他第三方签订租赁协议，约定承租方在一定期限内支付租金收益给购房者。最后由房地产企业或委托的第三方负责商铺的对外二次转租，从而进行商业运营。另外，除常见的售后包租模式外，房地产企业还会选择不动产融资租赁关系，二者存在一定的相似性故应注意区分，后者更加侧重的是融资功能。根据原中国银监会出台的《金融租赁公司管理办法》第5条的规定，具有融资租赁的售后回租业务是指承租人将自有物件出卖给出租人，同时与出租人签订融资租赁合同，再将该物件从出租人处租回的融资租赁形式。售后回租业务是承租人和供货人为同一人的融资租赁方式。此种交易方式具有更强的金融属性，属于金融机构专营的交易方式。相较《商品房销售管理办法》中的售后包租而言，售后融资租赁还会涉及房产出售后的二次回购。

从销售模式的本质上看，售后包租属于房地产企业租售一体的销售模式。在理想的情形下，对于房地产企业来说有利于商品房销售，快速回笼资金；对于购房者来说可以带来较为稳定的投资收益，因此该模式一直受到房地产企业和市场的追捧。但是任何商业模式都存在一定的风险，包括宏观层面经济环境的变化、中观层面房地产行业政策的调整、微观层面的运营管理和法律风险等。

## 二、售后包租模式涉及的法律关系及合规性分析

### （一）售后包租模式涉及的法律关系

通常商品房买卖过程中会涉及多方主体，形成复杂的法律关系，包括房地产企业与购房者、购房者与商业机构、购房者与银行等。具体到售后包租模式中主要涉及三层法律关系，第一层是房地产企业与购房者之间的商品房买卖合同关系，第二层则是购房者与房地产企业之间的租赁合同关系或是代为出租的委托关系，第三层则是房地产企业或委托的第三方与众多商铺实际使用者之间

的次承租关系。房地产企业为了避免风险，实践中更多的做法是，让购房人与房地产企业指定的第三人，如商业管理公司、物业公司等，与购房人签署租赁合同或者《商铺委托经营管理协议》等，然后再由管理公司对外统一进行招商与出租管理。这样做的目的在于将前两层法律关系尽量独立区分开，从而将责任进行隔离。不过这样的做法也并非万全之策，其是否合理将在下文中继续讨论。

## （二）售后包租模式的合规性分析

1. 售后包租协议的性质效力问题

《商品房销售管理办法》第 11 条第 2 款规定："房地产开发企业不得采取售后包租或者变相售后包租的方式销售未竣工商品房。"依照该条规定，对于未竣工的商品房该部门规章明确禁止进行售后包租或者变相售后包租。但为快速回笼资金，部分开发商在楼盘未取得竣工备案许可证时就与购房者签订售后包租协议，这使得售后包租协议的效力存在法律隐患。房地产企业、购房者还是第三人，能否以合同订立时开发商不具备房屋预售许可证或者房屋未竣工备案为由，而要求认定合同无效则是实务中的重点疑难问题。经分析，一般情况下法院并不会轻易否定售后包租协议的效力，具体分析如下。

首先，《民法典》第 153 条第 1 款规定："违反法律、行政法规的强制性规定的民事法律行为无效。……"由于《商品房管理办法》属于部门规章，其效力层级较低，并不足以作为认定法律行为无效的依据。其次，《最高人民法院关于审理商品房买卖合同纠纷案件适用法律若干问题的解释》第 2 条规定："出卖人……在起诉前取得商品房预售许可证明的，可以认定有效。"所以只要开发商在起诉前取得商品房预售许可证明的，购房合同的效力则不受影响。最后，根据《江苏省高级人民法院关于审理房地产合同纠纷案件若干问题的解答》（2017 年最新）第 15 条规定："出卖人采用售后包租方式销售商品房的，当事人主张售后包租行为无效的，人民法院不予支持，但符合《最高人民法院关于审理非法集资刑事案件具体应用法律若干问题的解释》第 2 条规定的除外。"结合以上法律规定，出于保护购房者权益的考虑，在不涉及刑事犯罪的情形下，如果售后包租合同系双方的真实意思表示、合同内容真实，且不存在导致合同无效的其他情形，则认定售后包租合同有效。

2. 售后包租协议的解除与责任承担问题

在售后包租协议的履行中，房地产企业未按约支付或是拖欠其对购房人承诺的租金收益，购房者可与房地产企业协商解除合同或是依据《民法典》第563条的规定行使法定解除权。如果房地产企业虽然并未违约，但是出现诸如资金紧张、停止营业等情况，此时购房者也可依据《民法典》第527条、第528条的规定行使不安抗辩权，要求房地产企业提供担保以保障自身权益。

售后包租协议的责任承担问题。如果出现违约情形，购房者的损失该由谁承担会存在一定的争议。因为实践中房地产企业往往会通过自己直接或间接控制的第三方经营管理公司变相售后包租，由第三方与购房者签订包租协议。根据案件具体情况的差异，该第三方可能与房地产企业存在关联关系，也可能是完全独立的。实践中法院对开发商是否需要承担责任，存在一定的分歧。一种观点认为，根据合同相对性原则，房地产企业并非合同相对方，因此无须承担责任。另一种观点则强调售后包租协议中两个法律关系的联立性，售后包租经营模式本质在于租售一体，买卖关系与租赁或者委托经营管理行为紧密联系在一起，实践中房地产企业与第三方公司往往同时同地和购房者签订《商品房销售合同》和《委托经营管理协议》，二者之间构成契约上的联系，即使房地产企业与第三方是两个主体，也是具有关联性的共同经营体。基于此，房地产企业在违约情形下也需要承担相应的责任，此时更有利于维护弱势购房者的利益。

3. 商铺产权相关问题

根据房地产企业是否取得商品房预售证的情况不同，购房者与房地产企业所签订的购买物业的协议的模式也不同。房地产企业已取得商品房预售许可证的，与购房者签订的购买物业的协议多数为以网签备案的形式签订的商品房买卖合同，但也有将独立产权的物业分割成若干小物业售卖的，则此种情况下是无法对分割出来的小物业进行网签备案的。虽然法律法规明文禁止房地产企业在取得商品房预售证之前销售，但房地产企业为了前期的项目炒作及资金的需求，仍与购房者采取签订内部销售协议、认购协议等方式进行销售，此种情况下房地产企业与购房者所签订的购买物业协议因未取得预售许可手续也会存在网签备案的障碍。同时，购房者还会面临租金收益难以兑现、房地产企业资金无法支撑项目开发的风险。

另外，实践中虚拟产权商铺所带来的问题更加复杂。虚拟产权式商铺，是产权式商铺下属的子概念之一，主要指房地产企业将其开发的大型商业项目首先在图纸上进行概念分割，然后将分割后的小面积单元出售给商铺投资者，投资者再与房地产企业签订协议，以租赁或委托经营管理的方式由房地产企业或者第三方专业管理公司对商场进行统一管理和经营，投资者从中收取一定租金收益的房地产开发模式。实践中，由于房地产企业在销售此类商铺时并未对其进行物理上的实质分割，所售商铺单元并无四至，因而也不具有构造上的独立性，所以被业界（及学界）称为虚拟产权式商铺。

虚拟产权式商铺能否为购房人办理房产证同样也存在一定的争议。从我国对物权的相关法律规定看，能够属于物权，或者说办理房屋产权证的，至少是有三面遮挡的建筑物，但售后包租的商铺在销售时，多采取虚拟产权式，每个商铺根本不能称为房屋，故一般来说不能办理房屋产权证。但实践中，也有的地方可以办理产权证。如果可以取得商铺的产权证，那么商铺出售部分的法律关系，应与一般商品房买卖并无实质区别。如果无法取得商铺的产权证，则商铺出售部分的法律关系，与一般商品房买卖大不相同。是否构成物权的按份购买，又或者是否为建筑物区分所有权关系等，法律关系认定上尚存在争议。

4. 非法集资的刑事风险

商品房售后包租也可能存在非法集资的刑事风险。根据《最高人民法院关于审理非法集资刑事案件具体应用法律若干问题的解释》第 2 条规定："实施下列行为之一，符合本解释第一条第一款规定的条件的，应当依照刑法第一百七十六条的规定，以非法吸收公众存款罪定罪处罚：（一）不具有房产销售的真实内容或者不以房产销售为主要目的，以返本销售、售后包租、约定回购、销售房产份额等方式非法吸收资金的……" 以及第 7 条第 1 款规定："以非法占有为目的，使用诈骗方法实施本解释第二条规定所列行为的，应当依照刑法第一百九十二条的规定，以集资诈骗罪定罪处罚。" 房地产企业如果不具有房产销售的真实内容或者不以房产销售为主要目的以及进行诈骗的，会存在被认定为非法吸收公众存款、集资诈骗等犯罪行为。实践中也会出现部分房地产企业虚假宣传，承诺虚假的收益进行非法集资，涉及的金额巨大，造成众多购房者的损失。司法案例中，将已被抵押查封的房产进行售后包租、虚构售后包租协议进行担保融资、回购、分割销售等都可能会被认定为不具有房产销售的真实内容或目的，从而导致房地产企业承担刑事责任。

## 三、房地产企业重整案件中对售后包租问题的处理

从法律性质上看，在房地产企业破产重整中，售后包租协议属于破产受理前成立、且尚在履行过程中的合同。对于此类合同，破产管理人有权依据《企业破产法》第 18 条的规定决定是否继续履行。但房地产企业破产具有特殊性，签订售后包租协议的购房人人数众多，草率解除该协议极易激化案件矛盾，诱发一系列群体性事件。所以破产管理人首先应当根据房地产企业售后包租合同履行的实际情况，结合房地产企业的整体资产和负债规模作出合理的决策安排，综合考虑政治效益、社会效益与经济效益等方面因素后再做出判断，以实现在保障债权人、债务人合法权益的同时，维护社会稳定，促进各主体共赢的目的。

### （一）采取实质性合并的方法化解售后包租难题

在售后包租模式中，房地产企业通常会专门设立第三方管理公司，让其与购房者签订租赁合同，并约定由第三方管理公司负责统一承租招商，并定期向购房者返还收益。该种模式设立的初衷是提升运营溢价，第三方管理公司统一承租可以使商业运营效率和商业地产价值最大化，让购房者在获得稳定的租赁收益的情况下，第三方管理公司的运营收益也可得到提升。但由于商业地产市场行情整体下行，该模式逐渐演变成房地产企业为快速回笼资金的宣传噱头，第三方管理公司从设立之初就丧失了法人独立性，沦为房地产企业吸引购房者购买价格远高于市场价值的商业地产的工具。所以这类专门设立的第三方管理包租企业应当纳入房企破产实质合并的范围。

基于商品房买卖合同与租赁合同的相对性，在受理房地产企业破产以后，如不对前述负责售后包租的第三方管理企业予以实质合并，则会让购房者超出物业市场价值的本金部分和已欠付的固定收益在房地产企业破产案件中无法得到清偿。从权利义务视角看，破产的房地产企业使用售后包租模式，通过第三方管理公司收取购房者支付的房屋销售溢价，却不对固定收益的返还承担任何法律义务，这将使房地产企业与售后包租企业的资产债务和权利义务严重失衡，严重损害债权人的公平清偿利益。除此之外，房地产企业和第三方企业往往还存在财产混同、人格混同的情况，在资金和运营层面两者存在紧密的关联性，因此更加具有实质合并的必要。

### （二）对售后包租债权人申报债权的处理

在售后包租模式下申报的债权种类繁杂，破产管理人在处理该类债权时，应立足售后包租的法律关系，结合具体的案情，判断买卖关系和租赁关系能否完全独立。大多数情形下，买卖关系和租赁关系是紧密联系的，先“售”的效力与履行情况会影响后“租”的履行情况，本书在此主要分析购房者支付购房款的异同情形。

1. 购房者已支付全额购房款的债权处理

如果购房者已经支付完毕购买商业地产的全部款项，但是房地产公司尚未交房或者交房但并未按照售后包租协议支付租金，此时购房者已经履行完毕义务，并不属于破产法上的继续履行合同了。破产管理人不能依据《企业破产法》第 18 条的规定解除该协议。该情况主要解决的是售后包租购房者所申报的购房债权是否享有优先受偿权的问题，此时分为房屋商铺尚未交付、房屋商铺已交付这两种类型。

关于房屋商铺尚未交付，产权尚未变更的情况，此时申报的债权主要为购房款本金，售后包租购房者对购房款本金部分不享有优先受偿权。一般情况下，以居住为目的的购房者被视为消费性住房，而以投资经营为目的的购房者为非消费性购房。根据《最高人民法院关于商品房消费者权利保护问题的批复》及相关司法解释，若购房者所购房屋是消费性住房的，则其债权性质可以认定为优先债权，若购房者所购物业是非消费住房的，则其债权性质仅可以认定为普通债权。虽然司法实践中，也有对商铺优先权支持的案例，认为该商品房的性质虽属商业，该商品房的价值及所预期的经营收益承载了对购买人及其家人的生存保障功能，但是仅为个案判例，不具有普适性。

对于房屋商铺已交付，产权已变更的情况，此时申报的债权主要为延迟支付的租金和违约金，售后包租购房者对租金和违约金部分不享有优先受偿权。按照合同约定，售后包租购房者向房地产开发商主张未付租金的违约金，也可以按照合同解除条款解除租赁关系。违约金在法律性质上属于普通债权，在房地产企业破产程序中，将被认定为普通债权，而不具有优先性。

2. 购房者未全额支付购房款的债权处理

如果购房者未全额支付购房款，房地产开发商也未向购房人交房，也尚未支付租金或者交房但未按期返租金，此时售后包租协议属于继续履行合同的范围。根据继续履行合同的要求，破产管理人应在破产受理之日起两个月内通知购房人继续履行合同，破产管理人决定继续履行的，购房人应当履行，但是购房人有权要求破产管理人提供担保，破产管理人不提供担保的视为合同解除。在实践中，购房人要求破产管理人提供担保的情况并不常见，如果企业能够重整成功，按照售后包租协议约定向其交房并且支付租金，购房者的权益依然能够得到保障。破产管理人应对售后包租作出进一步的优化安排，在重整方案中制定合理妥善的施行方案。但如果继续履行售后返租协议对破产项目重整利益优化无益，不能保护大多数债权人的利益，则应当允许购房者以普通债权进行申报。

# 第五节　房地产企业重整中的刑民交叉问题

在司法实务中，刑事程序与民事程序出现交叉时，先刑后民的原则已经逐渐成为一项纠纷解决的普遍规则。所谓先刑后民原则，指的是在民事诉讼的过程中，假设出现涉嫌刑事犯罪的情形时，相关犯罪事实应当交由侦查机关予以调查，在侦查机关查证属实后，人民法院应当先对刑事案件进行审理，之后再审理民事纠纷。[①] 至于有关问题楼盘的破产衍生案件，其首先属于民事案件，在审理过程中若出现刑民交叉的情况时，法院一般亦应遵循先刑后民的处理原则。

值得注意的是，虽然破产程序属于民事程序中的一种，但与其他民事程序存在显著区别。这是因为，我国《企业破产法》既需要解决债务人企业在破产后可能引发的社会公平问题，还必须解决由此衍生的其他民商事法律问题，相关司法程序的目标更体现为对公平与高效的追求。由此，在破产程序中对涉及具体的实体争议进行处理时，就有必要审慎适用先刑后民原则，以避免背离上述目标。

## 一、刑事程序与民事程序之间的处理顺序

在破产案件处理进程中发现刑事犯罪时，是否应当终止破产程序，此时应

---

① 参见汪明亮：《刑民交叉案件的处理规则与原则》，载《法律适用》2019 年第 16 期。

当根据刑事犯罪的具体类型作出不同的区别对待，试分述如下。

### （一）先刑后民：出现虚假破产罪等破产欺诈类犯罪时

近年来，部分房地产企业在其自身未达到破产条件的情况下，为逃避债务，通过筹划与包装而使企业表面上似乎达到破产状态，实践中将该行为称为“假破产、真逃债”。对于此，我国刑法规定了虚假破产罪以打击该行为。虚假破产罪是一种对社会经济秩序造成严重破坏的犯罪，该罪名的成立与否需要经过相关刑事程序的审理。从刑民衔接角度来看，受理破产案件的法院需要在刑事判决作出后，才能对该房地产开发企业是否具备破产主体资格进行判断，以进一步确定破产程序是否继续进行。由此，在问题楼盘破产案件中一旦出现涉嫌破产欺诈犯罪的情况，应当适用先刑后民的处理原则。① 只有对虚假破产的行为作出定性后，破产案件才能继续审理。

### （二）刑民并行：除破产欺诈罪以外的犯罪类型

在问题楼盘破产案件中除了易出现虚假破产罪之外，还可能会出现非法吸收公众存款罪、贷款诈骗罪以及职务侵占罪等犯罪行为，其中以非法吸收公众存款罪最为典型。在出现此种罪名的破产案件中，不少受到民事损害的破产债权人同时也是刑事案件的被害人。在此种情况下，刑事案件是否审结，并不影响破产债权人（刑事案件的被害人）得到破产程序的保障和救济。由此，在问题楼盘破产案件遇到涉嫌刑事犯罪的情况时，破产管理人可以对刑事相关部分的债权作出暂缓确认，同时对该部分债权所对应的资金进行提存。如此一来，管理人既可以保证被害人的相关利益，也能够确保破产程序按照既定的规划同步高效推进。

为依法公平处置非法集资涉案资产，平衡集资参与人、其他债权人的合法权益，有效衔接破产程序和刑事程序，提高资产处置效率，优化资产处置的政治效果、法律效果和社会效果，维护国家金融管理秩序和市场经济秩序，

---

① 参见马更新：《破产程序与刑事程序适用顺位辨析》，载微信公众号“破产法快讯”2020年7月7日推文，https://mp.weixin.qq.com/s/0F9oBZlwNanxQDZGBeRdgQ。

2023年6月8日，徐州市中级人民法院印发《徐州市中级人民法院关于审理非法集资破产案件若干问题的指引（试行）》，该指引文件从非法集资破产案件的基本概念、法律适用、基本流程、破产程序与刑事程序的衔接等方面细化了涉及非法集资情况的破产案件的办理流程，为实务案件提供了可借鉴的经验。

## 二、刑事判决罚金的破产债权申报

对债务人企业涉嫌刑事犯罪的破产案件中，债权申报范围是否包括刑事判决中的罚金，亦即人民法院可否作为罚金债权人向债务人企业申报债权。对此，有学者认为刑事判决罚金可以作为破产债权的一种类型，管辖该刑事案件的法院可以向破产管理人申报罚金债权。① 但在司法实践中，刑事判决中的罚金部分通常无法作为破产债权进行申报，也不能作为劣后债权申报，主要原因有两点。

第一，罚金与债权的性质不同。根据我国相关的法律规定，破产债权是一项债权人可以向债务人主张的财产性权利，即该项权利应当具有债权的属性。根据民法的一般原理，“债”是指根据法律规定或者当事人之间的约定，权利主体具备的能够要求义务主体为一定行为或不为一定行为的权利，即使是税收，也是依照法律规定在国家与纳税人之间产生的权利义务关系。刑事判决中的罚金是国家机关作出的对债务人的惩罚，是一种财产刑，同自由刑一样，是对犯罪单位和个人的惩罚。从罚金适用的法律依据、程序，适用的对象、目的方面，都不能在其和债的关系之间找到共同之处。由于罚金是对犯罪的惩罚，所以法律规定，被惩罚对象死亡后，刑事审判应当终止。从法律性质的角度来看，罚金因不具有“债”的性质，无法被作为破产债权予以申报。

第二，司法解释否认了罚金的债权地位。《最高人民法院关于审理企业破产

① 参见张惠保：《罚金应作为破产债权申报》，载《人民检察》1998年第11期。

案件若干问题的规定》第61条[①]规定，破产债权不包括司法、行政机关对破产企业的罚金。虽然该司法解释出台于2002年，但目前仍有效，因此各级人民法院在审理破产案件时仍应参照该司法解释的相关规定。

综上，刑事判决的罚金不应纳入破产债权的申报范围，这不仅是从司法实践层面得出的结论，也是法理推论以及法律规范指导精神的必然要求。

## 三、非法集资类债权的审查问题

对刑民交叉类房地产企业破产重整案件，管理人在进行债权审查时，如何认定非法集资类债权，往往是此类案件办理中的难点。从实践来看，对非法集资类债权人的债权申报主要有两种处理方式，第一种是破产管理人在刑事判决生效后，以刑事判决书中认定的结果对破产债权予以审查确认；第二种是由管理人直接按照民间借贷法律关系进行计算后，直接确认债权数额。

这两种计算方式可能导致截然不同的结果：在非法集资类案件中，刑事判决书确认损失额的计算方式是，在本金中减去债权人已经获得的部分后所得的剩余金额；若以民间借贷的方式进行计算，则是以本金（对该债权人应当确认的债权金额）加上借期内的合法利息，最后减去债权人已经获得的金额部分。

对于破产管理人来说，如果案件中存在较多涉刑债权人时，选取的计算方法不同，最终确认的债权总额也会存在较大的差距。同时，由于刑事判决书中认定的损失额一般与以民间借贷方式确认的债权金额之间存在较大差距，极有

---

① 该条规定："下列债权不属于破产债权：

（一）行政、司法机关对破产企业的罚款、罚金以及其他有关费用；

（二）人民法院受理破产案件后债务人未支付应付款项的滞纳金，包括债务人未执行生效法律文书应当加倍支付的迟延利息和劳动保险金的滞纳金；

（三）破产宣告后的债务利息；

（四）债权人参加破产程序所支出的费用；

（五）破产企业的股权、股票持有人在股权、股票上的权利；

（六）破产财产分配开始后向清算组申报的债权；

（七）超过诉讼时效的债权；

（八）债务人开办单位对债务人未收取的管理费、承包费。

上述不属于破产债权的权利，人民法院或者清算组也应当对当事人的申报进行登记。"

可能引发涉刑债权人的不满，管理人如若处理不当将会影响社会秩序的稳定。对此，第二种处理方式更为合理，这是出于兼顾破产案件处理效率与公平的考虑。公平和效率是我国破产法追求的主要价值目标。若按照第一种处理方式确认非法集资类债权，将会导致破产案件无法顺利推进、破产程序不得不延缓进行，因而并不符合破产法所追求的效率价值目标。一般来说，房地产企业破产案件如果涉及非法集资类的犯罪行为，相关情况通常较为复杂、刑事程序需要的时间较长，这意味着破产管理人在刑事判决生效前均无法对该类债权进行确认，破产程序将遭遇过度的拖延。破产程序拖延可能会引起其他债权人的不满情绪，不利于社会的和谐安定。

## 四、涉刑债权的优先受偿问题

除涉刑债权的确认和审查问题外，此类债权在破产程序中能否获得优先受偿也是广大破产债权人普遍关注的问题。对此应区分如下两种情形分别加以讨论。

第一，与刑事案件相关的赃款赃物符合特定化要求的，可以从破产财产中分离出来。这种情形下，通过刑事诉讼中的“退赔”程序，受害人的权利可以得到救济。浙江省高院民事审判第二庭2013年4月发布的《关于在审理企业破产案件中处理涉集资类犯罪刑民交叉若干问题的讨论纪要》第10条①指出，在企业破产案件的审理过程中，对于债务人非法占有的不属于债务人的财产，被害人可以在刑事判决发生效力后取回。在破产实务中在处理涉刑债权的清偿顺位时，可以借鉴这种做法。

第二，与刑事案件相关的赃款赃物没有被特定化，与债务人的破产财产发生混同而无法分离。在这种情形下，刑事案件中的被害人可以通过债权申报的方式救济其权利，而后按照普通债权获得受偿。根据我国《企业破产法》第

① 该条规定：“在审理企业破产案件过程中，因债务人的犯罪行为而非法占有的不属于债务人的财产，可以在刑事判决生效后，依照企业破产法第三十八条之规定，由受害人以财产权利人的名义通过管理人取回。”

113 条的规定，在破产案件中，债务人的可分配破产财产应当按照职工债权、其他社保费用及税款、普通破产债权的顺序进行分配。虽然根据最高人民法院《关于刑事裁判涉财产部分执行的若干规定》第 13 条的规定，退赔被害人损失债权应优先于其他民事债务，但考虑到现行破产法中并未对此作出明确规定，法院与管理人应结合案件的具体情况灵活制定债权清偿顺序。

综上所述，在房地产企业重整案件中，只有在与刑事案件相关的赃款赃物已经被特定化的情况下，债权人才能主张优先受偿；相反，在其他情况下无法对赃款赃物进行特定化处理的，破产管理人应当将涉刑债权作为普通债权进行处理。

# 第六章

# 房地产企业重整中的府院联动机制及其配套制度

# 第一节　府院联动机制的产生与发展

在计划商品经济时代，以行政命令为主的企业整顿方式体现了国家对经济生活的强烈干预和渗透，这是适应特定经济体制的一种经济调节手段。① 在当时，政府行政不仅能合法介入法院的审判程序，更俨然具有超越法院的地位。由此，行政机关成为对企业整顿能否开始，以及关乎企业能否最终整顿成功的决定者和操纵者。② 在我国经济体制转型尚未完成之际，行政力量的偏好以及行政力量对政治经济生活的影响力，在很大程度上塑造了破产重整制度的实施模式。③ 一段时期以来，政府会在企业出现危机的情况下接管企业，并组成清算组进行清算；而由政府指派的工作人员组成的清算组，往往又会在破产程序中被法院指定为破产管理人。在此模式下，政府普遍地参与乃至主导破产程序中的各项事宜，并对各方利益进行协调。

不无疑问的是，在政府以其行政权力直接介入破产案件后，可能会影响乃至破坏破产法的市场化与法治化实施，使破产程序变成政府不当干预市场经济的渠道。④ 对此问题，有学者就指出：“在市场发育尚不成熟，行政力量影响社会经济生活方方面面的经济转型时期，重整中涉及的复杂的法律和其他社会关

---

① 参见甘培忠：《论借鉴国外立法经验，建立我国完善的企业整顿制度》，载《北京大学学报（哲学社会科学版）》1993 年第 4 期。

② 参见汪世虎：《我国公司重整制度的检讨与建议——以债权人利益保护为视角》，载《现代法学》2006 年第 2 期。

③ 参见李曙光、王佐发：《中国〈破产法〉实施三年的实证分析——立法预期与司法实践的差距及其解决路径》，载《中国政法大学学报》2011 年第 2 期。

④ 参见王欣新：《论破产法市场化实施的社会配套法律制度建设》，载《人民法院报》2017 年 6 月 14 日，第 7 版。

系往往难以由市场力量摆平，或者根本不存在市场，代表市场力量的中介机构或者专业执业者也就没有能力主导重整，所以难以胜任管理人角色，也无法催生出起着市场润滑剂作用的职业破产管理人。……在这种政治经济条件下，市场化管理人往往理性地放弃主导破产重整，主动选择把重整主导权让给政府官员。……也就是说，在很多案件中，政府主导破产重整反而更有效率，成为当事人的理性选择。”① 从这一论断可以看出，政府力量对市场经济的干预，又具有一定的合理性。

## 一、政府力量介入房企重整程序的必要性

目前来看，即使是对普通的重整案件，政府力量也时有介入。在房地产企业的破产重整案件中，政府的介入显得更为必要：一方面，房地产企业的负债金额大、债权种类多，所牵涉的利益主体广泛、各主体之间的法律关系错综复杂；另一方面，由于当下经济环境的影响，房地产企业的资产处置较为困难，而用地规划、发展规划、在建楼盘上的担保负担、业主产权办理、房屋权属认定、续建以及资源盘活资金等现实因素会进一步加剧房企资产的处置难度。

申言之，房地产项目通常涉及施工方、农民工、购房者、承租者、抵押权人、金融机构、民间借贷人、建材供应商等众多利益主体，利益冲突激烈，加之财产处置难、偿债资金缺口大，极易引发维稳问题。特别是当房地产企业破产涉及众多购房者、承租者、农民工时，利害关系人能否获得满意的清偿结果，直接涉及相关主体的民生问题，因此还有可能引发群体性事件。众多房地产企业破产重整案件的司法实践已经表明，当房地产企业资金链断裂、无法清偿到期债务、项目无法按期竣工验收时，很有可能引发众多购房者和农民工的集体上访事件。特别是一些房地产项目“烂尾”多年，不仅严重影响了城市形象，而且由于购房群众、农民工群体在权益受损时可能会选择在施工项目现场采取“拉横幅”“喊

① 参见李曙光、王佐发：《中国〈破产法〉实施三年的实证分析——立法预期与司法实践的差距及其解决路径》，载《中国政法大学学报》2011 年第 2 期。

口号”等方式聚集维权，这无疑成为城市治理中的巨大不稳定因素。

除房地产企业之外，建设或施工类企业进入破产重整程序后，通常持有大量的在建工程项目，重整的利益分配同样涉及建设方、承包方、分包方、实际施工人、供应商、农民工、购房户等众多群体，债权债务关系更加呈现出高度的复杂性，加之资金需求缺口巨大，同样会如房地产企业破产一样，对社会稳定产生较大影响。概言之，房地产企业及建筑工程企业的破产重整不仅涉及破产法问题，而且与民生保障、社会稳定、城市建设等行政因素紧密相关，亟须政府的适度介入。

尽管破产制度的法治化进程中要求不断对破产重整“去行政化”，但这并非意味着，政府在任何情况下都不应介入重整程序。相反，破产案件远非简单的司法程序即可处理，其中涉及的税收、工商、不动产管理等事项，都需相关政府部门的大力配合。政府在个案中的适度介入，不仅可以提升重整效率，还有助于实现社会整体价值的最大化。例如，在德阳西部国际商贸（集团）有限公司重整案中，由于涉案项目工程全面停工烂尾，大量生产要素被占用、闲置、浪费，企业负债总额高达 18.36 亿余元，近 2000 户购房者及 40 余户施工及材料供应企业的合法权益受到威胁。旌阳法院通过多部门协作，扎实做好社会维稳风险控制；并通过协调出资人增资、股东提供连带责任保证等方式，极大地提升了重整资金的筹措额度，从而促成了西部国际工程的复工复建，盘活了 33,485 平方米的土地、149,277.39 平方米房屋；此外，农民工工资全部得到了清偿，债权人得到了最大限度的保障，并在破产重整期间向国家缴纳税金 8000 余万元。①

## 二、政府力量介入破产重整程序的规范依据

就政府以行政手段介入破产重整的问题而言，我国目前已然形成了颇具中国特色的府院联动破产协调机制。早在 2014 年，最高人民法院颁布的《关于人

① 该案曾入选四川省 2018 年全省十大典型案例之一，关于本案的学理分析可参见张军：《商业地产企业自行重组困境下破产路径的选择》，载《人民司法》2019 年第 8 期。

民法院为企业兼并重组提供司法保障的指导意见》即指出："企业兼并重组不仅关涉企业自身，还广泛涉及依法平等保护非公经济、防止国有资产流失、维护金融安全、职工再就业和生活保障以及社会稳定等一系列问题。人民法院……要加强与政府部门沟通，根据需要推动建立企业兼并重组工作协调机制，实现信息共享、程序通畅。"更为关键的是，2018 年的《破产审判会议纪要》进一步强调："……人民法院要与政府建立沟通协调机制，帮助管理人或债务人解决重整计划草案制定中的困难和问题……帮助重整企业修复信用记录，依法获取税收优惠，以利于重整企业恢复正常生产经营……"这些文件是府院联动协调机制在全国层面的规范依据。

与各地方的具体做法相比，府院联动的规范文件更是层出不穷。浙江江山市人民法院在 2015 年即推动建立"院府联动"协作机制，当地政府专门成立由常务副市长挂帅、分管金融工作副市长任常务副组长、相关部门人员组成的"工业企业破产协调工作领导小组"，以实现破产案件办理工作在司法审判之外的配合协调常态化。随后，2016 年 11 月，浙江省高级人民法院与浙江省促进企业兼并重组工作部门联席会议办公室、浙江省经济和信息化委员会联合出台《关于成立省级"僵尸企业"处置府院联动机制的通知》。根据该文件的规定，浙江省正式建立省级的僵尸企业处置府院联动机制，并明确了 20 个成员部门和单位之间的职责分工。其后，浙江省多市都出台了府院联动的具体措施。浙江省大部分地市还成立了由市长担任组长、常务副市长和法院院长任副组长、相关部门负责人为成员的企业破产处置工作领导小组，进一步强化了政府在企业破产审判工作中的公共服务职能。① 2019 年，在浙江高院的牵头下，浙江省级十五部门联合出台《浙江省优化营商环境办理破产便利化行动方案》。2020 年，在原有工作机制的基础上，浙江省政府又正式成立了"破产审判便利化"府院联动省级联席会议。2021 年，浙江高院继续在省级层面推动深化破产审判府院联动，召开五次联络员会议，推动破产程序中的税收、工商注销等问题在省级层面得到统一解决，并联合人行杭州中心支行、浙江银保监局出台《关于优化

① 参见胡虎肇：《浙江困境企业破产重整的探索与实践》，载《浙江金融》2018 年第 3 期。

营商环境完善破产程序配套金融服务若干问题的纪要》，进一步优化了府院联动的合作机制。

在江苏省，江苏高院与江苏省市场监管局于2021年联合制定了《关于做好破产企业登记事项办理优化营商环境的实施意见》；同年，江苏高院又与人民银行南京分行、江苏银保监局联合制定了《关于做好企业破产处置涉金融事项办理优化营商环境的实施意见》。在前述规范性文件的引领下，江苏省各地法院也分别与市场监管、金融监管、自然资源与规划、税务、住建、国资等部门建立了若干协调联动子机制，有力地推动了企业破产处置工作的有序开展。2023年7月19日，南京市中级人民法院率先推动建立南京市企业破产公共服务中心，结合市场主体全生命周期服务体系建设，打造线上、线下相融合的“一站式”破产公共服务综合平台。该公共服务中心在“江苏政务服务网”嵌入“破产事务查询”系统，目前为破产管理人线上集约化办理破产信息查询等破产公共事务。与此同时，南京市中级人民法院积极推动破产府院联动机制实质化运行，通过府院协调，保障大型企业的挽救工作稳妥推进。具体而言，南京市中级人民法院联合南京市司法局、市政务办、市发改委、市市场监管局、市税务局、市规划和自然资源局、市房产局、市人社局、市住房公积金中心、市工商联、市破产管理人协会等单位，协同推进府院联动机制的线上线下建设、规范化管理和实质化运作。在总结实践经验的基础上，就信用修复等重点领域，积极建言献策，相关内容被省级文件采纳。细化和完善关于推动破产事务全流程高效办理的意见，推动府院联动机制系统集成。

总体来看，目前全国已经有共计15个省出台了府院联动机制，80余市出台了府院联动机制的细化规定。简言之，各地在个案中着力强化府院之间的沟通协调，并从制度上加强了与具体职能部门的对接，通过签订合作协议、建立联合工作机制、联席会议等方式，落实府院联动机制。特别是在房地产企业破产重整案件中，依托府院联动等协调机制，不仅能妥善化解涉众矛盾、稳定民生；而且，通过在税收、土地、融资等多方面的政策扶持，有助于为投资者的引入以及重整计划的顺利通过创造良好的外部环境。总之，府院联动机制是顺利推进房地产企业破产重整案件中必要的外部支持。

# 第二节 房地产企业破产重整中府院联动机制的运行现状

如前所述，房地产企业的破产重整离不开府院联动协调机制。这一方面是由房地产企业破产重整案件本身的复杂性所致，因其往往同时涉及消费购房者保障、在建工程复工续建、实际施工人权益维护、虚假诉讼排查、社会矛盾化解等多重问题。例如，江苏省剩余3年以上长期未结的破产案件中，八成左右均为房地产企业破产案件。① 另一方面，通过充分利用政府在应急维稳与风险防控、资产收储、税收优惠协调、信用修复、财产解封、证照办理、资源共享、调查取证、财产处置等方面的协调与联动作用，将极大地提升重整案件的办理效率，最终有效化解社会矛盾。

## 一、政府内部关于府院联动的专班搭建

在众多房地产企业破产案件中，各地党委政府通常对破产案件办理给予大力支持，尤其是通过采取案前的风险评估及风险预警措施，启动府院联动机制，积极发挥作用。甚至一些个案的办理情况表明，部分地方政府还通过在个案中明确落实法院司法建议的方式，促成府院联动机制的启动，也即在领导批示要求落实法院建议的基础之上，由府院联动联席会议交办任务、由成员单位限时

---

① 该数据源自“2022年度江苏法院破产审判十大典型案例”中的“美林破产清算转重整案”，载https://m.thepaper.cn/baijiahao_17623326，最后访问日期：2023年6月28日。

办结，从而改变以往法院在房企重整案件办理中的被动局面，由政府主动帮助法院化解难题。如此一来，通过法院紧密联系党委政府，方有可能化“孤军作战”为“多方合力”，从而系统解决房地产企业破产案件中的一揽子问题。① 在大型房地产企业破产重整案件的办理过程中，一些省还会形成三级政府与法院之间常态化的协调机制，甚至构建跨省联动协调机制。实践中，通常由供给侧结构性改革工作领导小组办公室、企业破产协调工作领导小组、企业依法破产（重整）工作小组等机构牵头组建工作专班或问题楼盘办，并由其组织召开疑难问题处置化解联席会议，统筹落实各项工作。

## 二、房地产企业重整中府院联动机制的不同介入模式

政府在信息收集和风险控制方面都具有超越一般市场主体的能力，在我国的房地产企业破产案件办理中发挥了巨大作用。例如，苏州构建了房地产企业破产项目的府院联动机制先行模式，即由项目所在地辖区政府在风险预警的基础上主导成立清算组，由该清算组积极引导企业进行预重整，并适时转入司法重整程序。又如，在河南平顶山，经债务人同意并获得政府支持后，由辖区政府出具规范个案中预重整事宜的会议纪要，并邀请第三方中介机构提前参与；法院则居于指导督查角色，侧重于对预重整工作进行全程的业务指导，临时管理人及债务人在政府部门和法院的帮助下，最终形成预重整工作报告，报法院审查批准，并由法院依法裁定是否受理重整申请。

相较于上述政府率先主导并介入的模式，实践中的另一种常见模式是，法院在启动预重整程序后第一时间亦启动府院联动机制。通过在预重整阶段中激发府院联动的合力，在重整识别的基础上帮助预重整企业顺利地转入破产重整程序。概言之，这种“政府支持、法院指导、企业自主”的政府介入式预重整

① 这方面的做法可参见南通中院遴选的2022年6件具有典型意义的“执转破”案例中，如皋法院办理的江苏绿佳置业有限公司破产重整案，参见“如皋市人民法院”微信公众号：《陈年“烂尾楼”重获新生解数百名购房者后顾之忧》，载 https://mp. weixin. qq. com/s/emRxrm6AL7BDWeakOv9EuQ，最后访问日期：2023年6月28日。

模式，在地方党委政府前期帮扶措施与工作筹划的协助下，实现了庭外重组与庭内重整的高效有序衔接。① 尤其是通过各方的通力协作与统筹协调，为房地产企业破产重整案件的平稳、有序推进打下了坚实基础。这种新型预重整模式既能大大促进重整效率，亦有助于对相关风险的有效管控。

## 三、府院联动对促进重整房地产企业获得融资的作用

在进入司法重整程序后，房地产企业破产重整的工作主线应当聚焦于项目的复工续建。就此而言，能否招募到合适的投资人并引入续建资金，无疑是房地产企业破产重整程序成功与否的关键因素。

为达成该目的，很多地方政府都会依托政府招商引资平台吸引战略投资人，或者获取第三方融资。通过政府搭建的引资平台，众多房地产企业确实成功地筹得了续建资金，从而使有关项目得以续建完工。还有一些地方政府不仅积极与意向投资人沟通协调，为意向投资人提供及时有效的信息，还会提供投资优惠政策，以协助房地产企业加速完成变更、审批事项，特别是调整建设、土地规划以及办理工程竣工验收等具体操作事项，从而为项目续建及变现铺平道路。此外，一些地方政府还会充分利用优势招商平台加快对房地产企业的财产处置。例如，镇江市人民政府办公室 2020 年发布了《关于创设“破产资产池”推动资源优化利用的实施意见》，该意见要求创设“破产资产总池”和“优质破产资产池”，并充分利用政府招商引资平台加快处置破产财产，提高变价效率。此外，部分法院还会与房企属地的住建局、资规局一同建立破产案件涉不动产处置联动机制，从而实现对破产财产的及时高效处置。必要时，政府还会协助管理人共同疏通债权人方面的工作，协调金融债权的“平移”，协同与投资人的

① 根据《株洲市中级人民法院破产案件预重整工作指引（试行）》（2022 年 6 月 2 日株洲市中级人民法院审判委员会第 354 次会议通过），株洲中院积极打造“政府支持、法院指导、企业自主、管理人参与”的新型预重整模式，通过建立与优质营商环境相匹配的破产规则体系和制度运行模式，帮助企业摆脱困境提升运营价值，持续激发市场主体活跃度和创造力，推动法治化营商环境的持续优化。

洽谈。[①] 在部分案件中，政府还会动员当地国企积极参与竞买，接盘“烂尾楼”。在特定情况下，房地产企业名下的土地与房产还可能被政府直接收储，并通过签署《国有建设用地使用权收回合同》支付房企土地补偿款，从而完成项目的续建或清偿债务。

概言之，各地法院一般均针对房地产企业破产设有“商业价值+政府支持”的模式以有效整合相关市场和行政资源，实现引入投资、完成续建的最终目标。

## 四、府院联动在房地产企业重整债权核查中的作用

在一些地方实践中，政府部门还会协助房企开展重整程序中的债权核查工作。例如，在一些房地产破产重整案件中，民间借贷“白条”众多，销售诈骗问题突出，法院往往通过加强与公安等部门之间的司法协助，依法剔除虚假债权数亿元，并将涉嫌犯罪的相关线索移送公安部门。[②] 司法实践中的案件很好地反映出，当前部分地方政府已经建立了较为良性的涉房企刑事案件协同与联动机制，特别是在协助查人找物、审查虚假诉讼等具体事务上。在一些房地产企业破产重整案件中，政府还会积极协助解除破产案件受理后公安机关对关涉债务人财产的执行中止以及保全措施。

更为关键的是，在进入重整程序后，一方面，由于房地产企业牵扯的社会矛盾复杂多元，往往需要地方政府协同配合来解决社会维稳问题。特别当项目“烂尾”时，农民工、购房户、建材供应商等群体会采取各种方式表达诉求，而这又将严重影响社会稳定。于此方面，政府可以首先利用其掌握的信息优势，研判企业破产可能产生的社会衍生问题，从而提前做好预警与防范工作。[③] 另

① 这方面的做法可参见《关于建立企业破产处置府院协调机制的通知》（湘政办函〔2020〕102号）、《怀化市人民政府办公室关于企业破产处置府院协调机制的通知》等。

② 类似案件较为典型的案例，可参见章丘区恒润帝景置业有限公司破产清算案，载 https://www.thepaper.cn/newsDetail_forward_12363965，最后访问日期：2023年7月4日。

③ 参见浙江省绍兴市中级人民法院专题调研课题组：《优化府院联动机制 合力推进破产审判——绍兴中院关于破产审判府院联动机制的调研报告》，载《人民法院报》2018年5月31日，第8版。

一方面，法院也应建立破产风险报告制度，在审理破产申请的同时，尽量摸清房地产企业内部与外部存在的各类矛盾，并向政府通报情况。[①] 进而，法院应与政府相关部门建立专项沟通机制、共同研究对策、有效化解破产衍生纠纷，避免群体性事件的发生。

为了进一步化解矛盾，一些地方还开创性地设置了综合监管方案，组建以管理人、属地政府、债权人、投资人为代表的监管机构，对印章使用、财务收支、工程管理等方面进行监管，并定期向政府和法院报告。[②] 个别地方的房企破产案件办理中，法院还会邀请人大代表、政协委员参与到债权人会议之中，使房地产企业破产能够在广泛的社会监督下高效运行，从而实现“府院企社”四方联动。[③] 另外，在一些案件中，考虑到债权人人数众多、审判法庭无法容纳的情况，法院会与政府部门协商后确定更为妥当的会议场所，做好债权人会议外围的交通疏导和管制工作，合理配置安保力量。

## 五、府院联动在房企重整中的信用修复与税收优惠作用

房地产企业破产重整通常面临的问题是，债务人企业的重整价值潜力明显、项目有待进一步开发，但继续开发面临一定的融资困局，需要政府部门帮助落实企业的信用修复，并提供税收等方面的优惠政策，从而促成重整的成功、实现债务人财产价值最大化。

例如，在济南中院承办的佳辰公司破产重整案中，案件办理的最大障碍是佳辰公司的营业执照已被吊销。对此问题，济南中院依托府院联动机制积极协调，属地市场监管机关立即提供便利，并于2018年6月将佳辰公司的营业执照

① 参见江苏省高级人民法院民二庭：《江苏法院破产审判十年的探索与思考》，载《人民司法(应用)》2017年第22期。

② 这方面的做法可参见常熟市中级人民法院《破产管理人履职监督和指导规范》。

③ 这方面的做法可参见江西赣鄱置业有限公司破产清算案的办理情况，见“南昌市青云谱区人民法院”微信公号中的相关报道：《助力双“一号工程”丨青云谱法院邀请人大代表、政协委员旁听破产清算案债权人会议》，载 https://mp. weixin. qq. com/s/8XJamdwyyCJ_ZEFkqqnSwQ，最后访问日期：2023年6月29日。

登记情况恢复为“在营”，这一举措彻底打消了投资人的顾虑，为破产清算转入破产重整奠定了基础。[①] 这不仅是个案，实际上重整程序中的房地产企业重整几乎都面临类似的问题，除更营业登记状态外，进入破产重整程序的房地产企业同样存在拖欠税款、贷款逾期等信用问题，如不及时做好信用修复，恢复企业的信誉，将会严重影响企业重整及后续的经营活动。对此类情况的处理，法院往往会积极协调政府相关部门，多渠道、全方位地修复企业信用，甚至通过屏蔽部分不良或惩戒信息的方法，帮助企业恢复市场交易信用。企业信用恢复以后，银行等部门还会协助重新开立新的基本账户，保障重整融资的正常使用。

信用修复作为房企重整的重中之重，实践中的难点在于税务信用修复方面，特别是清缴税款。对此，需要进一步明确并优化税务信用修复的具体操作流程。从程序的具体流程来看，主要涉及发票的开具及税收减免等具体问题。实际上，税收及发票问题也经常是制约房企重整成功的瓶颈。具体而言，房地产企业财产处置中的开票行为会影响破产财产的处置效率和成功率，而由此产生的税款不仅将成为房地产企业的沉重负担，更会严重影响投资人的积极性，阻碍重整成功。

实践中房地产企业重整案件办理过程中常见的现象是，国土资源部门要求对债务人企业重新核算并补缴土地出让金，税务部门则要求债务人企业补缴税款。对此，法院、管理人、国土资源部门、税务部门往往对如何处置重整企业及债权清偿顺位的厘定存在较大分歧。为打破这种僵局，属地党委、政府会通过统一部署的方式，协调安排各方就破产企业土地出让金的测算与补缴、房地产产权变更税费的测算与预缴、破产企业立案后税收滞纳金免除等问题形成一致意见。嗣后，税务部门将免除债务人企业的税款，使可供分配的破产财产数额增多，其他债权的清偿率也因此得到大幅提高。尽管这种做法也能够保护债务人企业及债权人的利益，但此种“一案一议”的解决模式仍无法有效处理房

---

① 参见《济南市中级人民法院发布的 12 起破产审判典型案例》，载 https://www.thepaper.cn/newsDetail_forward_12238253，最后访问日期：2023 年 6 月 29 日。

企重整实践中面临的共性问题，对于破产涉税问题的衔接配套等问题，如果采用“一事一议”的措施，实际上会极大地降低重整案件的办理效率。由此可见，通过府院联动措施更高效地推动信用修复与税收减免等，仍然是房地产企业破产重整中面临的棘手难题。

除税收信用修复之外，房地产企业重整成功后的工程验收中也经常需要相关部门予以协调。部分房地产企业在进入破产重整之前就因资金链断裂而长期停工，施工、监理等单位人员撤离后，已无专人看管破产企业的重要文件资料，致使房地产企业进入破产程序时，重要的文件资料缺失。重整后的房地产企业由新重整投资人正式接手，即便其已完成复工建设，也有可能因无法提供建设工程竣工验收所需的全部文件资料，导致施工项目无法正常竣工验收，购房业主也因此而无法及时办理入住手续。此时，就有必要利用府院联动机制，由房地产企业所在地区的区级人民政府牵头会办，统筹落实各项工作，并由区级人民政府召集区住建部门、地区管理委员会、信访局等单位联合召开会议，将房地产企业建设的项目列为问题楼盘，由市住建部门启动特殊程序，在前期施工资料缺失的情况下进行“容缺验收”。如此一来，在房屋施工质量安全鉴定通过的情况下，以“容缺验收”方式就有可能使施工项目快速通过竣工验收，以保证向购房业主的如期交付。

## 六、小结

在房地产企业破产重整案件中，法院开展工作时应紧紧依靠属地党委政府，主动与财政、市场监管、税务、住建、规划、人民银行以及国有金融机构等重要行政机关沟通协调，采用定期专报、专题汇报等方式实现信息共享、信息交流、协同处置。通过行政措施的介入，可以妥善解决房地产企业破产重整中的规划调整、税费减免、工程续建、投资引入、工程欠款、工资支付、金融风险、预售许可、交房办证、信访维稳、工程质量、物业管理、供水供电、消防验收等疑难复杂问题。此外，政府有关职能部门通过发挥统筹协调和公共服务职能，取得了政治效果、法律效果和社会效果的有机统一。

然而，各地有关“府院联动”的有益探索虽然在促成重整成功方面功不可没，但政府在房地产企业破产重整中的介入因素与程度也一直饱受诟病。如王欣新教授曾指出，目前我国有关破产法实施的各种社会配套法律与制度远未建立完善，政府尚没有制定相应的法律规范对破产衍生社会问题提供制度化的方式予以解决，所以破产法的实施在很多地方还离不开乃至依赖于地方政府直接或间接的个案支持与服务。① 最高人民法院杜万华大法官亦指出：“目前，各地在构建‘府院破产统一协调机制’方面，基本上还处于探索个案沟通协调机制的层面，随着破产审判工作常态化，这种个案协调机制应当上升为规范化、常态化机制，以保证破产审判工作质量和效率的进一步提高。”② 换言之，破产配套法律制度的供给不足、机制建设不规范、常态化运行不充分是目前房地产企业破产重整府院联动机制运行中存在的突出问题。这也导致在部分房地产企业破产重整案件中府院联动机制的运行不畅、实际效果不明显，甚至某些地方府院联动机制的合作层次比较低，还停留在一事一协商的低效模式。

## 参考案例

### 案例一：淮安中誉房地产开发有限公司破产清算案

2015 年以来，淮安中誉房地产开发有限公司（以下简称中誉公司）受外部房地产市场不断下行的影响，同时由于自身管理不善等原因，导致企业内部资金周转陷入困境，无力继续支付施工单位的工程款和偿还融资借款，其名下的法兰郡项目的开发、建设、交付等一再推迟，严重影响了购房者的权益；同时，中誉公司无销售回款和对外债务不断增加，形成了恶性循环。

2018 年 11 月 29 日，淮安市清江浦区人民法院做出（2018）苏

① 参见王欣新：《论破产法市场化实施的社会配套法律制度建设》，载《人民法院报》2017 年 6 月 14 日，第 7 版。

② 杜万华：《当前破产审判工作必须重点把握的十个问题》，载《人民法院报》2018 年 4 月 4 日，第 7 版。

0812破申4号《民事裁定书》，裁定依法受理中誉公司破产清算一案，并于2019年3月6日作出（2019）苏0812破2号《决定书》，指定江苏法德东恒律师事务所担任管理人。

在破产清算过程中，管理人依法履行职责，有序推进中誉公司的清算工作。目前，管理人已完成中誉公司的债权审查、财产调查工作，并委托相关中介机构完成了审计、资产评估、工程鉴定等各项基础工作。管理人考虑到中誉公司的主要资产为在建工程，仅需投入部分续建资金即可完成工程续建，续建完成后便能够向购房人交付房产，提升破产财产价值。鉴于以上原因，管理人认为中誉公司有极大的重整可能，故向法院汇报了相关工作，并进入了预重整程序。此后，管理人通过公开招募，引入了重整投资人。2020年6月19日，清江浦区人民法院裁定中誉公司进行重整。管理人与重整投资人签订了《重整投资协议》，并根据《企业破产法》《九民纪要》等法律法规和司法文件的规定，结合中誉公司的实际情况，制订了重整计划草案提请债权人会议审议、表决，并由出资人对本重整计划草案中涉及的出资人权益调整事项进行表决。

本案中，法院受理债务人破产前，债务人企业长期处于无人管理状态，工商、税务等皆处于非正常状态，主要财产被多个法院查封，管理人、破产审理法院通过与工商、税务、各查封法院及不动产登记机构等部门沟通，一致认为重整后的中誉公司可以正常办理工商登记、审批及依法纳税申报等工作，待销售房屋解封后可正常销售，企业恢复正常经营，使中誉公司能够真正、顺利地执行重整计划。中誉公司信誉工作的恢复体现了“府院联动”机制对重整工作的促进和帮助作用，展示了破产受理法院及当地政府部门对困境企业涅槃重生的大力支持。

**案例二：南京爱德置业有限公司破产重整案**

“天生御景”是由南京爱德置业有限公司开发建设的商品住宅项目，该项目于2013年开工建设，后于2015年、2019年两次因资金链断裂而停工，2019 年停工前已完成主体工程建设。2021 年 3 月，溧水区人民法院批准重整计划后该项目开始复工续建，2022 年年底项目已全部完工，并向各主管部门申请竣工验收。截至 2023 年 8 月，项目已完成规划核实、水电气验收及雨水验收，正在申报污水、园林验收及竣工综合验收。但是由于“天生御景”项目自 2013 年开工建设时，绿色图章不作为必要申报项，故南京爱德置业有限公司未向溧水区城建局申请办理绿色图章的相关手续。现该项目已完工，经第三方测绘单位测量，绿地率实测为 31.72%，大于规划设计要点的 30%，但小于规划审批指标 32.17%，这使项目竣工交付遇到了困难与阻力。

为确保项目尽快竣工交付，维护购房人的购房权益，降低社会风险，溧水区人民法院主动邀请所属地街道、城建、规划等政府部门成员的参与，以实际行动提前组建“府院联动”机制，向有关利害关系主体“告知”复工续建涉及部分烂尾楼盘即将复工续建的经营计划，并通过函告等方式提请溧水区精细化指挥部办公室尽快召开会议通过该项目按绿化现状进行园林验收。

总体来说，在溧水区人民法院的支持和推动下，溧水区精细化指挥部办公室举办了多次府院联动联席会议，有效化解了南京爱德置业有限公司的烂尾楼盘复工续建过程中因历史遗留事项产生的各种问题。

# 第三节　房地产企业重整中"府院联动"机制配套措施的完善

在房地产企业破产重整中落实府院联动机制，必须依靠配套制度的完善和供给，从而实现府院联动的常态化、规范化。诚如王欣新教授所言："政府应当在破产法律程序之外发挥其社会调整作用。我们应当督促、协助政府尽快建立起完善的社会配套制度，如常态化的政府财政支持企业破产社会费用制度，建立职工工资保障基金、管理人报酬保障基金等制度，以及在工商管理、企业挽救融资制度、重整企业信用修复、破产企业税务合理调整、企业破产注销、企业档案保存管理等方面及时进行适应破产法市场化实施需要的改革，建立相应制度从根本上解决问题。"① 这一论述深刻阐述了建立并完善府院联动机制配套措施的重要性。本节拟对这一问题作出详细分析。

## 一、房地产企业重整中的税收政策优化

由于缺乏针对破产企业的专门税收政策规定，管理人和法院处理破产涉税问题的协调成本极高。目前来看，尽管各地法院与税务局陆续联合出台了相关文件，但有关内容在实践中不仅难以落实执行，而且各方之间的认识分歧不断加大。针对此问题，我国有学者指出："破产程序是课税特区的典型代表，征税

① 参见王欣新：《论破产法市场化实施的社会配套法律制度建设》，载《人民法院报》2017年6月14日，第7版。

机关应当慎入（禁入）或者原有税法规则应当在实体税法与程序税法两个层面做出特别调整的领域，具体表现在实体税法与程序税法两个层面：实体税法在原有的普遍使用的税收减免等优惠制度的基础上，应该进一步关注特殊领域的所得界定与权益平衡问题，在不征税收入、递延纳税、税收优先权等方面作出针对性规定；程序税法应该针对特殊领域，在税收征管权力、税收程序规则等方面进行必要的调整和限缩。”① 这一观点在很大程度上反映了理论界的诉求与期盼。

目前在企业破产重整中的减免税措施，基本上都属于报批类的减免税，即纳税人应提交相应资料并提出申请，经具有审批权限的税务机关审批确认后，方可执行。② 比较法上，各国税法中也往往规定有“无税重组”的特殊渠道，其主要适用条件包括：一是经营的连续性；二是权益的连续性；三是缺乏纳税的必要资金；四是必须有合理商业目的。显然，破产重整在一般情况下均符合“无税重组”的构成要件。③ 具体而言，应适当减免企业重整过程中因财产流转引起的各类税费，并对依法破产的企业欠缴税款和滞纳金及时予以核销。④ 例如，浙江瑞安法院联合市税务局出台的《关于建立司法处置企业不动产涉税事项处理协作机制的意见》即明确规定：对企业破产或出现资不抵债的特殊情形，企业所得税采取预缴方式，以司法处置价为基数，在所得税 10% 范围内以 25% 的费率计征，即按司法处置价的 2.5% 征收税费；破产管理人还可根据企业账册和票据按规定及时申报税费减免事项。⑤

此外，按照“课税特区”的原理，破产企业债务重组的收益虽属于会计上确认之收益，但不应归入企业所得税法之应税所得。⑥ 并且，立法上可以考虑

---

① 徐阳光：《破产程序中的税法问题研究》，载《中国法学》2018 年第 2 期。

② 参见乔博娟：《企业破产重整税收优惠政策研析》，载《税务研究》2014 年第 3 期。

③ 参见乔博娟：《企业破产重整税收优惠政策研析》，载《税务研究》2014 年第 3 期。

④ 参见山东省高级人民法院课题组、李方民：《依法处置僵尸企业有关情况的调研报告》，载《人民司法（应用）》2016 年第 13 期。

⑤ 参见浙江省瑞安市人民法院课题组：《僵尸企业处置的司法路径》，载《人民司法（应用）》2016 年第 13 期。

⑥ 参见徐阳光：《破产程序中的税法问题研究》，载《中国法学》2018 年第 2 期。

规定土地增值税在破产程序中的优惠政策，降低债务人的土地增值税税负。至于当前有一些强化府院联动的破产涉税联合意见规定，破产程序中的应缴税款在性质上应为共益债务或者破产费用，但出于重整成功所需，如果将这部分税款认定为税收债权，显然将更有利于房地产企业重整程序的顺利推进。

## 二、房地产企业破产中的信用修复优化措施

房地产企业进入破产程序后如不能及时做好信用修复，将会导致房地产企业、建筑施工企业在经营活动中无法贷款、无法参加招投标、无法正常使用银行账户，从而降低了重整的成功率。然而《征信业管理条例》对如何进行信用修复并没有明确的规定，这就导致重整企业的信用修复无路可走、企业重整步履维艰甚至陷入失败的境地。①

一般来说，企业的信用修复包括两个方面：一是不良信息产生时如何最大限度地降低此不良信息的负面作用；二是企业在产生负面信息后，采取什么纠正措施可以提高企业信用。② 对于信用污点导致的融资难问题，应通过具体的法律规定保障有关企业能够正常获得金融支持。③ 而对于重整企业信用的再评价问题，在重整计划执行完毕后，只需将企业的纠正行为连同相关负面信息一同录入信用报告中。如此一来，信用是否修复以及修复程度的问题，就应交由市场进行判断，没有必要由专门的司法机构或政府部门进行认定。④ 值得一提的是，在重整成功届满一定期限（如 5 年）后，重整企业有权申请抹去信用报告中的不良信息。

聚焦于实务层面，江苏省对破产企业的信用修复问题已经予以重视并开始付诸实践。为做好破产重整、和解工作的“后半篇文章”，支持破产重整、和

---

① 参见江苏省高级人民法院民二庭：《江苏法院破产审判十年的探索与思考》，载《人民司法(应用)》2017 年第 22 期。

② 参见南单婵：《破产重整企业信用修复研究》，载《上海金融》2016 年第 4 期。

③ 参见王欣新：《僵尸企业治理与破产法的实施》，载《人民司法》2016 年第 13 期。

④ 参见南单婵：《破产重整企业信用修复研究》，载《上海金融》2016 年第 4 期。

解企业重建信用，促进企业脱困重生，持续优化市场化法治化国际化营商环境，2022年10月25日，江苏省发展改革委联合江苏省高级人民法院、江苏省市场监管局、江苏省地方金融监管局、国家税务总局江苏省税务局、人民银行南京分行、中国银保监会江苏监管局联合发布了《关于开展破产重整、和解企业信用修复工作的通知》。该通知从信用修复范围和原则、分类实施企业信用修复、严格信用修复程序、推动企业破产信息共享公示和动态更新、加强权益保护、强化工作协同6个方面明确了破产重整、和解企业信用修复的具体工作内容，并制定了相应的流程指引。该举措推动了信用修复的"一网通办"，使破产企业的信用修复工作得以平稳有序推进。

图6－1为《关于开展破产重整、和解企业信用修复工作的通知》附件中的"破产重整、和解企业信用修复流程指引流程图"。

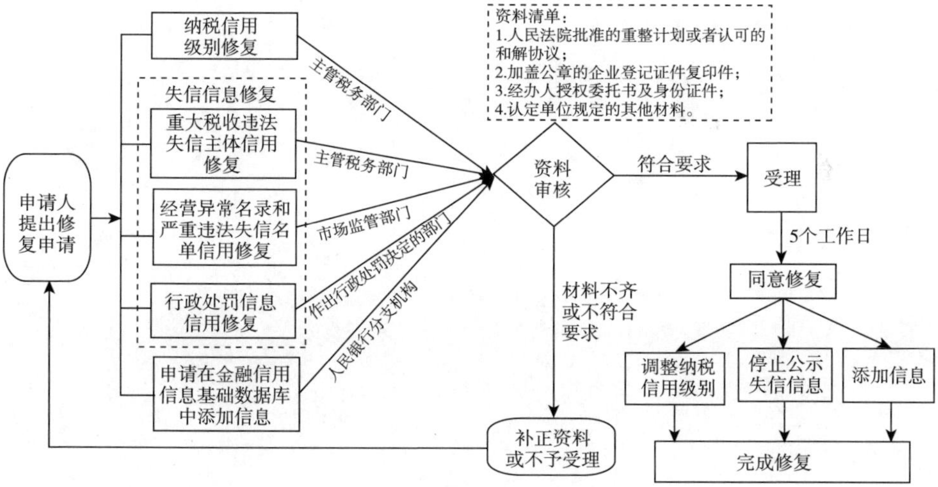


**图6－1 破产重整、和解企业信用修复流程指引**

## 三、房地产企业破产中的特殊债权的保障机制及其优化

房地产企业破产重整还涉及建筑工程施工债权、消费者购房债权、农民工工资债权等关涉民生的特殊债权类型，如何设计这类债权的清偿方案，有着特

殊的民生保障考量。有学者建议，有必要以法律规定的方式专门设置破产企业的职工债权保障基金，从而确保破产法的实施不受职工债权清偿与社会稳定因素的干扰。①

实际上，2018年《破产审判会议纪要》第27条已明确提出，应当在破产程序中依法、妥善处理劳动关系，推动完善职工欠薪保障机制，依法保护职工的生存权。为此，各地方亦开展了各类职工欠薪保障机制的试点，乃至设置了专门的职工托底安置资金。② 从这一角度出发，我国亦可通过立法方式规定涉民生债权的专门保障基金，进而由相关部门依管理人申请先行垫付，并由相关部门在垫付后作为债权在破产（重整）程序中进行申报。

---

① 参见王欣新：《僵尸企业治理与破产法的实施》，载《人民司法》2016年第13期。

② 参见山东省高级人民法院课题组：《依法处置僵尸企业有关情况的调研报告》，载《人民司法（应用）》2016年第13期；另见江苏省南京市中级人民法院课题组、胡道才：《强化破产司法供给的实务探索》，载《人民司法（应用）》2017年第25期。

# 第四节　房地产企业重整中新型府院联动机制的建立

在确立上述配套制度的基础上，房地产企业破产重整案件中的府院联动机制将运行得更加顺畅且规范化。在上述法律框架下，一方面，政府要引导房地产企业树立正确的发展观，从而在源头上尽可能减少房地产企业危机的产生。在此基础上，地方政府与法院应积极宣传破产法律制度的立法理念，以消除破产就是“逃废债”的错误认识，让社会公众明白破产法律制度的设立目的，并引导债权人、消费购房者等充分利用破产法律制度维护自身的合法权益，而非通过其他非法律手段。尤其是通过及时启动房地产企业破产（重整）程序，可切实避免房地产项目烂尾以及相关风险的不断叠加，从而正向调节社会经济关系、推动转型升级、优化资源配置。另一方面，政府及法院也应联手加大对“逃废债”行为的打击力度，尤其应对抽逃出资、职务侵占、挪用资金、虚假诉讼、恶意转移财产等关涉破产的违法犯罪行为予以坚决打击，形成有效震慑，避免破产制度被污名化。

## 一、新型府院联动机制的提前介入

新型府院联动机制的建立和介入应当前移至庭外重组时期，即鼓励政府相关职能部门提前介入房地产企业的债务危机化解工作。对于区域内具有一定影响力的房地产开发企业，即使已经面临债务危机且符合破产条件并具备重整价值，但在企业“自救”过程中或是第三方中介机构主导的庭外重组期间，政府仍应积极牵头成立专项工作组，对问题房企把脉问诊，充分发掘企业陷入危机的原因并给予疏通辅导。

具体而言，在企业的自救或庭外重组均无法推动的前提下，政府有关主管部门便可在法院受理预重整或重整之前就成立府院联动工作组，该工作组可以由城建、规划、不动产等多部门组成，工作内容主要包括全面梳理工程进度、销售情况、预售资格、竣备验收条件等事项，以便于推动预重整或重整程序的高效进行。通过在正式重整或重组程序前先行全面摸排企业困境，可充分挖掘企业的真实重整价值、挽救的可行性及救助路径，这对于重整投资人招募、选定工作具有极为重要的指导作用。

## 二、新型府院联动的信息化管理

在健全相关配套制度的基础上，政府还应建立专门的房地产企业风险预警管理信息平台，同时借助相关专业机构或专家组进行客观评级，同时做好动态跟踪监测，以实现最广泛的信息共享，并在必要时启动房地产企业的预重整程序，从而及时有效地处置房地产企业危机，化解涉房企的破产衍生社会问题。

在这方面，应特别注意的是，需由公安部门排查因房地产企业危机已经引发的矛盾纠纷，强化信息研判预警，防止矛盾激化。与此同时，政府应主导建立“企业恶意逃废债风险预警防控平台”，防范实际施工人、消费购房者、农民工群体的集访风险。简言之，应通过建立上述信息平台积极摸清房地产企业破产衍生风险，形成“一企一策”的风险化解方案。

除此之外，还可由政法委牵头，组织公安机关、检察机关、法院和金融监管机构等部门成立涉及房地产企业经济犯罪的案件联席会议，从而推动破产程序与刑事程序的有效衔接。并且，公安机关应积极追赃，并把刑事退赔款纳入破产债权。在逐步形成府院联动合力的基础上，亦应区分相关利益方的合理诉求与不合理诉求：对合理诉求，依法予以满足；对不合理诉求，依法予以释明，尽力取得（申）诉求群体的理解。

## 三、新型府院联动的工作边界及其联动机理

在完善上述府院联动工作的基础上，政府也要适当转变联动观念，厘清党政支持与法院工作的界限，多做配合协助、少做商业判断、慎做法律判断。换言之，政府应坚持以市场化为导向，联合人民法院、金融机构等部门，对房地产企业的重整原因、重整价值等进行精准识别，避免对市场化重整的不当干预，做到适度介入、分类施策。更为关键的是，应提供府院联动工作的组织化保障，也即建立常态化专项工作组，明确各成员单位之间的职权分配，并将破产案件处置中的疑难复杂问题及时提交工作组协调解决，以有效管控社会风险、稳妥处置突发事件。

需特别强调的是，一旦建立府院联动的常态化机制后，跨区域间、跨地区间府院联动机制的运行效果将大大提升。通常而言，"府院联动"意为法院或政府在某一区县级或市级区域内主导形成的多部门协同推动某一/多项特殊事项处理的协同机制，而跨市级府院联动机制的组建和运行难度自然更大。

### 参考案例

**案例一：集群图腾公司与集群软创公司实质合并重整案**

江苏集群图腾大数据科技股份有限公司、江苏集群软创信息科技有限公司实质合并破产重整一案为跨区域府院联动机制的典型。该破产案件的管辖法院为徐州市中级人民法院，企业的核心资产为南京市雨花台区内的烂尾楼，跨市级府院联动机制的组建难度较大。但在管理人的不懈努力下，徐州市中级人民法院办理该案的主审法官与南京市规划和自然资源局、南京市不动产登记中心的工作人员一同搭建了跨区域的府院联动协调机制，高效促成了债务人名下的不动产过户工

作，推动重整计划的稳步执行。①

政府相关部门应建立专业的管理队伍，对与房企重整相关的工作人员进行专项考核，并设置专项保障经费。在此常态化工作机制下，政府不仅应通过府院联动工作机制发挥其公共服务和社会管理职能、处理好相关社会衍生问题，还应在房地产企业资产处置难的情况下，提供适度的行政支持。例如，可通过优惠政策吸引投资，或者在法律和政策允许的前提下由国有资本先行接盘。此外，政府还可将房地产企业的财产处置、重整投资人招募事项均纳入招商引资的范围，从而提升财产处置效率和重整成功率。

① 该案入选了2022年度江苏法院破产审判十大典型案例：《精准识别、跨域联动，合力化解困境企业债务危机——江苏集群图腾大数据科技股份有限公司、江苏集群软创信息科技有限公司实质合并重整案（徐州市中级人民法院）》，载“江苏法院网”http://www.jsfy.gov.cn/article/95172.html，最后访问日期：2023年6月29日。

# 附　　录

# 破产重整管理人
# 工作文书样式

在江苏法德东恒律师事务所担任管理人办理的多起具有典型意义的破产重整案件中，我们根据案件的具体情况制作了系列工作文书。现将以下文书样式作为本书附录部分，供业界同人们参考使用。

**一、债权申报类文书**

文书样式1　债权申报通知

文书样式2　债权申报文件

文书样式3　债权申报须知

文书样式4　债权申报表

文书样式5　债权人申报文件清单

文书样式6　债权人基本信息及联系方式确认书

文书样式7　债权人（单位）法定代表人/负责人身份证明书

文书样式8　债权人（单位）授权委托书

文书样式9　债权人（自然人）授权委托书

文书样式10　债权申报证据清单

文书样式11　债务人财产线索征询意见书

文书样式12　职工债权表

文书样式13　关于审查债权申报材料的询证函

**二、债权人会议类文书**

文书样式14　第×次债权人会议公告

文书样式15　关于设立债权人委员会有关工作的报告

文书样式16　关于债权人委员会成员、职权及议事规则的议案

文书样式17　关于推荐债权人会议主席的报告

文书样式18　关于××议案表决结果的报告

文书样式19　关于《重整计划（草案）》分组表决结果的报告

文书样式20　关于请求人民法院裁定批准重整计划的报告

**三、管理人内部工作文书**

文书样式21　管理人团队工作办法

文书样式22　管理人工作方案

文书样式23　××公司重整工作推进表

文书样式24　管理人文件收发管理办法

文书样式25　××公司管理人办文单

文书样式26　××公司管理人工作任务单

文书样式27　管理人印章管理办法

文书样式28　管理人财务管理办法

文书样式29　××公司管理人财务审批单

文书样式30　维稳协调工作办法

文书样式31　管理人监督工作方案

文书样式32　重整计划执行监督工作方案

**四、重整投资类文书**

文书样式33　管理人关于××公开招募重整投资人的公告

文书样式34　重整投资协议

文书样式35　信托计划受托人招募公告

# 一、债权申报类文书

**文书样式 1**

## 债权申报通知

××债权人：

××年×月×日，××人民法院做出《民事裁定书》，裁定受理××公司的重整申请，指定××律师事务所担任管理人。现就××公司重整期间有关债权申报事项通知如下。

一、管理人确定从××年×月×日起接受各债权人的债权申报（债权人已在预重整程序中申报债权的，若对债权性质、债权本金、利息等计算方式没有变动的，无须重复申报）。

二、债权申报具体要求

1. 申报时间

鉴于××公司预计的债权人人数众多，为有序申报、依法高效审查，管理人结合××公司及相关联企业的负债规模、结构，对已知债权人进行分时段申报，其中：您应于××年×月×日前向管理人申报债权，通过规定方式说明债权数额、有无财产担保及是否属于连带债权，并提供相关证据材料。

2. 申报方式

××公司重整期间债权申报采取以线上申报为主，邮寄申报为辅，申报方式由债权人自行选择，确有需要或不便使用线上及邮寄方式的，可选择现场申报方式申报。具体如下。

方式一：线上申报。届时管理人会发送线上申报的短信，请您按照操作指引填写相关资料，及时申报债权。

方式二：邮寄申报。您首先应按照本通知所附《债权申报须知》要求完整填写《债权申报表》《债权申报文件清单》《债权人基本信息及联系方式确认书》《法定代表人身份证明书》《授权委托书》《债权申报证据清单》等文件，并按照《债权申报证据清单》的顺序复印全部证据材料，同时在右下角按序编写页码，再将《债权申报须知》中列明的全套申报材料加盖骑缝章（或自然人骑缝签字）邮寄至债权申报地址（请提供电子档一份，发送至管理人指定邮箱），同时在邮寄单上注明“债权申报”字样及如“××公司＋债权种类＋债权人名称”字样并保留邮件寄送底单。管理人将在收到申报材料之后另行确定时间核对证据原件，并按照《债权人基本信息及联系方式确认书》上面的联系方式反馈审核结果。

债权申报通信地址信息如下：

邮寄地址：

邮政编码：

联系人：

联系电话：

方式三：现场申报。请您按方式一所述准备好债权申报的全套材料，前往债务人办公场所申报，地址如上方式二所示。

3. 管理人现场接待时间

周一至周五工作日。

4. 现场申报人员要求

现场申报前需与管理人事先预约时间，在约定的时间段到达。

5. 现场申报流程（详见债权申报须知）

6. 如实登记。请债权人如实登记身份信息、联系电话、联系地址等信息，如因申报债权人未如实登记上述信息，造成申报债权人未能收到管理人的联系电话、书面材料的，相应后果由申报债权人自行承担。

特此通知。

××公司管理人

日期：

管理人咨询联系方式：

联系电话：

**文书样式 2**

# 债权申报文件

| | |
|---|---|
| 债权人名称 * | |
| 债务人名称 * | |
| 申报时间 * | 年 月 日 |

**特别注意**

1. * 为必填项；

2. 申报材料须每页签名或加盖骑缝章；

3. 填写材料前请仔细阅读申报须知，按须知要求提供材料将加快您债权的审核速度。

**文书样式3**

# 债权申报须知

××年×月×日，××人民法院做出《民事裁定书》，裁定受理××公司的重整申请，指定××律师事务所担任管理人。为明确债权人及利害关系人在债权申报阶段的权利、义务，现就××公司重整期间债权申报告知如下。

**一、申报债权的期限**

为保障债权人权益，债权人应当在××年×月×日前完成债权申报。

为有序申报、依法高效审查，管理人将根据债务人的情况对已知债权人进行编组分时段申报，请债权人予以配合。

**二、申报债权的范围**

1. 重整期间对债务人享有债权的债权人，均有权向管理人申报债权。

2. 连带债权人可以由其中一人代表全体连带债权人申报债权，也可以共同申报债权。

3. 债务人的保证人或者其他连带债务人已经全部代替债务人清偿债务的，以其对债务人的求偿权申报债权。

4. 债务人的保证人或者其他连带债务人尚未代替债务人清偿债务的，以其对债务人的将来求偿权申报债权。但是，债权人已经向管理人申报全部债权的除外。

5. 合同当事人可以以因合同解除所产生的损害赔偿请求权申报债权。

6. 债务人是委托合同的委托人，受托人不知该事实，继续处理委托事务的，受托人以由此产生的请求权申报债权。

7. 债务人是票据的出票人，该票据的付款人继续付款或者承兑的，付款人以由此产生的请求权申报债权。

8. 附条件、附期限的债权和诉讼、仲裁未决的债权，债权人可以申报。

9. 未到期债权，可提前进行申报，但应同时注明到期日。

10. 法律规定其他可以申报的债权，债权人可以予以申报。

**三、申报债权应提交的材料的要求**

1. 申报债权时应按要求提供以下材料，根据管理人申报材料中的样本进行填写。

2. 债权人（单位）有效的营业执照复印件（加盖公章）、法定代表人身份证明（加盖公章）、法定代表人居民身份证或其他有效身份证件复印件（本人签字确认）；债权人（自然人）的居民身份证或其他有效身份证件复印件（本人签字确认）；委托代理人申报的，须提交授权委托书（原件）及代理人居民身份证或其他有效身份证件复印件（本人签字确认）；委托代理人是律师的，还应提交律师所函及执业证复印件。

3. 债权申报表（申报表中应当详细介绍债权的发生经过，有利息的应该提交利息的计算方式及过程）、申报材料清单。

4. 申报债权的证据材料的复印件（如合同、协议、往来账及相关凭证、收款或付款凭证、对账单、结算书、判决书、裁决书、调解书、裁定书、利息或违约金计算说明等书面材料）应加盖公章或签字确认。

5. 债权人申报债权时，应在《债权人基本信息及联系方式确认书》中明确申报人的通信地址、邮编、电话、联系人等。

6. 债权人申报债权时应提交相关文件材料以证明债权存在以及金额，简要陈述该债权的形成经过；若涉及合同关系，则该合同是否已经履行完毕要填写清楚。管理人如认为其提交的文件材料不完整，可要求债权人补充提交文件材料。申报孳息或违约金涉及多笔债权的，应分别列明每笔债权孳息或违约金的计算说明。

7. 债权人邮寄申报或现场提交申报材料的，应为与原件全面、完整核对无误的复印件及电子版（与原件一致），债权人必须保证其提交的文件资料与原件一致，并在其提交的复印件上由债权人或其受托人签名或盖章。进入司法程序或仲裁程序的，同时提交司法机关或仲裁机构出具的相关法律文书。

8. 现场申报的，须同时提交原件供管理人核对；邮寄申报的，提交原件核对时间由管理人另行通知。审核债权过程中，管理人如要求审核证据原件的，申报人应根据管理人的要求提交证据原件以供核对。

9. 提交材料的纸张规格为 A4 纸，应使用蓝墨或碳素墨水笔书写。

10. 材料装订顺序要求：请按《债权申报文件清单》所载材料的顺序装订，并在右下角按序编写页码。

**四、逾期申报债权的法律后果**

1. 债权人应当在规定的债权申报期限内向管理人申报债权。

2. 在重整期间未及时申报的债权人，参照《企业破产法》的相关规定，重整期间不得行使相关权利。

**五、申报债权及填写表格需注意的问题**

1. 申报的债权必须是在诉讼时效内的债权，凡超过诉讼时效或执行时效的，又无时效中断或中止的证据，不予确认。

2. 申报债权的金额必须确定，外币必须转换成人民币计值，汇率以重整受理日计算。

3. 债权申报时包括利息、罚息、违约金、滞纳金的，请计算至重整受理日××年×月×日。申报债权时未申报应付利息和违约金的，推定其放弃申报。

4. 利息的范围：利息、逾期利息、罚息、复利、逾期还款或付款的违约金或滞纳金、资金占用费等。借贷合同的债权人向债务人收取的咨询费、顾问费、管理费、手续费、综合费等费用按有关规定处理。

5. 计算利息时请按照最高人民法院的相关规定测算并提交利息测算的公式，管理人有权依据相关法律规定对债权人申报的利息予以调整。

6. 未能在管理人确定的时间内提供证据原件核对的，管理人有权不予认定申报的债权。

**六、申报方式**

请按《债权申报通知》的要求执行。

**七、重整期间第一次债权人会议的召开时间等相关事项届时将另行通知。**

**八、管理人特别提示**

1. 本《债权申报须知》只是针对债权人申报债权时注意事项及风险告知的特别提示，文本中加下划线部分请债权人予以重点关注。本告知不视为出具给债权人的法律意见。

2. 债权人对管理人审查结论有异议的，应当自收到管理人书面审查通知之日起三个工作日内向管理人提交书面异议。

3. 债权人虚假申报债权或提供虚假申报材料，损害其他债权人利益的，管理人将依法移送公安机关或人民法院追究其法律责任。

4. （如有）债权人已在预重整程序中申报债权的，若债权性质、债权本金、利息等计算方式没有变动的，无须重复申报，对申报的利息债权将根据《企业破产法》第四十六条第二款的规定追加计算利息至破产重整申请受理日，债权人对相关公司享有的债权金额及债权性质最终以××人民法院裁定中的确认为准。

××公司管理人

日期：

## 文书样式4

# 债权申报表

<table>
<tr><td colspan="2">债权人名称（姓名）</td><td colspan="5"></td></tr>
<tr><td colspan="2">主债务人名称（姓名）</td><td colspan="5"></td></tr>
<tr><td colspan="2">债权债务发生经过（简述债权成立、履行等情况，包括但不限于合同签订时间、已履行金额等）</td><td colspan="5"></td></tr>
<tr><td colspan="2" rowspan="2">申报金额</td><td>①本金</td><td colspan="2">②利息（罚息、复利、滞纳金等）</td><td>③其他债权（律师费、诉讼费等）</td><td>④合计＝①＋②＋③</td></tr>
<tr><td>¥</td><td colspan="2">¥<br>注：必须后附详细的计算步骤，截止点不超过××年×月×日</td><td>¥</td><td>¥</td></tr>
<tr><td colspan="2">债权金额计算过程（详细列明计算依据、具体的计算公式等）</td><td colspan="5"></td></tr>
<tr><td>有无连带债权人</td><td>无□<br>有□</td><td>连带债权人名称（姓名）</td><td colspan="3"></td><td rowspan="2">提示：连带债权人、保证人和其他连带债务人如有多个，请全部列明。</td></tr>
<tr><td>有无保证人或者其他连带债务人</td><td>无□<br>有□</td><td>保证人和其他连带债务人名称</td><td colspan="3"></td></tr>
<tr><td colspan="2">有无其他主体提供财产担保</td><td>无□<br>有□</td><td colspan="4">提示：如无财产担保，请在左侧栏勾选“无”；如有其他主体提供财产担保，请在左侧栏内勾选“有”，并在证据材料中附抵押合同、质押合同、他项权利证明等抵押登记凭证复印件。</td></tr>
<tr><td colspan="2">申报债权性质</td><td colspan="2">建设工程价款优先受偿权□<br>有财产担保债权□<br>税款债权□<br>普通债权□</td><td colspan="3">提示：“有财产担保债权”是指××公司以不动产、动产、权利等提供担保所对应的债权。</td></tr>
<tr><td>有无涉及诉讼、仲裁、财产保全或强制执行</td><td>无□<br>有□</td><td colspan="5">提示：如未提起诉讼或申请仲裁、财产保全、强制执行，请勾选“无”；如曾提起诉讼或申请仲裁、财产保全、强制执行，无论是否结案，请勾选“有”，在证据材料中附法院或仲裁机构送达的全部法律文书复印件。</td></tr>
<tr><td colspan="2">公章<br>加盖单位公章区域</td><td colspan="5">债权人承诺：已认真阅读《债权申报须知》。现提供的《债权申报表》《法定代表人身份证明书》《授权委托书》，及配套证据材料均系真实、完整、合法，愿承担一切法律责任。<br>法定代表人（签名）：__________日期：__________<br>申　报　人（签名）：__________日期：__________</td></tr>
</table>

**文书样式 5**

# 债权人申报文件清单

| 序号 | 申报债权材料目录 | 页数 | 备注 |
|---|---|---|---|
| 1 | 债权人基本信息及联系方式确认书 | | |
| 2 | 债权人（单位）营业执照副本 | | |
| | 债权人（单位）法定代表人/负责人身份证明及其身份证复印件 | | |
| | 债权人（单位）授权委托书 | | |
| 3 | 债权人（自然人）居民身份证复印件 | | |
| | 债权人（自然人）授权委托书 | | |
| 4 | 代理人身份证或律师执业证 | | |
| | 代理人身份证明材料 | | |
| 5 | 债权证据材料清单 | | |
| 6 | 债务人财产线索、其他债权人信息征询通知 | | |

债权人声明：本次提交的所有申报债权文件与原件一致，不存在变造、伪造等情形，否则愿意承担由此产生的法律责任。

债权人（盖章/签字）：__________ 申报时间：__________

**文书样式 6**

# 债权人基本信息及联系方式确认书

<table>
<tr><td>债权人名称（姓名）</td><td colspan="4"></td></tr>
<tr><td>债权人证件种类</td><td colspan="2">居民身份证□ 营业执照□</td><td>证件号码</td><td></td></tr>
<tr><td rowspan="3">账户信息</td><td>户名</td><td colspan="3"></td></tr>
<tr><td>开户银行</td><td colspan="3"></td></tr>
<tr><td>账号</td><td colspan="3"></td></tr>
<tr><td rowspan="4">债权人送达地址及联系方式</td><td>收件人</td><td colspan="3"></td></tr>
<tr><td>通信地址</td><td colspan="3"></td></tr>
<tr><td>电话</td><td colspan="3"></td></tr>
<tr><td>邮编</td><td colspan="3"></td></tr>
<tr><td rowspan="5">债权人会议参会代表信息</td><td>类型</td><td colspan="3">□本人　□法定代表人　□委托代理人</td></tr>
<tr><td>姓名</td><td colspan="3"></td></tr>
<tr><td>身份证号码</td><td colspan="3"></td></tr>
<tr><td>手机号码</td><td colspan="3"></td></tr>
<tr><td colspan="4">说明：本案债权人会议可能使用最高人民法院全国企业破产重整案件信息网网络会议平台或其他会议平台召开，需提前统计参会人员信息。每户债权人应当指定一名自然人（本人、法定代表人、委托代理人择一）参加债权人会议，收集的信息将用于创建网络平台参会账号。</td></tr>
<tr><td>债权人对账户、送达地址及联系方式的确认</td><td colspan="4">本人/单位已如实提供银行账户、地址及联系方式，并保证上述联系地址及方式准确、有效；如发生变更，本人/单位将以书面方式告知管理人。本人/单位同意管理人向上述账户汇款、联系或送达文书，由于送达地址不准确、地址变更未及时告知管理人，或本人/单位拒收导致管理人有关通知、文件等未能被实际接收、邮寄被退回，邮件回执上注明的退回之日视为送达之日，相应法律后果由本人/单位自行承担。上述账户、地址及联系方式确认效力及于后续重整、破产清算、破产和解程序。<br>债权人签字或盖章：<br>年　月　日</td></tr>
</table>

文书样式 7

# 债权人（单位）
# 法定代表人/负责人身份证明书

________同志在我公司任__________________________职务，系我公司法定代表人/负责人。

联系方式：

电话：

债权人（单位）盖章：

年 月 日

注：法定代表人/负责人提供身份证复印件，并本人签字确认。

**文书样式8**

# 债权人（单位）授权委托书

委托人：________________法定代表人（负责人）：________________

联系地址：________________联系方式：________________

受委托人①：____________

姓名：________________身份证号码：________________

工作单位：________________职务：________________

联系方式：________________

受委托人②：____________

姓名：________________身份证号码：________________

工作单位：________________职务：________________

联系方式：________________

现委托上列受托人在 ××公司破产 案件中，作为我方的代理人。

代理人的代理权限为特别授权：

1. 代为申报债权；2. 代为参加债权人会议或其他会议；3. 代为对相关事项发表意见；4. 代为审查有关债权的证明材料；5. 就表决事项代为行使表决权；6. 提交或签收与本案相关的法律文书；7. 代领债权款项；8. 其他________________________________。

代理期限：自本授权书签发之日起至本案全部处理完毕时止（包括但不限于预重整、重整、破产清算、破产和解程序）。

委托人（盖章）：

法定代表人/负责人（签名）：

日期：　　年　月　日

注：1. 授权委托书须由委托人、法定代表人/负责人签名、加盖公章。

2. 债权人（单位）的代理人系职工，应当提供劳动关系的相应证明材料。

3. 代理权限发生变更或解除，应当书面告知人民法院及管理人。

**文书样式 9**

# 债权人（自然人）授权委托书

委托人：________________法定代表人（负责人）：________________

联系地址：________________联系方式：________________

受委托人①：____________

姓名：________________身份证号码：________________

工作单位：________________职务：________________

联系方式：____________

受委托人②：____________

姓名：________________身份证号码：________________

工作单位：________________职务：________________

联系方式：____________

现委托上列受托人在 ××公司破产（含预重整阶段） 案件中，作为我方的代理人。

代理人的代理权限为特别授权：

1. 代为申报债权；2. 代为参加债权人会议或其他会议；3. 代为对相关事项发表意见；4. 代为审查有关债权的证明材料；5. 就表决事项代为行使表决权；6. 提交或签收与本案相关的法律文书；7. 代领债权款项；8. 其他________________________。

代理期限：自本授权书签发之日起至本案全部处理完毕时止（包括但不限于预重整、重整、破产清算、破产和解程序）。

委托人（签字）：

日期：年 月 日

注：1. 授权委托书须由委托人签名。

2. 债权人（自然人）的代理人系近亲属（父母、配偶、子女）的，应当提供证明材料。

3. 代理权限发生变更或解除，当事人应当书面告知人民法院及管理人。

**文书样式 10**

# 债权申报证据清单

| 序号 | 证据名称 | 页数 | 形成时间 |
|---|---|---|---|
| 1 | | | |
| 2 | | | |
| 3 | | | |
| 4 | | | |
| 5 | | | |
| 6 | | | |
| 7 | | | |
| 8 | | | |
| 9 | | | |
| 10 | | | |

债权人承诺及声明：1. 请按证据材料形成时间的先后依次填写；2. 如本页不够，可另续页，续页时请保持证据序号连续；3. 上述证据的真实性、合法性，由债权人承担法律责任；4. 如有补充证据应及时提交，因迟延提交或未提交的不利后果由债权人承担；5. 证据原件、原物由债权人自行保管并随时备查验，如交由管理人保管的，以管理人的书面收据为准。

债权人（签字/盖章）：

提交日期：　　　　年　　月　　日

**文书样式 11**

# 债务人财产线索征询意见书

管理人为全面开展债务人清产核资工作，顺利推进重整进程，保障全体债权人的合法权益，根据《中华人民共和国企业破产法》的相关规定，特向全体债权人征询债务人的财产线索。

若你/你单位知晓债务人非法隐匿、转移、处分财产等的相关信息，敬请向管理人提供，以确保最大限度保护你/你单位等全体债权人的权益。感谢配合！

| 财产线索详细说明： |
| --- |
| |

债权人（签字/盖章）：

提交日期：　　　　年　　月　　日

文书样式 12

# 职工债权表

| 编号 | 姓名 | 职工债权金额 |
| --- | --- | --- |
| | | |
| | | |
| | | |
| | | |
| | | |
| | | |
| | | |
| | | |
| | | |
| | | |
| | 总计 | |

文书样式 13

# 关于审查债权申报材料的询证函

__________：

××年×月×日，××人民法院裁定受理××公司的重整申请。你单位（个人）已向管理人申报债权，现管理人已初步审查出如下结果，请核对以下内容。

| | 合计（元） | 本金（元） | 利息、其他费用（元） | 财产担保 | 备注 |
|---|---|---|---|---|---|
| 申报金额 | | | | | |
| 初审金额 | | | | | |
| 暂缓金额 | | | | | |

以上表格为债权申报与审查的对照结果，如无异议请在下方第 1 项内容处打钩，并加盖公章或签名确认；若有异议请在下方第 2 项内容处打钩，并加盖公章或签名确认。

××公司管理人

日期：

| 1. 金额无误，认可审查意见。<br>（盖公章）<br>经办人签名：__________<br>年 月 日 | 2. 金额有误。<br>（盖公章）<br>经办人签名：__________<br>年 月 日 |
|---|---|

管理人的联系方式如下：

联系人：

联系电话：

邮寄地址：

## 二、债权人会议类文书

**文书样式 14**

### 第×次债权人会议公告

××年×月×日，××人民法院做出《民事裁定书》，裁定受理××公司的重整申请，指定××律师事务所担任管理人。

××人民法院定于××年×月×日×时，采取××会议方式召开××公司重整案第×次债权人会议。

根据《中华人民共和国企业破产法》第五十九条的规定，依法申报债权的债权人有权参加本次债权人会议，债权人在××年×月×日×时准时参加会议。

本次债权人会议涉及的表决事项采用线下纸质投票和网络投票相结合的形式，两者具有同等的法律效力，债权人可以自行选择投票方式。网络投票通道将于××年×月×日×时开通，选择网络投票的债权人可以于网络表决通道开通后登陆“××平台”进行投票，具体详见操作指引。

债权人邮寄或现场送达表决票的地址：

联系电话：

特此公告。

××公司管理人

日期：

**文书样式 15**

# 关于设立债权人委员会有关工作的报告

××人民法院：

××年×月×日，××人民法院做出《民事裁定书》，裁定受理××公司的重整申请，指定××律师事务所担任管理人。根据贵院发布的公告，××公司重整案第一次债权人会议即将于××年×月×日通过网络方式召开。

根据《中华人民共和国企业破产法》（以下简称《企业破产法》）第六十七条之规定，债权人会议可以决定设立债权人委员会。为保障××公司重整工作依法合规有序推进，充分尊重债权人意思自治，管理人建议提请××公司第一次债权人会议决定设立债权人委员会。现就有关情况报告如下。

**一、设立债权人委员会的必要性**

（一）有利于提高债权人会议的工作效率

根据管理人对××公司负债情况的初步审查结果，××公司重整案债务规模较大，债权人人数较多，结构复杂。如仅通过债权人会议行使债权人的各项职权，可能会由于人数较多、召集时间长、成本较高等原因，影响债权人行使权利。成立债权人委员会可以显著提高债权人会议的工作效率，有利于保障债权人充分行使《企业破产法》赋予的各项权利。

（二）有利于保障债权人对重整程序重大事项的知情权

在债务人进入重整程序后，债权人对债务人的重大经营活动、重大财产管理及处分行为，财产转让行为、设定财产担保行为和放弃权利等行为享有知情权。设立债权人委员会，有利于债务人、管理人及时向债权人委员会报告有关情况，使债权人能够充分享有知情权，从而有效保障全体债权人的合法权益。

（三）有利于债权人行使监督权

根据《企业破产法》第六十八条的规定，债权人委员会可以监督债务人的财产管理和处分行为，监督破产财产的分配，监督管理人的工作等。债权人委员会执行职务时，有权要求管理人、债务人对相关情况作出说明或者提供有关文件。

（四）充分尊重债权人意思自治原则

债权人会议是全体债权人的共同议事机关，《企业破产法》第六十七条规定，债权人会议可以决定设立债权人委员会。通过管理人提名，债权人会议选任，后经人民法院书面决定认可的方式选任债权人委员会成员是全体债权人意思自治的结果，符合《企业破产法》的有关规定，有利于更好地贯彻债权人意思自治原则。

**二、确定债权人委员会成员的原则**

（一）组成人员应当具有代表性

根据《企业破产法》第六十七条的规定，债权人委员会由债权人会议选任的债权人代表和一名债务人的职工代表或者工会代表组成。在确定债权人委员会的组成人员时，应当考虑组成人员的数量、债权人类别、债权金额、债权性质具有足够的代表性，符合××公司重整案的债权人结构特点。同时，根据《企业破产法》的规定，债权人委员会中应当有职工代表或工会代表。

（二）组成人员应当具有相应的履职能力

债权人委员会代表债权人会议履行各项职权，监督管理人和债务人的财产管理和处分等行为，对于后续有序推进重整程序的各项工作至关重要，这就要求债权人委员会成员具有重整及相关的知识结构和实践经验，从而保证债权人委员会履职适当。

（三）组成人员应当具有积极履职的意愿

债权人委员会由债权人会议选任，其执行职务应当对债权人的共同利益尽到注意义务，需要对全体债权人负责，债权人委员会组成人员应当具有积极、主动的履职意愿，具备责任心和使命感，以充分发挥对推进重整工作的监督和协调职能。

综上，根据《企业破产法》第六十七条之规定，依据确定债权人委员会成员的原则，结合债权人的实际情况，管理人对债权人委员会的成员名单提出了建议，具体如下：

| 序号 | 姓名/名称 | 确认金额 | 债权性质 | 推荐原因 |
|---|---|---|---|---|
| 1 | | | | |
| 2 | | | | |
| 3 | | | | |
| 4 | | | | |
| 5 | | | | |
| 6 | | | | |
| 7 | | | | 职工代表 |

**三、债权人委员会的职权**

根据《企业破产法》第六十八条之规定及债权人会议的委托，债权人委员会行使下列职权：

1. 监督管理人执行职务；

2. 提议召开债权人会议；

3. 监督债务人财产的管理和处分；

4. 要求管理人、债务人的有关人员对其职权范围内的事务作出说明或者提供有关文件；

5. 听取管理人、债务人实施下列行为的报告：

（1）涉及土地、房屋等不动产权益的转让；

（2）探矿权、采矿权、知识产权等财产权的转让；

（3）全部库存或者营业的转让；

（4）借款；

（5）设定财产担保；

（6）债权和有价证券的转让；

（7）履行债务人和对方当事人均未履行完毕的合同；

（8）放弃权利；

（9）担保物的取回；

（10）对债权人利益有重大影响的其他财产处分行为。

特此报告。

××公司管理人

日期：

文书样式16

## 关于债权人委员会成员、职权及议事规则的议案

××公司债权人会议：

为依法推进××公司重整案的各项进程，保障重整工作依法有序推进，根据《中华人民共和国企业破产法》（以下简称《企业破产法》）第六十七条之规定，管理人提议设立债权人委员会（以下简称债委会），并在今天的会议上选举债委会成员并确定债委会议事规则。现提交债权人会议审议、表决。

**一、债权人委员会的组成**

根据《企业破产法》第六十七条的规定，债委会由债权人会议选任的债权人代表和一名债务人的职工代表或者工会代表组成。综合××公司重整案债权的类型、金额以及债权人意愿，管理人提议债委会设×人，债委会主席由××担任，建议人选具体如下：

**二、债权人委员会的职权**

根据《企业破产法》的相关规定，结合××公司重整案的实际情况，债权人委员会主要行使以下职权：

1. 监督管理人执行职务；

2. 提议召开债权人会议；

3. 监督债务人财产的管理和处分；

4. 要求管理人、债务人的有关人员对其职权范围内的事务作出说明或者提供有关文件；

5. 听取管理人、债务人实施下列行为的报告：

（1）涉及土地、房屋等不动产权益的转让；

（2）探矿权、采矿权、知识产权等财产权的转让；

（3）全部库存或者营业的转让；

（4）借款；

（5）设定财产担保；

（6）债权和有价证券的转让；

（7）履行债务人和对方当事人均未履行完毕的合同；

（8）放弃权利；

（9）担保物的取回；

（10）对债权人利益有重大影响的其他财产处分行为。

**三、债委会议事规则**

第一条　××公司债委会作为××公司债权人会议的常设机构，旨在为全体债权人与管理人、债务人之间搭建良好的沟通平台，便于全体债权人及时有效行使相关权利，及时获取××公司重整计划的执行情况。

第二条　债委会由经××公司债权人会议选任的债权人代表和××公司的职工代表组成。债委会成员每家享有一个席位。

第三条　债委会会议由债委会主席召集并主持。

第四条　在人民法院认为必要时，或者管理人、债委会三家及以上成员向债委会主席提议时召开债委会会议。会议召开应提前×日通知成员及需要列席人员、接受质询人员，并书面告知会议议案；债委会会议对会议通知列明的议题及事项进行决议。各成员可以委托代理人 1 至 2 人参加会议，但应签署书面委托书并载明委托权限。如遇特殊情况，债委会不能如期召开会议的，债委会主席或其授权代表应向提交议案的成员作出不能如期召开会议的书面说明。

第五条　债委会会议以现场召开为原则。但在保障债委会成员充分表达意见的前提下，也可以通过视频、电话、传真或者电子邮件表决等方式召开，或者采取现场与其他方式结合进行的方式召开。每一成员享有一票表决权；会议决议应当以书面形式作出并经过半数成员通过方为有效；会议应当形成会议记录，并由出席会议的成员签字。

第六条　债委会行使职权应当接受债权人会议的监督，并接受人民法院的指导。

第七条　债委会应当严格按照《企业破产法》的规定和本议事规则确定的债委会职权履行职责，超越职权形成的决议无效。

第八条　为避免因债委会所议事项相关信息的扩散导致不良影响，各成员对通过会议所获取的相关信息应严格保密。如因债委会成员掌握的信息泄密导致××公司遭受损失或陷入负面消息影响的，泄密的债委会成员应承担相应的责任。

第九条　债委会每次会议均须形成会议纪要，由债委会主席指定专人归档保存。

第十条　本议事规则自债权人会议表决通过并向××人民法院备案后生效。本议事规则的解释权归债委会。对本议事规则的任何补充、修改或变更，均须经以上有关条文列明的方式表决通过。

**四、表决规则说明**

根据《企业破产法》第六十四条的规定，"债权人会议的决议，由出席会议的有表决权的债权人过半数通过，并且其所代表的债权额占无财产担保债权总额的二分之一以上。……"

以上议案，请债权人会议审议、表决。

××公司管理人

日期：

**文书样式 17**

# 关于推荐债权人会议主席的报告

××人民法院：

××年×月×日，××人民法院做出《民事裁定书》，裁定受理××公司的重整申请，指定××律师事务所担任管理人。根据贵院发布的公告，××公司重整案第一次债权人会议即将于××年×月×日召开。

根据《中华人民共和国企业破产法》第六十条第一款的规定，债权人会议设主席一人，由人民法院从有表决权的债权人中指定。现就确定债权人会议主席的有关事项报告如下。

**一、遴选债权人会议主席候选人的标准**

管理人从已申报债权的债权人中遴选债权人会议主席，具体标准如下：

1. 债权真实有效，且未过诉讼时效；
2. 债权同时包括有财产担保债权及普通债权，且债权金额相对较大；
3. 与××公司不存在未终结的诉讼或仲裁案件；
4. 不是××公司的关联方；
5. 愿意并有能力承担债权人会议赋予的职责等。

**二、对债权人会议主席的推荐建议**

结合上述标准及××公司重整案的债权申报及审查情况，经综合考量并与相关债权人沟通，管理人推荐债权人××担任本案债权人会议主席。管理人的推荐理由如下：

1. 经管理人初步审查，××公司的确认债权总额共计人民币××元，其中有财产担保债权××元，普通债权××元，该债权真实有效，且未超过诉讼时效；
2. ××公司不是××公司的关联方；
3. ××公司与××公司不存在未终结的诉讼或仲裁案件；
4. 经与××公司沟通，其愿意担任债权人会议主席，并表示将依据法律规定和贵院的要求认真履行职责。

因此，管理人推荐××公司担任××公司重整案的债权人会议主席，供贵院参考指定。

特此报告。

××公司管理人

日期：

**文书样式 18**

# 关于××议案表决结果的报告

××人民法院：

××公司重整案第×次债权人会议（以下简称本次会议）于××年×月×日召开，本次会议通过××方式进行，其中××为表决事项。根据《中华人民共和国企业破产法》（以下简称《企业破产法》）第六十四条的规定，××议案的表决需由出席会议的有表决权的债权人过半数通过，并且其所代表的债权额占无财产担保债权总额的二分之一以上方为通过。

本次会议享有表决权的债权人共××户，所代表的无财产担保债权总额××元。截至本次会议结束，享有表决权的债权人共××户。现就×项议案的表决情况报告如下。

**一、《××议案》的表决情况**

截至表决期限届满，《××议案》表决结果统计如下：同意该项议案的有表决权的债权人共××户，占出席会议有表决权的债权人总数的×%，其代表的无财产担保债权金额为××元，占无财产担保债权总额的×%。根据《企业破产法》第六十四条的规定，《××议案》经债权人会议表决通过/不通过。

**二、《××议案》的表决情况**

截至表决期限届满，《××议案》表决结果统计如下：同意该项议案的有表决权的债权人共××户，占出席会议有表决权的债权人总数的×%，其代表的无财产担保债权金额为××元，占无财产担保债权总额的×%。根据《企业破产法》第六十四条的规定，《××议案》经债权人会议表决通过/不通过。

特此报告。

××公司管理人

日期：

文书样式 19

## 关于《重整计划（草案）》分组表决结果的报告

××人民法院：

××公司重整案第×次债权人会议（以下简称本次会议）已于××年×月×日召开，由债权人分组审议表决《××公司重整计划（草案）》（以下简称《重整计划（草案）》），按照债权分类，分为有财产担保债权组、税收债权组、普通债权组进行表决。另外，××公司出资人组对《重整计划（草案）》涉及的出资人权益调整事项进行了表决。根据《中华人民共和国企业破产法》（以下简称《企业破产法》）第八十四条、第八十五条、第八十六条的规定，出席会议的同一表决组的债权人过半数同意重整计划草案，并且其所代表的债权额占该组债权总额的三分之二以上的，即为该组通过重整计划草案；重整计划草案涉及出资人权益调整事项的，应当设出资人组，对该事项进行表决；各表决组均通过重整计划草案时，重整计划即为通过。由此，经出资人组及有财产担保债权组、税款债权组、普通债权组分别表决并达到法定通过标准后，《重整计划（草案）》方为通过。现就《重整计划（草案）》各组表决结果向贵院报告如下。

**一、出资人组表决结果**

××公司出资人组为截至重整受理日在市场监督管理部门登记在册的股东，经统计，××公司出资人组需要表决的出资人所持认缴注册资本总金额为××元。

经统计，同意出资人权益调整事项的出资人持认缴注册资本金额为××元，占出资人认缴注册资本总金额的×%。

综上，根据《企业破产法》第八十五条第二款之规定，××公司出资人组表决同意的结果已超过出席会议出资人所持表决权的三分之二，出资人组已表决通过《重整计划（草案）》出资人权益调整事项。

**二、有财产担保债权组表决结果**

××公司出席会议的有财产担保债权人共×户，有财产担保债权总金额为××元。

经统计，同意《重整计划（草案）》的有财产担保债权人×户，占出席会议享有表决权的该组债权人的×%；其所代表的有财产担保债权金额为××元，占该组债权总金额的×%。

综上，根据《企业破产法》第八十四条第二款之规定，××公司有财产担保债权组表决同意的结果已超过法定标准，有财产担保债权组已表决通过《重整计划（草案)》。

**三、税款债权组表决结果**

××公司出席会议的税款债权人共×户，税款债权总金额为××元。

经统计，同意《重整计划（草案)》的税款债权人×户，占出席会议享有表决权的该组债权人的×%；其所代表的税款债权金额为×元，占该组债权总金额的×%。

综上，根据《企业破产法》第八十四条第二款之规定，××公司税款债权组表决同意的结果已超过法定标准，税款债权组已表决通过《重整计划（草案)》。

**四、普通债权组表决结果**

××公司出席会议的普通债权人共××户，普通债权总金额为×元。

经统计，同意《重整计划（草案)》的普通债权人×户，占出席会议享有表决权的该组债权人的×%；其所代表的普通债权金额为×元，占该组债权总金额的×%。

综上，根据《企业破产法》第八十四条第二款之规定，××公司普通债权组表决同意的结果已超过法定标准，普通债权组已表决通过《重整计划（草案)》。

**五、《重整计划（草案)》表决通过**

××公司出资人组及有财产担保债权组、税款债权组、普通债权组各组均表决通过了《重整计划（草案)》。根据《企业破产法》第八十六条之规定，各表决组均通过重整计划草案时，重整计划即为通过。故《××公司重整计划（草案)》表决通过。

特此报告。

××公司管理人

日期：

**文书样式 20**

# 关于请求人民法院裁定批准重整计划的报告

××人民法院：

贵院受理的××公司重整一案，于××年×月×日召开了第×次债权人会议，债权人会议依照债权分类对《××重整计划（草案）》进行了分组表决，并设出资人组对《重整计划（草案）》中的出资人权益调整事项进行了表决。截至××年×月×日×时，各表决组均表决通过了《重整计划（草案）》。

根据《中华人民共和国企业破产法》第八十六条之规定，管理人现提请贵院裁定批准该《重整计划（草案）》。

特此报告。

附件：

1. 《××公司重整计划（草案）》；
2. 《关于〈重整计划（草案）〉分组表决结果的报告》。

××公司管理人

日期：

## 三、管理人内部工作文书

**文书样式 21**

# 管理人团队工作办法

为规范××公司重整期间管理人工作，加强团队间协作，实现相互支持、优势互补、合作共赢的目标，保障重整工作顺利开展，经管理人团队内部讨论，制定本工作办法。

第一条 重整期间管理人团队分为综合组、经营组、债权组、资产组开展重整相关工作。为了提升工作效率、加强各工作组之间的协同，管理人工作方式以驻场工作为主，由××公司安排××办公室为管理人团队驻场办公地点。

第二条 管理人团队驻场工作时间为：上午××：××至下午××：××。

第三条 项目参与人员每日按照管理人团队统一工时机制进行工时记录并及时申报至各工作组，由各工作组汇总记录工时并每日及时报送综合组处汇总。

第四条 管理人团队实行工作例会制度，例会时间原则为××，会议地点为××，参会人员为各个工作组的负责人及主要协作人员，可邀请××公司相关管理人员等参加例会。

根据重整工作需要、法院或相关方要求，可随时召开管理人团队临时工作会议。

工作例会及临时工作会议均由综合组负责召集。

工作例会的主要内容为：

（一）各工作组汇报本周工作情况和下周工作计划。

（二）各工作组组长或其委托授权的副组长安排部署下周工作。

（三）统筹协调各工作组工作的具体事务，跟踪工作进度，落实工作任务等常规工作。

（四）专题研讨有关重点问题，遇有对各方主体利益影响重大的事项经会议研讨形成意见后，及时向法院报告。

工作例会及临时工作会议内容，参会人员应严格保密。由综合组负责会议记录，形成会议纪要并存档。会议纪要可根据需要向有关部门报送。

第五条　在每周的工作例会结束后，综合组需对各工作组的工作进度、形成的材料文书等进行汇总并制作每周工作报告，及时报送法院和有关政府部门及相关主体。

第六条　本办法由××公司管理人负责解释。

第七条　本工作办法自公布之日起执行。

××公司管理人

日期：

**文书样式22**

# 管理人工作方案

××年×月×日，××人民法院做出《民事裁定书》，裁定受理××公司的重整申请，指定××律师事务所担任管理人。为高效、高质量完成重整各项工作，以××年××月××日前债权人会议表决通过《重整计划（草案）》并由××法院裁定批准为目标，管理人以××年×月×日为裁定受理重整基准日拟定以下工作方案。

根据实际工作需要，重整程序中管理人团队设立综合组、经营组、债权组、资产组四个工作组，在此基础上根据项目的进展和需求进行调整。管理人团队将分步骤同时开展重整工作，以下是重点工作的进程安排，在项目正式推进过程中，可能会对具体的时间节点进行适当的调整。具体重整工作计划如下。

**一、机构与人员设置**

根据实际工作需要，管理人设立综合组、经营组、债权组、资产组四个工作组，在此基础上根据项目的进展和需求进行调整。各工作组指定专人主要负责，参与人员予以配合，根据需要确定人员配备，每个工作组设组长一名，负责统筹协调、通报总结本组工作开展情况。具体组别安排如下表所示。

| 序号 | 组别 | 主要负责机构 | 组长 | 副组长 | 任务分类 |
|---|---|---|---|---|---|
| 1 | 综合组 | — | — | — | 组织协调<br>行政管理 |
| 2 | 经营组 | — | — | — | 经营监督<br>维稳处突 |
| 3 | 债权组 | — | — | — | 债权申报及审核<br>债权人沟通 |
| 4 | 资产组 | — | — | — | 资产调查<br>资产处置计划 |

各工作组工作人员由相关组别负责人统筹安排。资产组、债权组相关人员按照各公司进行混编分组，分组后负责相应公司的资产核查及债权申报审核工作，相应工作成果分别报资产、债权组负责人员汇总。

## 二、工作内容

（一）综合组

1. 组长：××；副组长：××

2. 职责：

（1）组织管理人团队及整体工作推进；

（2）统筹协调各组推动接管工作的全面完成；

（3）起草各类报告、会议资料、重整计划（草案）；

（4）协调债务人及股东、债权人、战略投资者等权利主体谈判，组织征求表决意见；

（5）协调金融监管、国土规划、社保、税务、公安等有关职能部门作用发挥和政府属地责任履行，做好企业涉稳防范化解协调等工作；

（6）各类文书的审核、发送及管理人印章的管理；

（7）重整信息发布及舆情管理；

（8）档案保存、财务管理、会议组织工作；

（9）其他工作。

（二）经营组

1. 组长：××；副组长：××

2. 职责：

（1）经营管理监督方案制定、协商、完善；

（2）做好日常经营监督和资产营运价值维护，防止出现个别清偿及不当处置资产行为；

（3）债务人印章使用的监督工作；

（4）协助、监督债务人做好信息披露；

（5）审查并根据权限批准企业经营管理过程中报送的合同等文件；

（6）协同管理人聘请的财务人员对债务人的财务监管工作；

（7）其他工作。

（三）债权组

1. 组长：××；副组长：××

2. 职责：

（1）通知债权人申报债权并开展债权审核工作；

（2）职工债权的调查、公示；

（3）制作债权登记簿和债权表，形成债权审核报告；

（4）债权调查分析，确定债务主体范围，债权分类、特殊债权处理及模拟受偿测算等；

（5）代表债务人参与债务人作为被告的诉讼、仲裁案件；

（6）待履行合同的梳理、形成专项报告；

（7）协助与债权人的沟通并持续分析债权人对重整计划（草案）的表决情况；

（8）其他工作。

（四）资产组

1. 组长：××；副组长：××

2. 职责：

（1）申请解除对债务人财产的查封等保全措施及协调法院中止执行债务人财产；

（2）代表债务人参与债务人作为原告的诉讼、仲裁案件以及与债务人有关的执行案件；

（3）调查资产状况，对资产进行分类分析并提出处置、清收的建议方案；

（4）对接审计、评估、税务咨询机构开展工作；

（5）组织调查债务人应收账款及股权投资并提出处置意见；

（6）拟定投资人招募方案并参与投资方案协商；

（7）组织实施部分资产处置；

（8）其他工作。

**三、管理人工作规则**

（一）工作地点

为了提升工作效率、加强各工作组之间的协同，管理人工作方式以驻场工作为主，由××公司安排××作为管理人团队驻场办公地点。

（二）工作时间

驻场工作时间：上午××：××至下午××：××。

（三）考勤制度

各工作组工作人员应当准确记录每天工作的起止时间、工作类型、工作内容、业务工时、在途工时等，按时填报工时申报单，于每日×时前将前一日的工时申报单书面（或电子版）提交各组汇总后递交综合组，由综合组汇总整理后递交负责人审核，审核人记录审定意见签字后交回综合组存档。

（四）工作会议制度

管理人团队实行工作例会制度，例会时间为××，参会人员为各个工作组的组长及主要协作人员，可邀请债务人相关管理人员等参加例会。根据重整工作需要或法院要求，可随时召开管理人团队临时工作会议。工作例会及临时工作会议均由综合组负责召集。

会议应当立足解决工作中遇到的各类问题，通报有关程序进展情况，下一阶段工作开展计划，专题研讨有关重点问题等，如遇有对各方主体利益影响重大的事项，应当及时向法院报告。

对会议内容，参会人员应严格保密。会议应当做好会议记录，并在会后形成会议纪要，做好有关会议记录和纪要的存档工作。

（五）每周简报制度

在每周的工作例会结束后，综合组需对各工作组的工作进度、形成的材料文书等进行汇总并制作每周工作报告，及时报送法院和有关政府部门及相关主体。

××公司管理人

日期：

## 文书样式23

# ××公司重整工作推进表

| 序号 | 工作事项 | 工作内容 | 计划时间 | 组别 |
| --- | --- | --- | --- | --- |
| 一 | 接管工作 | 刻制管理人公章、管理人财务专用章及负责人印鉴并向法院报备 | | 综合组 |
| | | 开立管理人账户 | | 综合组 |
| | | 制定管理人规章制度并向法院报备 | | 综合组 |
| | | 接管债务人公章、财务章、文件档案、财产等 | | 综合组 |
| | | 制定监管方案及债务人自行管理方案（如有），向法院申请由债务人自行管理经营事务 | | 综合组 |
| 二 | 管理人监督债务人自行管理 | 管理人对债务人的日常经营管理进行监督并定期出具监督工作报告 | 重整期间 | 经营组 |
| | | 代表债务人参与诉讼、仲裁、执行案件 | 重整期间 | 债权组<br>资产组<br>经营组 |
| | | 通知各法院解除对债务人财产的保全措施，向各法院申请中止执行债务人财产 | 重整期间 | 资产组 |
| 三 | 债权申报与审查 | 拟定债权申报材料并通知债权人，公告债权申报相关事宜 | | 债权组 |
| | | 接受债权申报并登记造册 | | 债权组 |
| | | 债权审核，并出具审查意见 | | 债权组 |
| | | 梳理待履行合同、形成专项报告 | | 债权组 |
| | | 职工债权的调查 | | 债权组 |
| | | 编制债权表，制作《债权审查报告》 | | 债权组 |
| 四 | 资产清查与管理 | 核查公司资产状况 | | 资产组 |
| | | 资产分类及处置、清收判断等 | | 资产组 |
| | | 资产管理，包括应收账款清理等 | | 资产组 |

续表

| 序号 | 工作事项 | 工作内容 | 计划时间 | 组别 |
| --- | --- | --- | --- | --- |
| 五 | 财务审计与资产评估 | 发布公告，比选确定审计机构、评估机构 | | 综合组 |
| | | 财务审计，并出具审计报告 | | 审计机构 |
| | | 资产评估，并出具评估报告 | | 评估机构 |
| 六 | 偿债能力分析 | 债权分类与梳理 | | 债权组 |
| | | 资产分类与价值梳理 | | 资产组 |
| | | 各类债权清偿率测算并出具书面报告 | | 评估机构 |
| 七 | 重整投资人招募 | 确定投资人招募方式、要求并发布招募公告 | | 资产组 |
| | | 意向投资人报名 | | 资产组 |
| | | 根据报名情况筛选合格意向投资人，合格意向投资人获取招募文件及尽调工作 | | 综合组<br>资产组 |
| | | 重整投资人的遴选、确定，签署投资协议 | | 综合组<br>资产组 |
| 八 | 第一次债权人会议 | 通知全体债权人参会 | | 综合组 |
| | | 做好会议准备、系统调试、应急预案等各项工作 | | 综合组 |
| | | 准备会议资料 | | 综合组 |
| | | 召开债权人会议，表决通过相关议案 | | 各组 |
| 九 | 重整计划（草案）制定与沟通 | 制订重整计划（草案） | | 综合组 |
| | | 与各类债权人就重整计划（草案）开展谈判 | | 综合组 |
| | | 完善、修订重整计划（草案） | | 综合组 |
| | | 推动重整计划（草案）各表决分组达成共识 | | 综合组 |
| 十 | 第二次债权人会议 | 通知全体债权人参会 | | 综合组 |
| | | 做好会议准备、系统调试、应急预案等各项工作 | | 综合组 |
| | | 准备会议资料 | | 综合组 |
| | | 召开债权人会议，表决通过重整计划（草案） | | 各组 |
| | | 提请法院裁定批准重整计划 | | 综合组 |

××公司管理人

日期：

**文书样式 24**

# 管理人文件收发管理办法

为规范××公司重整期间管理人文件收发归档工作的管理，保障重整工作的顺利实施，依据《中华人民共和国企业破产法》等相关法律、规范的规定，制定本办法。

第一条　重整期间内，管理人根据文件信息存储介质的不同可将文件分为电子版文件和纸质版文件，两种形式的文件统一按照本办法进行管理。

第二条　重整期间所有文件均由专人登记、签收、拆封。在签收和拆封时，需注意检查封口，对开口函件应查明原因，同时还需进行文件、文号、编号的核定，如果其中一项不对应，应立即报告。

第三条　公文的编号保管

（一）拆封和签收后应及时附上“××公司管理人办文单”，做分类登记编号、保管。

（二）外出开会带回的文件及资料应及时送交综合组专人处进行登记编号保管，不得个人保存。

第四条　公文的阅批与分转

（一）凡正式文件均根据文件内容和性质阅签后，送具体承办人员阅办，为避免文件积压，一般应在当天阅签完。

（二）一般性质的函、电、单据等，可授权专人直接分转处理；如涉及重要事项的文件，由综合组与承办人员联系后再分转处理。

第五条　文件的传阅与催办

（一）传阅文件应严格遵守传阅范围和保密规定，不得将有密级的文件带回家和公共场所，也不得将文件转借其他人阅看。对尚未传达的文件不得向外泄露内容。

（二）阅读文件应及时，当天阅完后应在下班前将文件交回综合组，阅批文件一般不得超过两天，阅后应签名以示负责。

（三）阅读文件时不得抄录全文，不得任意取走文件夹内的任何文件及附件，如确系工作需要，需办理借阅手续，以防丢失泄密。

（四）文件阅完后，应交专人保管，切忌横传。

（五）综合组对文件负有催办、检查、督促的责任。相关人员接到文件、函电应立即指定专人办理，不得将文件压放分散，如需备查，应按照有关保密规定，予以复印或摘抄，原件应及时归档。

第六条　管理人对外发文的，由各组填写"××公司管理人办文单"，需由具体承办人员签字或盖章的，必须在文件中明文标注，由承办人员签字或盖章后发出。

第七条　发文的范围和用途

（一）以管理人名义发出的文件、通告、决定、决议、请示、报告、编写的会议纪要，均属发文范围。

（二）管理人发出文件主要用于：

1. 依法依规作出管理人相关决定或决议。

2. 转发法院的决定或文件。

3. 公布管理人组织机构变动或人事任免事项。

4. 公布管理人关于重整有关工作的决定。

5. 发布管理人规章制度。

6. 根据法律规定，代理债务人诉讼出具司法文件。

7. 其他有关重大事项。

（三）发文的类别主要包括：

1. 以管理人名义发出的文件主要有管发、管函、管报等公文字号。

（1）管发：用于管理人向债权人、债务人及其他关系人等相关主体发布文件、通知、回复意见等；

（2）管函：用于向重整受理法院外的法院、检察院及政府相关部门等商洽工作、回复意见等；

（3）管报：用于向重整受理法院、政府主管部门报告重整工作动态，或者对具体事项进行说明等。

2. 综合组发文是管理人发文的补充形式，主要是管理人对内部的发文，适用于管理人内部管理办法、规定及其修订补充；向各工作组发出有关事项的批复、通知；向××公司各部门、相关人员发出各类内部通知；管理人内部确需以公文形式处理的事项等。综合组发文的公文字号为“管综”。文种包括通知、请示、报告、通报等。

第八条　发文程序规定

（一）管理人需要发文的，应事先由拟稿人向综合组提出发文申请。

（二）综合组负责人同意后，拟稿人出具文件初稿。

（三）管理人发文拟好后，拟稿人应填发“××公司管理人办文单”，详细写明文件标题、发送范围、印刷份数、拟稿单位与拟稿人，拟稿人所在组别或相关组别讨论定稿后由相关人员按照“××公司管理人办文单”会签，盖章后由拟稿人组别发文。

第九条　借阅文件应严格履行借阅登记手续，就地阅看，按时归还。任何人不得将文件带走或全文抄录，不允许拆卷及在文件上钩划等。

第十条　管理人收发文件，均应授权专人负责归档，编号保管，拟稿人对文件归档是否需保留原件应给出明确要求。

第十一条　公文立卷要求

（一）文件立卷应按照内容、名称、时间顺序，分门别类地进行整理归档。

（二）立卷时，要求把文件的批复、正本、底稿、主件、附件收集齐全，保持文件、材料的完整性。

（三）要坚持平时立卷与阶段性立卷归档相结合的原则。重要工作、重要会议形成的文件材料，要及时立卷归档。

第十二条　对于多余、重复、过时和无保存价值的文件（纸张），综合组应定期责成相关职能部门办理申请销毁手续，认真填写文件资料销毁申请表，对无价值文件进行销毁，并登记造册。

第十三条　经审核同意销毁的文件，必须化为纸浆或焚毁，不准出卖或作它用。

第十四条　本办法由××公司管理人负责解释。

第十五条　本办法自公布之日起执行。

××公司管理人

日期：

**文书样式 25**

# ××公司管理人办文单

编号：××（办）20××－××

<table>
<tr><td>文件名称</td><td colspan="3"></td></tr>
<tr><td>来文单位</td><td colspan="3"></td></tr>
<tr><td>来文日期</td><td></td><td>紧急程度</td><td></td></tr>
<tr><td>签批会办</td><td colspan="3">主办专业组：<br>会签专业组：</td></tr>
<tr><td>来文主要内容</td><td colspan="3"></td></tr>
<tr><td>主办专业组意见</td><td colspan="3"></td></tr>
<tr><td rowspan="4">会签专业组意见</td><td>综合组</td><td colspan="2"></td></tr>
<tr><td>经营组</td><td colspan="2"></td></tr>
<tr><td>债权组</td><td colspan="2"></td></tr>
<tr><td>资产组</td><td colspan="2"></td></tr>
<tr><td colspan="2">管理人负责人意见</td><td colspan="2"></td></tr>
</table>

文书样式 26

# ××公司管理人工作任务单

××年×月×日 编号：××（工）20××-××

| | |
|---|---|
| 项目任务名称 | |
| 工作要求概述 | |
| 工作成果形式 | |
| 成果提交期限 | |
| 承办人员 | |
| 实际完成时间 | |
| 成果接受人 | |
| 接受人意见 | |

**文书样式 27**

# 管理人印章管理办法

为规范××公司重整期间管理人印章的使用及保管，保障重整工作顺利实施，依据《中华人民共和国企业破产法》等相关法律、规范的规定，制定本办法。

第一条　管理人印章包括管理人公章、管理人财务专用章、管理人负责人名章。

第二条　重整期间管理人印章的刻制由综合组统一安排，并由综合组指定专人保管。任何其他组和个人未经授权，不得私自刻制、持有管理人印章。

第三条　管理人成员使用印章的，须由经办人向有权审批人提出用章申请，经有权审批人同意后，通知印章保管人加盖印章。管理人印章使用原则通过“××”平台报送审批流程，由管理人负责人审批。

第四条　债务人因特殊需要而使用印章的，须由经办人向有权审批人提出用章申请，经有权审批人同意后，通知印章保管人加盖印章。

第五条　管理人建立印章使用登记制度，印章保管人须记明用章日期、印章名称、用印事由、用印申请人、用印批准人等信息。

第六条　印章保管人员加盖印章后，应将文件原件或复印件留存壹份；文件加盖印章后需要修改的，原盖章文件在修改后文件重新盖章之前必须收回。

第七条　印章保管人应严格按本办法使用和保管印章，不得擅自使用。

第八条　各类印章应在规定地点使用，未经批准，不得将印章私自带出规定地点以外使用；特殊情况下需携印章外出使用的，须经管理人负责人批准，由二人监印，并做好用印登记。

第九条　盖印章的文字要端正、清晰，盖印要做到“骑年盖月”，除特殊情况经管理人负责人批准外，不得在空白处或空白介绍信、空白函等一切空白纸上加盖印章。

第十条　管理人印章废止时，由管理人负责人批准，并及时通知各有关单位，统一办理。

第十一条 凡违反本办法使用印章，管理人将视情节轻重依法追究其行政、经济及刑事法律责任。

第十二条 本办法由××公司管理人负责解释。

第十三条 本办法自公布之日起执行。

××公司管理人

日期：

文书样式28

# 管理人财务管理办法

为规范××公司重整期间管理人的财务行为，严肃财经纪律，保障重整各项工作的顺利开展，依据《中华人民共和国企业破产法》等相关法律、规范的规定，制定本办法。

第一条　本制度适用于管理人在重整期间的所有财务活动。

第二条　管理人、管理人工作机构及其人员不得擅自使用管理人和债务人的账户、资金，任何人员不得将未经审批的财务收支进行会计账务处理。

第三条　管理人要认真执行各项财务规章制度，廉洁自律，严格依法履行职责。

第四条　财务核算必须做到日清月结，财务人员依法对破产费用支出的票据、凭证及核算手续的合法性、合规性进行审核和监督。会计账务核算要做到账账、账款、账实、账证和账表相符。

第五条　财务人员应及时整理好会计资料，交由管理人聘请的财务人员做账。

第六条　重整期间为开展工作需要，设立管理人银行账户，现金收入必须存入管理人开设的银行账户。

第七条　对外支出要本着“保障必要、合理控制、厉行节约”的原则。

第八条　管理人发生日常工作费用的支出和报销须经管理人负责人或其他有权主体决定。

管理人、管理人工作机构需要发生其他破产费用或共益债务时，应依法进行，最终交管理人负责人决定。

第九条　债务人重整期间，不得违反《中华人民共和国企业破产法》的规定进行个别清偿。

第十条　本办法由××公司管理人负责解释。

××公司管理人

日期：

**文书样式 29**

# × ×公司管理人财务审批单

编号：

| | |
|---|---|
| 申请部门 | |
| 申请日期 | 年 月 日 |
| 申请事由 | |
| 申请人签字 | 所在组负责人签字 |
| | |
| 其他组负责人签字（如需） | 管理人负责人签字 |
| | |

**文书样式30**

# 维稳协调工作办法

为协助××公司重整期间做好职工、弱势群体债权人权益保护工作，妥善处理各类影响社会稳定的重大问题，保障重整工作顺利开展，依据《中华人民共和国企业破产法》《×××处置群体性上访应急工作预案》等相关法律、规范的规定制定本工作办法。

第一条　本工作办法的宗旨是为有效发挥重整制度的功能，管理人协助债务人重整期间做好职工、中小债权人、弱势群体债权人权益保护工作，妥善处理各类影响社会稳定的重大问题，全面、充分履行管理人职责。

第二条　债务人在管理人的指导下秉承以下原则妥善处置影响社会稳定的各类重大问题和事件：

1. 坚持“快速反应、果断处置、及时控制事态”处理方式，尽量减少损失和负面影响，全面维护社会利益；

2. 坚持“积极主动、正面友好、侧重引导”的宣传意识，关注国内外媒体、网络、论坛，妥善处置各类事件，不留后遗症；

3. 坚持“依法办事，正确执行、注意方法、讲求实效”的工作态度，争取职工支持、政府支持，确立法律保障；

4. 坚持“信息要畅通、组织要健全、协调要有力、责任要明确、保证要到位”的系统思路，形成信息灵敏、反应迅速、指挥得力、执行高效的维护稳定组织体系和运行机制。

第三条　债务人制定风险防范预案，管理人同步成立处置群体性突发事件应急工作领导小组，对处置影响社会稳定的各类重大问题和事件进行统一指挥调度。

第四条　突发事件应急工作小组应实行组长负责制。组长是第一责任人；副组长协助组长负责维稳重大事件和应急工作组的综合协调工作，是分管责任人；成员按分管工作范围负责维稳工作。

第五条　管理人根据群体性突发事件的影响程度和产生后果等因素启动应急机制，由经营组组长或副组长作出是否启动相关风险防范预案的决定。

第六条　对于已出现涉及全局，并产生重大负面影响的新闻报道及相关事件，债务人应立即通报管理人，管理人立即向××人民法院及相关主管部门报告，并与相关新闻媒体及政府主管部门协调沟通，采取有效措施妥善处理。

第七条　管理人协助并监督债务人正确处理历史遗留问题，做好公司职工、中小债权人、弱势群体债权人权益保护工作，保障公司职工队伍的稳定，积极引导相关主体理性维权，提前化解矛盾。

第八条　管理人充分重视债务人企业特征，提前摸排，制定专项风险预案，积极与属地政府及公安等职能部门沟通协调，维护债务人的正常经营秩序，避免群体性聚集事件的发生。

第九条　本工作办法由管理人负责解释，相关法律、司法解释有不同规定的，按照法律、司法解释的规定执行。未尽事宜由管理人进行增添或变更。

第十条　本工作办法自公布之日起执行。

××公司管理人

日期：

**文书样式31**

## 管理人监督工作方案

××年×月×日，××人民法院做出《民事裁定书》，裁定受理××公司的重整申请，指定××律师事务所担任管理人。××年×月×日，××公司向××人民法院申请在管理人的监督下自行管理财产和营业事务。××年×月×日，××人民法院分别作出《批复》及《决定书》，准许××公司在管理人的监督下继续营业、自行管理财产和营业事务。

根据《中华人民共和国企业破产法》及相关司法解释的规定，为保障××公司重整期间自主经营活动，有序推动重整程序，维护债权人等主体的权益，经××公司认可，管理人特制定本监督工作方案，依法依规切实履行管理人监督职责。管理人监督工作方案如下。

一、禁止个别清偿原则。重整期间，债务人不得对外清偿债务。管理人建立相应监督审批机制，针对债务人的合同履行、诉讼执行案件过程中的和解或履行、对外提供担保等可能构成个别清偿的重大事项进行监督审批。管理人建立对债务人的财务监督审批机制，建立月度预算与决算管理制度。债务人应当每月向管理人报送上月的预算执行情况及资金用度明细、当月的预算情况及资金使用计划，提交预算及决算差异的书面说明，债务人的财务人员应当每月向管理人报告债务人的财务状况。债务人的重大财务支出及重大财务变动，相关负责人应当提前向管理人报告并经管理人审核批准后进行。

二、日常经营管理的监督。管理人充分尊重债务人自主经营权利。债务人应当秉承妥善维护资产价值的原则，勤勉经营管理。管理人提供法律专业支持，积极协助债务人复工复产。债务人应当建立重大事项报告制度，提前向管理人报告经营管理中的重大事项。债务人对外新发生经营活动或超出主营业务范围的应当提前向管理人报告并经管理人审核批准后进行，管理人认为存在损害债权人利益情形的有权提出异议。债务人作出有关经营决策需召开相关会议的，应当通知管理人代表列席并听取管理人意见，涉及商业秘密的，管理人履行保密义务。

三、资产价值维护的监督。债务人应妥善保管其占有或管理的财产，未经管理人允许，不得转移、处分、挪用、出借公司财物，不得对外提供担保。债务人的经营管理人员应当每月向管理人报告债务人的生产经营情况和资产状况。生产经营过程中发生的重大事项，债务人的负责人应当随时向管理人报告。

四、合同履行的监督。重整期间，出于维护企业营运价值和生产经营秩序的需要，债务人认为确有必要继续履行合同的，应当报请管理人共同研究决定，管理人结合债权人利益最大化和公平受偿等因素提出监督意见，决定合同是否继续履行。决定由债务人继续履行的合同，管理人定期核查合同履行情况，建立项目运营定期巡查机制。

五、印章、账簿、文书使用保管的监督。重整期间，为便于债务人开展日常生产经营活动，管理人接管且××人民法院批准债务人自行管理财产和营业事务后，继续由债务人妥善保管其占有和管理的除公章、财务专用章、合同专用章、法定代表人印鉴以外的印章、证照、账簿、文件等资料，上述资料的使用均遵从各债务人的意思表示，管理人将定期不定期对使用情况进行监督。债务人的公章、财务专用章、合同专用章、法定代表人印鉴由管理人保管，债务人因日常生产经营需要使用上述印章的，由债务人履行决策程序后向管理人提交决策文件并经用章登记后用印，但涉及债务人个别清偿、重大合同、对外担保及《中华人民共和国企业破产法》第六十九条涉及的事项，须经法院或管理人许可后方可盖章。

六、重整信息披露的监督。重整期间，债务人应当将与重整有关的信息向债权人、出资人、意向投资人等利害关系人全面、完整、真实、合法地披露。同时管理人也应履行相应的信息披露义务，定期不定期向债权人会议、金融债权人委员会、相关债权人及有关主体通报重整企业状况和工作情况。

七、安全生产的监督。债务人是安全生产的责任主体，应当建立并完善安全生产规章制度、操作规程以及重大安全事件应对预案。债务人应当指定专人负责检查生产安全情况，定期开展生产安全排查，落实全员、全岗位安全生产责任制。债务人应向各项目所在地安全生产监管部门通报其进入重整程序的情况并配合项目所在地安全生产监管部门的监管。债务人应当明确安全生产责任人并向管理人提交责任人名单，相关安全生产规章制度、操作规程以及重大安全事件应对预案等应向管理人备案，按月向管理人提交安全生产状况报告，遇有生产安全事件的应当提前向管理人报告。管理人对债务人安全生产状况定期或不定期进行查验。

八、维稳工作协调。管理人协助和监督债务人做好职工、中小债权人、弱势群体债权人权益保护工作，保障职工队伍稳定，引导相关主体理性维权，及时化解矛盾。做好与属地政府及公安等职能部门的沟通协调，消除风险隐患，维护债务人正常经营秩序，避免群体性聚集事件发生。

九、工作报告制度。债务人与管理人应建立定期通报机制。遇有对重整程序造成重大影响的事项，债务人应向重整案件受理法院和有关职能部门及时报告。管理人定期或不定期向重整案件受理法院报告重整期间监督工作情况。

十、法律责任。债务人自主经营过程中应当遵守管理人制定的各项监督管理制度，严格执行管理人的监督意见。债务人及其相关人员违反法律规范、管理人有关监督管理制度及管理人监督意见的，管理人将视情节及后果轻重，依法追究行为人的行政、经济或刑事责任；如造成债务人、债权人或其他利害关系人利益严重受损或严重影响重整程序推进的，管理人有权向法院提出终止重整程序的申请。

十一、监督工作方案适用范围。本监督工作方案适用于已进入重整程序的××公司及其有关人员、管理人。重整主体的分公司、全资、控股子公司及有关人员按照本监督工作方案执行。

十二、本监督工作方案由管理人负责解释，相关法律、司法解释有不同规定的，按照法律、司法解释的规定执行。未尽事宜由管理人进行增添或变更。若管理人决定对监督方案内容进行变更，新的监督方案与原监督方案相抵触的，原监督方案不再适用。

十三、本监督工作方案自公布之日起执行。

××公司管理人

日期：

**文书样式32**

# 重整计划执行监督工作方案

××年×月×日，××人民法院裁定受理××公司的破产重整申请，并指定管理人。××年×月×日，××法院作出《民事裁定书》，裁定批准××公司重整计划（以下简称重整计划），并终止重整程序。为高效、高质量完成执行工作，推进重整计划顺利执行完毕，制定以下重整计划执行监督工作方案。

**一、基本原则**

（一）明确执行监督职责分工

根据《中华人民共和国企业破产法》、重整计划和信托合同等的规定，债务人负责具体执行重整计划，××信托履行受托职责，管理人负责监督重整计划的执行。执行期间内，由债务人具体实施落实企业经营、资产处置、筹措资金、对外沟通债权人、清偿债权等事项；××信托按照重整计划和信托合同的相关要求，履行受托人职责；管理人予以监督并提供必要协助，各方勤勉尽责落实做好重整计划执行监督所涉各项工作。

（二）分项管理，落实职责主体

以促进重整计划顺利执行为首要工作目标，实施扁平化管理，对于尚未执行完毕的执行监督工作，实行“分事项执行监督模式”。对于执行监督专项工作，执行层面具体落实到债务人内部责任人，监督层面落实到管理人内部各组，信托层面落实到具体配合人员，相互之间一一对应，紧密协同。如出现问题，则由各专项人员落实解决，承担责任。鉴于前期相关专项工作已有人员负责，为避免人员调换增加不必要成本，原则上各专项工作仍由原负责组继续开展，遇有特殊、复杂情形，再酌情调整。

**二、工作机制**

为推进重整计划的顺利执行，完成各执行监督专项工作的核心内容和要求，制定以下常态工作机制。

（一）债务人执行工作机制

债务人应按照内部管理制度和流程，严格按照《中华人民共和国企业破产法》和重整计划规定，落实完成各执行监督专项工作。

1. 执行职责分工

债务人内部就各执行专项工作，明确“执行总负责人”、“专项执行负责人”和“专项执行对接人”：

执行总负责人：统筹管理各专项工作、总协调沟通信托和管理人等，必要时参与法院汇报。

专项执行负责人：组织协调、决策执行各专项工作。

专项执行对接人：负责信息汇总传递，沟通答复债权人，协调沟通信托和管理人对应专项监督组等。

2. 重整计划执行情况月报

重点周报制度：以两周为周期，债务人应于周日前告知管理人专项监督对接人各专项工作的最新执行情况，供管理人整理后向××人民法院汇报。

书面月报制度：债务人应于每月的第×个工作日前，就上一月各执行监督专项工作的执行进展情况，形成《重整计划执行情况报告》，发送信托和管理人综合组对接人，由管理人连同监督工作报告，一并提交××人民法院。每月执行情况报告中至少应包括以下内容。

（1）各执行监督专项工作的执行进展情况、后续工作安排和亟须解决的问题（如有）。

（2）××公司的资金实际收支总额、银行账户合计余额。

（3）××公司对外支付重整相关款项（包括清偿债权、支付共益债、支付破产费用等）的情况，包括金额和对象的明细等。

3. 资金收支报告备案

重整计划执行期间的资金收支监督机制由重整期间的“审批执行制”调整为“报告备案制”。依照重整期间的对接流程和形式，××公司资金预算收支情况，经汇总并由相关责任主体签字后，按月向信托和管理人报备，同时将具体执行情况分解到每周向管理人报备，管理人综合组对接人汇总后，每周向××人民法院报告预算资金收支的执行情况。

（二）××信托履职机制

就重整计划中关于信托的相关事项，××信托应按照《中华人民共和国企业破产法》、重整计划和信托合同规定，履行受托人职责，推进受益人和管理委员会行使相应权利，积极推进重整计划执行完毕。

信托内部就各执行专项工作，明确“总负责人”、“专项执行负责人”和“专项执行对接人”。

信托总负责人：统筹管理各专项工作、协调沟通债务人和管理人，必要时参与法院汇报。

信托专项负责人：组织协调、决策执行各专项工作。

信托专项对接人：负责信息汇总传递，沟通答复债权人，协调沟通债务人和管理人对应专项监督组等。以两周为周期，对接人应于周日前告知管理人专项监督对接人各专项工作的最新执行情况，供管理人整理并向法院汇报。

（三）管理人监督工作机制

1. 监督职责分工

（1）监督总负责人

负责统筹管理、组织协调各专项监督工作，协调沟通债务人和信托，并定期向法院汇报。如认为属于重大事项，提请管理人团队共同协商决策。

（2）分组专项监督

为提高工作效率，管理人内部设置各专项工作的“专项监督组”，各组设置负责人 1 名，对接人 1 名。

专项监督负责人：统筹安排、管理决策各组专项监督工作。

专项监督对接人：负责对内对外的信息汇总传递、专项监督负责人汇报、债务人、信托及其他各专项组的协调沟通等。

2. 重整计划执行监督报告

重点周报制度：以两周为周期，管理人专项监督对接人收集债务人专项工作执行进展，汇总后由管理人总负责人向法院汇报。

书面月报制度：专项监督组对接人应于每月的第×个工作日前，就上一月各执行监督专项工作的进展，发送管理人综合组对接人。综合组对接人结合债务人提交的《重整计划执行情况报告》，形成上一月的《重整计划执行监督报告》，并于每月的第五个工作日前提交法院。

（四）各方工作衔接机制

为提高执行监督工作的效率，以各专项工作为维度，债务人内部的专项执行对接人、信托对接人、管理人内部的专项监督对接人之间直接联系沟通。如需更高层级的协调沟通，则由各方的专项执行负责人、总负责人之间直接联系沟通。

对于一般事项，如配合提供前期工作已有材料、解释、沟通工作等，双方无须以书面形式留档保存；除此之外，需决策事项，则以书面办文单形式进行沟通处理，接收方处理完成后，发起方将办文单发送至综合组对接人处归档。

（五）债权人知情权保障机制

为保障债权人利益，及时答复债权人关切事项，债务人负责向债权人报告执行工作事项，信托及管理人提供必要支持。

公司管理人

日期：

# 四、重整投资类文书

**文书样式 33**

## 管理人关于××公开招募重整投资人的公告

××年×月×日，××人民法院做出××《民事裁定书》，裁定受理××公司的重整申请，并作出××《决定书》，指定××律师事务所担任管理人（以下简称管理人）。

为依法高效推进××公司重整工作，发挥重整程序对债务人资产的高效盘活作用，管理人依照《中华人民共和国企业破产法》及相关法律规定，面向全社会公开整体招募××重整投资人（以下简称投资人），现就招募事项公告如下。

**一、重整投资标的概况**

本次招募的重整投资标的为××。

需说明的是，以上系管理人调查的初步结果，实际情况及相关数据以投资人尽调结果为准。投资人可就调查了解到的信息、履行报名手续并经充分尽职调查后向管理人提出重整投资方案，管理人将组织评审小组评审确定重整投资方案并记载于重整计划（草案）中，经债权人会议表决通过及法院裁定批准重整计划后实施。

**二、招募目的**

本次招募重整投资人的目的在于以适当方式整体盘活××名下主要资产，顺利推进重整各项工作，释放重整价值，维护债权人的合法利益。

**三、招募须知与条件**

（一）投资人须知

1. 本公告内容对全体意向投资人同等适用，管理人可根据重整工作的需要中/终止、或继续投资人招募。

2. 本公告不构成要约。

3. 本公告所述信息并不替代意向投资人尽职调查，意向投资人如需开展尽职调查或更进一步了解本项目及项目所涉及公司的有关情况，需向管理人提交报名申请以及满足本公告明确的相关条件，并向管理人提交保密承诺。

（二）投资人条件

1. 意向投资人应当是依法设立并有效存续的企业法人或非法人组织，意向投资人近三年无重大违法行为，具有较高的社会责任感和良好的商业信誉。

2. 意向重整投资人应拥有足够的实力进行重整投资。

3. 意向投资人应能提供足量的资源进行重整投资，并能出具相应的资信证明或其他履约能力证明。

4. 管理人根据重整工作需要认为意向投资人应当符合的其他条件。

**四、招募流程**

（一）报名

1. 报名时间

意向投资人应于××年×月×日×时00分（含当日）前，向管理人指定地点提交或邮寄纸质版报名材料。报名材料一式三份，同时将全套报名材料的电子版发送至管理人指定邮箱。

如果意向投资人在前述期限之后提交报名材料的，管理人有权根据报名情况决定是否接受其报名。

2. 报名地点及联系人

（1）报名地点：

（2）联系人：

（3）联系电话：

3. 交纳尽调保证金

意向投资人应于××年×月×日×时00分（含当日）前，向以下银行账户交纳尽调保证金××万元人民币：

【账户名称】：

【开户银行】：

【银行账号】:

如果意向投资人经管理人初步筛选后不符合招募条件的或意向投资人尽调后放弃重整投资的，则管理人在筛选结果确定之日或收到意向投资人书面放弃重整投资函件后×个工作日内向意向投资人无息退还全部尽调保证金。

4. 报名时需提交的材料

（1）报名意向书（附件1）。

（2）意向投资人未被人民法院列入失信被执行人名单的证明材料、不属于失信联合惩戒对象的承诺函。

（3）资金或资产来源合法合规的承诺函。

（4）意向重整投资人简介（含主体资格、股权结构、主营业务、历史沿革、组织机构、资产负债等信息。如为联合投资人参与遴选的，需要介绍各自充当的角色、分工及职责等情况）。

（5）意向投资人的营业执照复印件、法定代表人或负责人身份证明文件（附件2）、授权委托书原件（附件3）、最近一个会计年度经审计的财务报表。

（6）同意对知悉的债务人情况予以保密的承诺函（附件4）。

（7）已支付尽调保证金的银行转账凭证等证明材料。

上述报名材料应加盖意向投资人公章。意向投资人未按本公告要求提交完整报名材料的，管理人有权不予接收报名。

（二）初步筛选

管理人对意向投资人提交的资料进行审查，并将筛选结果通知各意向投资人，筛选通过的投资人即为合格意向投资人。

（三）尽职调查

合格意向投资人可在向管理人申请并与管理人签署相关保密协议后，根据管理人的安排，自行或委托第三方机构对重整企业开展尽职调查工作。合格意向投资人开展尽职调查工作所需的一切费用均由其自行承担，管理人将协调重整企业积极配合合格意向投资人的尽职调查。

在合格意向投资人开展尽职调查工作期间，管理人亦有权对合格意向投资人进行调查，核查其资信情况、履约能力等条件，合格意向投资人对此应当予以配合。需要说明的是，尽职调查工作需于管理人通知后的五日内完成。

（四）提交方案

合格意向投资人应当根据管理人的要求提交重整投资方案，方案内容包括但不限于：投资结构及方案、拟投入的资源、投资所需条件等相关内容。

（五）遴选

重整投资人将通过遴选方式确定，具体遴选规则另行制定后由管理人通知合格意向投资人。

（六）签署协议

重整投资人确定后，应按照管理人要求签署相关重整投资协议，其已向管理人缴纳的尽调保证金（不包含利息）自动转为履约保证金，并根据重整投资协议中的约定进行处理。

**五、其他**

本公告由管理人编制，解释权归属于管理人。管理人有权根据需要变更招募事项的有关内容及时间安排，参与招募的意向投资人需无条件接受可能的变化，并根据管理人的安排配合相关招募进程。如有变化，以管理人的通知为准。

热忱欢迎社会各界报名参与本重整投资项目。

特此公告。

附件1：报名意向书

附件2：法定代表人（负责人）身份证明（模板）

附件3：授权委托书

附件4：保密承诺函

公司管理人

日期：

附件1：

## 报名意向书

<table>
<tr><td>意向重整<br>投资人名称</td><td colspan="2"></td></tr>
<tr><td>财务状况</td><td colspan="2">截至________年____月____日，我单位实缴注册资本________元，总资产________元，净资产为________元。</td></tr>
<tr><td>投资方式</td><td colspan="2"></td></tr>
<tr><td rowspan="3">通信方式</td><td>联系人：</td><td>联系电话：</td></tr>
<tr><td colspan="2">电子邮件：</td></tr>
<tr><td colspan="2">地址：</td></tr>
<tr><td rowspan="3">退款<br>账户<br>信息</td><td colspan="2">账户名称：</td></tr>
<tr><td colspan="2">开户行：</td></tr>
<tr><td colspan="2">账号：</td></tr>
</table>

意向投资人（盖章）：________________

法定代表人或负责人（签章）：________________

年　　月　　日

附件2：

## 法定代表人（负责人）身份证明（模板）

__________（公民身份证号码：________________）在我单位任________职务，为我单位的法定代表人（负责人）。

特此证明。

附：

法定代表人（负责人）身份证复印件（加盖托管机构印章）

托管机构（盖章）：________________

年　　月　　日

附件3：

## 授权委托书

委　托　人：____________________

法定代表人（负责人）：__________

住　所　地：____________________

联 系 方 式：____________________

受　托　人：____________________

身份证号码：____________________

工 作 单 位：____________________

联 系 方 式：____________________

委托人就××公司重整案（以下合称本案），特委托上述受托人作为代理人，参加本案重整程序的重整投资人招募、报名及后续洽谈等工作。受托人的代理权限为特别授权，包括但不限于：

1. 向本案管理人报名参加重整投资人招募、提交相关证明文件及资料，并处理其他相关事宜；

2. 签署、递交、接收和转送有关本案重整程序中重整投资人招募的各类法律文件及其他资料；

3. 处理与本案相关的其他法律事务。

受托人在本案中签署的所有文件和处理的所有相关事务，委托人均予以承认，并承担相应法律责任。

委托期限：自签字之日起至委托事项完结为止。

委托人（盖章）：______________

法定代表人或负责人（签章）：______________

年　　月　　日

附件4：

**保密承诺函**

××公司管理人：

鉴于××人民法院已依法裁定受理××公司重整案，根据贵方发布的《管理人关于××公开招募公告重整投资人的》，我方拟报名参与重整投资人的招募和遴选，为此，我方承诺对在此过程中知悉的所有情况予以保密，如果由于我方的原因导致相关信息泄露，我方自愿承担全部责任。

意向投资人（盖章）：________________

法定代表人或负责人（签章）：________________

年　　月　　日

**文书样式 34**

# 重整投资协议

甲方：××公司管理人

乙方：××公司

统一社会信用代码：

法定代表人：

鉴于：

1. ××年×月×日，××人民法院做出××《民事裁定书》，裁定受理××公司的重整申请，并做出××《决定书》，指定××律师事务所担任管理人（以下简称管理人）。同日，××人民法院做出《民事裁定书》，裁定对××公司重整。

2. 甲方通过公开方式招募重整标的公司重整投资人。

3. 乙方有意作为重整标的公司重整投资人，并已向管理人账户缴纳尽调保证金。

为推动重整工作的顺利进行，经双方协商一致，就重整投资事宜达成如下协议。

**一、重整投资范围**

重整标的公司名下资产类型多样，本次重整投资范围为：

**二、重整投资方式**

（一）重整投资方式具体内容

为使全体债权人利益最大化，提升重整标的公司整体价值，提高全体债权人的整体受偿率，乙方提供重整投资资金××万元，取得××公司100%股权。本重整投资协议签订后×日内，乙方向甲方缴纳重整投资保证金××万元；法院裁定批准重整计划后×日内，乙方向甲方缴纳剩余重整投资资金××万元；在全部重整投资资金支付完毕后，甲方协助乙方办理股权变更手续。

（二）重整投资方式说明

乙方对其依据本协议及法院裁定批准的重整计划取得××公司100%股权后，由乙方自行处置、开发、建设并自负盈亏。

**三、出资人权益调整**

根据乙方投资需要，重整计划草案将对××公司出资人权益进行调整。根据《企业破产法》第八十五条第二款之规定，重整计划草案涉及出资人权益调整事项的，应当设出资人组，对该事项进行表决。

**四、（或有）债权债务的划分**

由于乙系以股权受让的方式取得重整标的公司股权，并且重整标的公司在重整完成后并不立刻注销而是视实际经营需要存续或注销，故双方就重整标的公司的债权债务的安排约定如下：

重整标的公司除前述一重整投资范围内的资产属于乙方外，其余全部资产、权益（包括实物资产、其他类型资产、由重整标的公司对内及对第三方所享有权利等任何权益）均属于重整标的公司，由甲方继续执行，出资人权益调整后的新重整标的公司应协助、配合管理人完成重整标的公司的资产处置、清收等全部工作。

**五、移交事项**

（一）股权转让

法院裁定批准重整计划后××月内且甲方收到乙方全部重整投资资金后，甲方配合乙方办理股权转让事宜。

（二）印章及营业事务移交

法院裁定批准重整计划后××月内且甲方收到乙方全部重整投资资金后，甲方向乙方移交营业执照、公章、印鉴、合同、营业事务等全部内容。

移交前重整标的公司日常运营产生的收益、支出均由重整标的公司享有、承担，自移交之日起，由乙方或移交后的重整标的公司享有并承担。

**六、特别说明**

（一）本重整投资协议签订后，乙方向甲方缴纳的重整投资保证金××万元，若以乙方为重整投资方的重整计划草案未获债权人会议表决通过且××人民法院未予以强制裁定通过，或虽以乙方为重整投资方的重整计划草案获债权人会议表决通过但未获得××人民法院裁定批准，本协议自动解除，甲方在××人民法院裁定终止重整程序后×日内将重整投资保证金××万元全额无息退还乙方，双方互不追究违约责任。

（二）如非因甲、乙方中任一方主观原因，而是由于相关行政部门、法院等原因导致无法办理股权变更事宜的，或因股权在本协议签订前已存在的或签订后新出现司法查封、质押导致股权变更延后、无法办理股权变更事宜的，免除甲方、乙方的违约责任，双方应友好协商寻找最有利于降低各方损失的解决方式，可协商一致变更本协议内容并签订补充协议，如协商无法达成一致或协商后仍无法解决的，任一方可解除本协议，甲方应无息退还乙方已经支付的保证金、款项等。

（三）如签订本协议以后因乙方单方原因退出本重整投资事项，或后期重整资金不能按期足额支付且经催告后仍未能补足的，在××人民法院裁定批准重整计划前，乙方已支付的××万元重整投资保证金不予退还；在××人民法院裁定批准重整计划后的，按照重整计划不能执行处理，乙方已支付的××万元重整投资保证金不予退还并由甲方向乙方追究相关责任。

（四）如乙方未能按照本协议第二条之约定支付重整资金的，每迟延一日，应当每日按照迟延支付的资金额的万分之×向甲方支付违约金。

（五）因本重整投资协议履行产生的税费，依据税法相关规定由重整标的公司、乙方或出资人权益调整后的重整标的公司承担的，分别由相关主体承担。

（六）乙方不能执行或不执行本投资协议约定、经甲方催告后拒不改正且导致重整计划执行失败的，甲方向乙方追究因本重整投资给债权人、债务人等主体造成的损失。

**七、陈述与保证**

（一）乙方保证具有完全法律权利、能力和所有必需的批准以达成、签署和递交本协议并完全履行其在本协议项下的义务。

（二）各方承诺，未经其他方事先书面同意，本协议任何一方不得向任何第三方（各方的专业顾问除外）透露涉及本次重整的有关信息以及本协议签署及履行过程中所知悉的其他方的商业秘密。各方对上述信息负有持续保密义务，不随本协议的终止而终止。

**八、其他约定事项**

（一）本协议履行过程中，如因出现国家政策调整、法律修改变化、不可抗力等特殊情况导致本协议无法履行的，甲乙双方应协商解决，如涉及调整、修改重整计划实质内容的，由债权人会议表决并由××人民法院裁定批准后由甲乙双方执行。

（二）本协议未尽事宜，由双方协商并签订补充协议解决。补充协议为本协议不可分割的补充部分，与本协议具有同等法律效力。若补充协议与本协议不符的，以补充协议为准，本协议其他部分应完全继续有效。

（三）本协议项下的一切争议，双方应协商解决；协商不成的，向××人民法院提起诉讼解决。

（四）本协议一式陆份，甲、乙双方各执×份，自双方加盖公章且授权代表签字且重整计划经××人民法院裁定批准之日起生效。

甲方（盖章）：××公司管理人

授权代表（签字）：

签订日期：

乙方（盖章）：××公司

授权代表（签字）：

签订日期：

**文书样式 35**

# 信托计划受托人招募公告

××年×月×日，××人民法院做出××《民事裁定书》，裁定受理××公司的重整申请，并做出××《决定书》，指定××律师事务所担任管理人（以下简称管理人）。××年×月×日，××法院裁定批准《××公司重整计划》（以下简称《重整计划》）。根据《重整计划》，执行阶段将设立信托计划。

为执行《重整计划》，依法保障各方的合法权益，管理人依照法律和《重整计划》等规定，招募信托计划受托人。

**一、受托人职责**

信托计划受托人应当根据《中华人民共和国信托法》及相关法规、《中华人民共和国企业破产法》及相关法规、《重整计划》、受益人大会和管理委员会的决议、委托人与受托人签署的信托合同的约定以及参选承诺提供服务，履行义务并承担责任。服务范围包括但不限于：

1. 完成信托计划的设立，包括制作并签署信托合同等相关文件、完成必需的审批备案工作等。

2. 协助办理信托份额受领工作，并协助办理执行《重整计划》所需办理的其他事项。

3. 按照法律规定、《重整计划》规定、受益人大会和管理委员会的决议、委托人与受托人签署的信托合同的约定等，尽职履行受托人职责。

**二、招募须知与条件**

（一）意向参选方须知

1. 本公告内容对全体意向参选方同等适用。管理人可根据重整计划执行工作的需要随时中/终止、或继续受托人的招募。

2. 参选受托人须满足本公告明确的相关条件，并向管理人提交参选文件。

3. 本公告不构成要约。

（二）受托人资格条件

1. 参选受托人应当是具有中国银行保险监督管理委员会（以下简称银保监会）核发的信托从业金融许可证且有效存续的信托公司。为保证服务效率，信托公司不得以联合体形式报名参选和提供服务。

2. 参选受托人应当满足如下标准：

（1）实缴注册资本高于人民币××亿元。

（2）2022年报披露的营业收入高于人民币××亿元，净利润高于人民币×亿元。

（3）信托资产规模大于人民币××亿元。

（4）其他。

3. 参选受托人应当具备信托计划设立、管理和运营的实力与经验，具有提供相关服务所必需的人员、设备和专业技术的能力。

4. 参选受托人应当具有良好的商业信誉和社会责任感，经营稳健，无重大风险事项和重大负面舆情。

5. 参选受托人不存在管理人认为可能影响其独立客观履行职务的情形。

（三）信托管理的要求

参选受托人如参与本项目，应遵守如下要求：

1. 自本招募公告发布日（以下简称公告日）后，除重整计划另有规定外，不得以任何方式直接或间接获得信托计划份额、或取得可以信托计划份额受偿的债权。

2. 信托计划运营期间，除信托合同约定的报酬外，不额外获取任何与信托计划相关的直接或间接收益。

**三、招募流程**

（一）报名阶段

1. 报名时间

参选受托人应于××年×月×日×时前将报名材料电子版提交至管理人指定邮箱。报名材料纸质件应在××年×月×日×时前以邮寄（以管理人签收时间为送达时间）或当面方式送达管理人，报名材料纸质件一式×份。

2. 报名地点及联系人

（1）报名地点：

（2）联系人：

（3）联系电话：

3. 交纳报名保证金

参选受托人应于××年×月×日×时前，向以下银行账户交纳报名保证金人民币××万元：

账户名称：

开户银行：

银行账号：

如果参选受托人经管理人初步筛选后不符合招募条件的或参选受托人报名后放弃竞选的，则管理人在评选结果确定之日或收到参选受托人书面放弃竞选函件后×个工作日内向参选受托人无息退还全部尽调保证金。

4. 报名时需提交的材料

（1）报名意向书。

（2）参选受托人的营业执照副本复印件、金融机构经营许可证等金融业务经营资质复印件、法定代表人（负责人）身份证明及身份证复印件、授权委托书及相应受托人身份证复印件。

（3）参选受托人介绍（包括但不限于主体资格、注册及主要经营地址、股权结构、注册资本和实缴情况、经营范围、信托行业评级、信托资产管理总规模等、服务案例），以及介绍内容的相关证明材料。

（4）保密承诺函。

（5）服务方案（包括但不限于具体服务内容、服务优势、服务报价、拟派出工作人员的名单、工作经验及证明材料等相关内容）。

（6）已支付报名保证金的银行转账凭证等证明材料。

上述报名材料（含电子版及纸质版）均应加盖参选受托人公章。参选受托人未按本公告要求提交完整报名材料的，管理人有权不予接收。参选受托人递交的所有材料不予退还。

参选受托人因准备参选方案事项需要查阅《重整计划》的，可在向上述指定邮箱和地址寄送保密承诺函后，与联系人对接获取。参选受托人在制作参选方案过程中的相关问题可向管理人提出，管理人将统一安排处理。参选受托人报名参选所需的一切费用均自行承担。

（二）遴选阶段

为保障信托计划依法设立、信托受益权份额顺利受领、分配及后续信托财产有序管理及/或高效处置，管理人将依法依规在符合本招募公告要求的资格条件和报名材料等事项的参选受托人中，综合业务能力、团队实力、股东背景、服务费用、服务效率、响应速度等因素确定受托人。

遴选结果确定后，管理人将在×个工作日内通知参选受托人遴选结果。

**四、其他事项**

本公告由管理人编制，解释权归属于管理人。管理人有权根据需要变更招募事项的有关内容及时间安排，报名的参选受托人需无条件接受可能的变化，并根据管理人的安排配合相关招募进程。如有变化，以管理人的通知为准。

××公司管理人

日期：

# POSTSCRIPT 后 记

在这个充满变革和挑战的时代，房地产行业正在经历一场深刻的转型升级，每一步前行都充满了未知与探索，每一个音符都承载着阵痛与期许。本书从理论和实务相结合的角度出发，集中回应了破产重整程序对房地产企业的独特价值、庭外重组与预重整制度如何助力房地产企业重生、房地产企业如何进行破产重整以及关联房地产企业合并等一系列热点问题，希望通过法德东恒的办案经验与心得体会，帮助更多有价值的房地产企业走出债务迷雾，重塑自我。

在本书撰写过程中，我们回顾了过往案件，并结合最新的破产法理论对案件进行复盘，以求能够将我们办案的经验和心得更加全面地展现出来。案件回顾工作沉淀下的，是我们对过往经验的反思与总结，映射的是我们在实践中的探索，书中的每个字句，都饱含着我们的热情与执着，以及对精益求精的致敬和追寻。案件讨论过程中，法德东恒的每一位成员都积极参与，进行自我剖析与自我批评，交流办案经验，从团队建设角度看，本书的写作不仅有效提高了团队成员自身的业务水平与专业素养，更提升了法德东恒的集体凝聚力和战斗力。

本书的成功出版离不开各方好友的鼎力相助，他们赋予了本书更深的学术内涵和更广的知识视野。感谢王欣新教授、韩长印教授为本书作序；感谢薛济民会长、季诺主任、丁忠鸿总经理为本书撰写推荐语；感谢南京财经大学何旺翔副教授为本书部分章节的写作提供指导；感谢上海交通大学凯原法学院博士生张旭东、何心月同学为本书部分章节的校对提供帮助；感谢法律出版社蒋橙编辑对本书出版的支持，在此我们一并表示衷心的感谢。

书犹草木之春，经历洗礼方能更加茂盛。作为深耕房地产企业破产案件一线的律师，本书的写作视角和论证逻辑倾向于案件办理实务经验的展现，对于理论研究上的不足之处，我们永远怀揣求知、创新和共享的热情，期待理论界与实务界的专家学者们不吝赐教，共同探讨。每一次挑战都是乘风破浪的理由，每一处困境都孕育着明日的曙光，法德东恒将永远秉持专业与敬业的精神，在中华民族伟大复兴的征程上，在产业转型升级的时代背景下，以赤子之心，格物而致知，以青衿之志，履践而致远。

张利军

2023 年 11 月 13 日